The theory and practice of project management

项目管理理论与实训

李 芬 □ 主 编
石嘉婧 洪本芸 □ 副主编

电子工业出版社
Publishing House of Electronics Industry
北京·BEIJING

内 容 简 介

本书按照最新的《项目管理知识体系指南（第5版）》的框架体系和内容进行编写，主要内容包括：项目管理基础知识、项目启动、项目规划、项目执行、项目监控、项目收尾。按照项目的管理过程将各知识领域融合在一起的方式来组织教材内容，这将更有利于学生从整体上掌握项目管理的相关知识，而不会将各知识领域分割开。本书还设计了很多实训项目及环节，方便老师组织学生对项目管理知识进行具体应用。

本书可作为经济管理类各专业的应用型本科生项目管理课程教材，也可供实际工作人员参考。

未经许可，不得以任何方式复制或抄袭本书之部分或全部内容。
版权所有，侵权必究。

图书在版编目（CIP）数据

项目管理理论与实训 / 李芬主编. —北京：电子工业出版社，2017.12
（华信经管创新系列）
ISBN 978-7-121-33101-5

Ⅰ. ①项… Ⅱ. ①李… Ⅲ. ①项目管理—高等学校—教材 Ⅳ. ①F27

中国版本图书馆CIP数据核字（2017）第288242号

策划编辑：石会敏
责任编辑：石会敏　　　特约编辑：赵翠芝　　侯学明
印　　刷：北京虎彩文化传播有限公司
装　　订：北京虎彩文化传播有限公司
出版发行：电子工业出版社
　　　　　北京市海淀区万寿路173信箱　　邮编：100036
开　　本：787×1 092　1/16　印张：14.25　字数：366千字
版　　次：2017年12月第1版
印　　次：2025年2月第8次印刷
定　　价：39.00元

凡所购买电子工业出版社图书有缺损问题，请向购买书店调换。若书店售缺，请与本社发行部联系，联系及邮购电话：(010)88254888，88258888。

质量投诉请发邮件至 zlts@phei.com.cn，盗版侵权举报请发邮件至 dbqq@phei.com.cn。
本书咨询联系方式：(010)88254537。

前　言

项目管理是现代信息社会和知识经济中一门十分重要的管理学课程，它主要讲述对各种一次性、独特性和具有不确定性的项目进行管理的原理和方法，与现有的面向日常运营的职能管理课程有很大区别。项目管理的这种管理理念和方法，非常适用于现代社会以项目形式出现的各种各样的创新活动，项目管理已经在各行各业中被广泛应用。

本书共分6章：第1章介绍项目管理的基础知识，包括项目及项目管理的内涵、项目管理的发展历程、项目管理过程组、项目管理十大知识领域、项目生命周期、项目管理职业道德、项目组织结构、项目团队和项目经理、项目干系人等，这是进行具体项目的管理所需了解的基本知识，可以为进行项目管理做好知识铺垫；第2章介绍项目启动的相关内容，包括项目论证、项目需求、项目章程、项目干系人的识别，这是正式管理项目之前必须要做好的前提工作，是项目管理得以顺利进行的基本保障；第3章介绍项目规划的相关内容，内容涵盖了项目十大知识领域的各个方面；第4章介绍项目执行的相关内容，从组建和建设项目团队、发布项目信息，到实施采购、管理冲突，包含了项目实施过程的全部内容；第5章介绍项目监控的相关内容，内容涉及项目绩效的测量、项目各知识领域的控制、项目变更的管理等各个方面，第3、4、5章是项目管理的核心工作，这些工作的效果直接决定了项目的成败；第6章介绍项目收尾的相关内容，包括项目如何结束、项目如何验收及项目收尾的工作内容等，项目收尾对整个项目来说是最后要做的工作，其完成的好坏决定了整个项目管理工作价值的体现和认可。

本书是参照最新的《项目管理知识体系指南（第5版）》的框架体系和内容进行编写的，保证了其先进性。本书在架构上采用了将十大知识领域融合在从项目启动到项目收尾的全过程的方式来组织教材，保证了所学者从整体上掌握项目管理的十大知识领域的相关知识。本书在内容上兼具理论性和实践性，在基础理论的撰写上注重通俗性和普遍性，保证了对各行各业和各种水平的项目管理学习者的适用性；在实践性方面应用了任务驱动、情景模拟、项目实训、案例分析、课堂讨论、课堂练习等形式多样的方法，保证了所学者的参与性、积极性和对知识点的应用性。

本书由李芬老师负责设计、编写、统稿和定稿，石嘉婧老师、洪本芸老师负责部分稿件的编写工作。

本书在撰写过程中，参阅了大量国内外相关资料，已在书中和书末列出，在此对所借鉴成果的专家和学者致以最诚挚的感谢！由于疏忽未列出的也在此一并表示感谢！本书在策划、设计及排版过程中，得到了电子工业出版社石会敏编辑的大力支持，衷心感谢她的辛勤付出！

本书力求尽善尽美，但由于时间仓促和能力有限，书中难免有不足和缺陷，恳请并期盼各位专家、学者、同仁和广大读者批评指正、不吝赐教。联系方式：524806344@qq.com.

李 芬

2017 年 7 月 7 日

作 者 简 介

李芬，女，1980 年 6 月出生，山东淄博人。2007 年进入福建师范大学协和学院管理系工作，任工商管理教研室教师，讲授本科生的项目管理课程十余年，该课程获评福建省精品课程。工作以来，主持省社科项目和省教育厅项目各 1 项，发表科研论文多篇。

目 录

第1章 项目管理基础知识 ……………………… 1
1.1 项目概述 …………………………………… 1
1.1.1 项目的概念、特征 …………………… 1
1.1.2 项目的生命周期 ……………………… 3
1.2 项目管理概述 ……………………………… 5
1.2.1 项目管理的发展历程 ………………… 5
1.2.2 项目管理的概念及特征 ……………… 6
1.2.3 项目管理过程组和知识体系 ………… 8
1.2.4 项目管理十大知识领域 ……………… 12
1.2.5 项目管理职业道德 …………………… 19
1.3 项目组织结构及项目团队 ………………… 21
1.3.1 项目组织结构 ………………………… 22
1.3.2 项目团队及项目经理 ………………… 30
1.4 项目干系人 ………………………………… 36
1.4.1 项目干系人的构成 …………………… 36
1.4.2 项目干系人的管理 …………………… 38
思考题 …………………………………………… 39
案例分析 ………………………………………… 39

第2章 项目启动 ………………………………… 41
2.1 项目论证 …………………………………… 41
2.1.1 项目论证的概念及内容 ……………… 41
2.1.2 项目论证的理论和方法 ……………… 42
2.2 项目需求 …………………………………… 51
2.3 项目章程 …………………………………… 53
2.4 识别项目干系人 …………………………… 57
思考题 …………………………………………… 59
案例分析 ………………………………………… 59

第3章 项目规划 ………………………………… 61
3.1 项目管理计划 ……………………………… 61
3.2 范围管理计划 ……………………………… 65
3.2.1 项目范围管理概念 …………………… 66
3.2.2 需求收集 ……………………………… 66
3.2.3 定义范围 ……………………………… 68
3.2.4 工作分解结构 ………………………… 70
3.3 进度管理计划 ……………………………… 76
3.3.1 活动定义 ……………………………… 76
3.3.2 活动排序 ……………………………… 77
3.3.3 活动工期估算 ………………………… 77
3.3.4 进度计划的表现形式 ………………… 78
3.3.5 网络图的绘制 ………………………… 80
3.3.6 网络计划时间参数的计算 …………… 86
3.3.7 搭接关系的计算 ……………………… 89
3.3.8 进度的优化 …………………………… 91
3.4 人力资源管理计划 ………………………… 96
3.4.1 项目组织图 …………………………… 96
3.4.2 项目角色与职责 ……………………… 97
3.4.3 人员配备管理计划 …………………… 98
3.5 成本管理计划 ……………………………… 99
3.5.1 项目成本管理概念 …………………… 99
3.5.2 项目成本估算 ………………………… 100
3.5.3 项目成本预算 ………………………… 102
3.6 质量管理计划 ……………………………… 105
3.6.1 质量概述 ……………………………… 105
3.6.2 质量管理计划的工具与技术 ………… 106
3.6.3 项目质量管理计划成果 ……………… 109
3.7 干系人管理计划 …………………………… 111
3.8 沟通管理计划 ……………………………… 113
3.8.1 沟通定义 ……………………………… 113
3.8.2 沟通需求分析 ………………………… 114
3.8.3 沟通方式 ……………………………… 115
3.8.4 沟通障碍 ……………………………… 116
3.8.5 编制沟通管理计划 …………………… 117
3.9 风险管理计划 ……………………………… 118

3.9.1　规划风险管理 119
　　　3.9.2　风险识别 122
　　　3.9.3　风险分析 124
　　　3.9.4　风险应对计划 126
　3.10　采购管理计划 129
　　　3.10.1　项目采购概述 129
　　　3.10.2　确定采购范围的工具 131
　　　3.10.3　供应商选择 132
　　　3.10.4　合同类型的选择 133
　　　3.10.5　项目采购管理计划成果 135
　思考题 136
　案例分析 137

第4章　项目执行 139
　4.1　组建和建设项目团队 139
　4.2　信息发布 144
　4.3　实施质量保证 145
　4.4　管理沟通 147
　　　4.4.1　项目沟通形式 148
　　　4.4.2　项目沟通技巧 150
　4.5　实施采购 151
　4.6　管理干系人 154
　4.7　管理冲突 155
　　　4.7.1　项目冲突的来源 155
　　　4.7.2　项目冲突的解决模式 157
　　　4.7.3　项目生命周期的冲突管理 159
　　　4.7.4　项目中的冲突管理 161
　思考题 162
　案例分析 162

第5章　项目监控 165
　5.1　测量项目绩效 166
　5.2　项目变更 168
　　　5.2.1　项目变更的影响因素 168
　　　5.2.2　项目变更的管理流程 169
　5.3　核实与控制范围 174
　　　5.3.1　项目范围核实 174
　　　5.3.2　项目范围控制 175
　5.4　控制进度 177

　　　5.4.1　项目进度动态监测 178
　　　5.4.2　项目进度计划实施的比较分析 181
　　　5.4.3　项目进度计划的更新 184
　5.5　控制成本 186
　　　5.5.1　项目成本控制概述 186
　　　5.5.2　项目成本控制的方法——挣值管理 186
　5.6　控制质量 190
　　　5.6.1　项目质量控制概述 190
　　　5.6.2　质量控制的工具 192
　5.7　控制沟通 194
　5.8　控制风险 196
　　　5.8.1　项目风险控制的主要内容 196
　　　5.8.2　项目风险控制的流程 197
　5.9　控制采购 198
　　　5.9.1　管理采购关系 198
　　　5.9.2　监督合同执行 199
　　　5.9.3　实施变更和纠正措施 201
　5.10　控制干系人 202
　思考题 203
　案例分析 203

第6章　项目收尾 206
　6.1　项目结束 206
　6.2　项目收尾的工作内容 209
　　　6.2.1　完成项目工作 209
　　　6.2.2　项目验收及审计 209
　　　6.2.3　移交项目 211
　　　6.2.4　解散项目团队 212
　　　6.2.5　衡量项目团队绩效 212
　　　6.2.6　发布最终报告 213
　　　6.2.7　整理经验教训，进行项目后评价 214
　6.3　项目验收 216
　思考题 219
　案例分析 220

参考文献 221

第 1 章

项目管理基础知识

本章要点

本章主要介绍项目管理的相关基础知识。首先介绍了项目的概念、特征及生命周期；其次介绍了项目管理的发展历程、概念及特征，项目集管理和项目组合管理，项目管理过程组和知识体系，以及项目管理应有的职业道德；再次介绍了项目组织结构、项目团队和项目经理的相关知识；最后介绍了项目干系人的构成和管理。

学习目标

通过本章的学习，使学生理解项目及项目管理的概念、特征，了解项目管理的发展历程及学习该课程的意义，明确项目的生命周期和进行项目管理应具备的职业道德，掌握项目管理的十大知识体系、项目管理的五大过程组、项目管理十大知识领域与五大过程组的关系；理解各项目组织结构的优缺点并能进行科学选择，学会组建项目团队，明确项目经理的责任、权力及应具备的素质以使自己未来能胜任项目经理的角色；理解项目干系人对项目成败的作用，明确项目干系人的分类和管理过程，为后续进行干系人管理做好准备。

1.1 项目概述

1.1.1 项目的概念、特征

1. 项目的概念

一个组织的工作可以分为两类：运作（也称为日常操作或具体操作，operation）和项目（project）。这两者有很多相同的特征，如都需要由人来完成；都受到有限资源的限制；都要完成计划、执行、控制等。但项目和运作之间也存在很多不同之处。其中最根本的不同点在于运作具有连续性和重复性，是日常周而复始的活动；而项目则是有时限性、唯一性、临时性和一次性的活动。例如，一间网络多媒体教室的建设是一次性项目，而建成后的日常使用管理是重复性运作。

【思考题】
企业产品的日常生产与新产品的开发有什么异同点？

项目的概念有很多不同的版本，如国际知名项目管理专家 J. Rodney Turner 认为项目是一种一次性的努力，它以一种新的方式将人力、财力和物资进行组织，完成有独特范围定义的工作，使工作结果符合特定的规格要求，同时满足时间和成本的约束条件;[①]中国（双法）项目管理研究委员会秘书长、西北工业大学管理学院白思俊教授认为项目是特殊的将被完成的有限任务，它是一个组织为实现既定的目标，在一定的时间、人员和其他资源的约束条件下，所开展的满足一系列特定目标、有一定独特性的一次性活动。[②]

尽管各位专家学者从各自不同的角度对项目的概念进行了不尽相同的界定，但追根溯源都是受美国项目管理协会(PMI)PMBOK（第5版）"项目是为创造独特的产品、服务或成果而进行的临时性工作"和国际项目管理协会(IPMA)ICB3.0"项目是受时间和成本约束的、用以实现一系列既定的可交付成果（达到项目目标的范围），同时满足质量标准和需求的一次性活动"的启发。

综合来看，项目是一项临时性的、在一定资源限制下，为实现特定目标而开展的一次性工作。以下活动都可以称为项目：开发一项新的产品、服务或成果，如iPhone7的研制；改变一个组织的结构、流程、人员配置或风格，如美国服装和饰品零售商J. Crew Group Inc.所做的公司改组；开发或购买一套新的或改良后的信息系统（硬件或软件），如教学管理系统的开发；建造一座大楼、工厂或基础设施，如地铁的建设；实施、改进或提升现有的业务流程和程序，如新的薪酬体系的修订；各类活动的开展，如迎新晚会的举办等。

需要注意的是，有的项目只需要一个人就可以完成，有的则需要成千上万人的配合；有的可能花费不到100个小时，有的则要耗费上千万个小时。项目有时只涉及一个组织的某一部分，有时则可能需要多个部门甚至多个组织的共同协作。

2. 项目的特征

项目主要具有以下特征。

(1)唯一性和一次性。这是项目区别于运作的基本属性。项目有明确的起止时间，只会发生一次，同一个项目在此之前从未发生过，将来也不可能在相同的条件下再次发生；而运作是一直重复发生的无休止的活动。如办公室的装修是项目，装修完成后就不会再进行完全相同的再装修，即使再装修也不会与本次完全一样，而是另一个项目了；而办公室装修完投入使用后的日常保洁工作，是日复一日的重复性工作，属于运作。

(2)生命周期性。项目生命周期性是指项目是有始有终的，其由若干个阶段构成，以目标的提出为起点，而以目标的实现为终点。项目的生命周期有长有短，不管项目持续多长时间，项目都会结束。例如，开一次班会的持续时间较短，建造一栋大楼的持续时间较长，但两个项目都有其起止时间。

(3)多目标性与整体性。项目的目标包括成果性目标和约束性目标。成果性目标是项目必须实现的，而约束性目标是项目管理者必须努力的方向。成果性目标和约束性目标相互联系，相互影响，缺一不可。项目目标的实现并不是指单一地得到最终成果，而是指在一定资源、一定时间、一定功能等约束目标一同实现的基础上得到最终成果，只有各方面目标同时实现，该项目才是成功完成了的项目。

(4)矛盾性和冲突性。一个项目会涉及不同的干系人，各干系人之间会有不同的项目

---

① 吴卫红，米锋，张爱美. 项目管理. 北京：机械工业出版社，2013.
② 白思俊等. 现代项目管理概论（第2版）. 北京：电子工业出版社，2013.

需求，这就容易产生矛盾和冲突。项目的约束性目标之间也常常是相互制约、相互冲突的，如项目质量的提高往往伴随着项目成本的增加和项目时间的延迟。项目存在矛盾和冲突是必然的，而且常常贯穿始终，一个项目完成的过程就是解决矛盾和冲突的过程。

1.1.2 项目的生命周期

项目生命周期是指项目从启动到收尾所经历的一系列阶段。项目生命周期根据其内在逻辑关系，可以划分成不同的阶段。不同行业领域、不同主体，对同一项目的生命周期的定义不尽相同。但一般说来，项目生命周期大致包括启动阶段、规划阶段、执行和监控阶段、收尾阶段。项目发展到不同的阶段，工作的内容和重点也不同，具体如下所述。①

1. 启动阶段

启动阶段是指从有了策划项目的意向开始到决定建设或运行项目为止的整个过程。启动阶段大致包括如下几项主要工作或活动内容：(1)做机会研究并明确需求；(2)调查研究、收集数据；(3)确立项目目标；(4)策划项目并拟定项目总体方案；(5)进行项目的可行性研究(包括初步策划项目和详细策划项目)；(6)组织项目的评估；(7)批准项目；(8)确定项目经理；(9)建立项目管理组织，等等。

这一阶段强化的主要是项目的机会选择与可行性论证及项目立项等工作。

2. 规划阶段

规划阶段是指做出项目建设或运行的决策之后，对项目的实施进行全面计划的过程。这个阶段的主要工作或活动内容包括：(1)确定项目组成员；(2)项目总体计划的制定；(3)项目范围的确定；(4)项目质量计划的制定；(5)项目进度计划的制定；(6)项目成本计划的制定；(7)项目干系人管理计划的制定；(8)资源采购计划的制定；(9)人力资源管理计划的制定；(10)风险管理计划的制定；(11)沟通管理计划的制定，等等。

这一阶段主要强调项目的规划与计划，是项目管理至关重要的阶段。

3. 执行和监控阶段

执行和监控阶段是指项目进行具体投资、建设或将项目方案与计划付诸行动的过程，此时，项目进行到了实质性阶段。该阶段的主要工作或活动内容包括：(1)建立项目组织；(2)建立项目内的沟通及激励约束机制；(3)建立项目信息收集与控制系统；(4)执行工作分解结构的各项工作；(5)对项目各项工作的实施进行进度、质量、成本、采购、风险等各方面的指导和监控；(6)对项目中出现的矛盾、冲突等加以解决和协调；(7)对超出项目计划的工作进行变更管理，等等。

这一阶段，随着项目的进行与发展，伴随着大量有形和无形的管理工作，时时进行监控是保证项目执行效果顺利实现项目目标的重要措施。

4. 收尾阶段

收尾阶段是指在基本完成项目目标或项目目标确定不可能实现的基础上进行项目的确

---

① 戴大双，朱方伟. 现代项目管理. 北京：高等教育出版社，2004.

认、验收以及移交的过程。该阶段具体工作或活动内容包括：(1)核实项目范围，进行项目验收；(2)清算项目账务，完成项目合同；(3)进行项目移交；(4)整理项目文档；(5)总结经验教训，进行项目后评价；(6)解散项目组织，释放项目资源，等等。

项目生命周期的各个阶段的工作和任务各不相同，同时也呈现出不尽相同的特征，如图1-1所示。

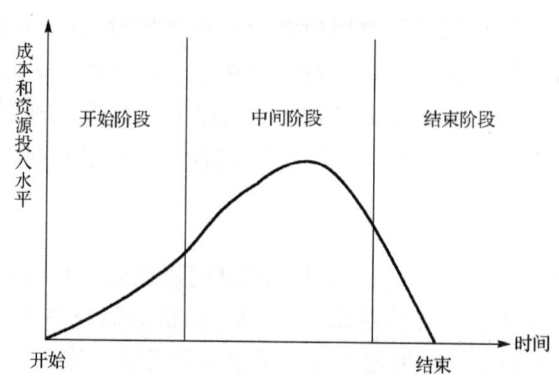

图1-1　项目生命周期的特征

项目开始阶段，成功完成项目的概率很低、风险和不确定性较高，随着项目的发展和进行，项目完成的概率越来越高、风险的不确定性越来越低，直至项目完成；项目开始阶段，对费用和劳动力的需求比较少，随着项目的进行，需要投入的资源越来越多，到项目收尾时又迅速减少；项目开始时，项目干系人对产品的最终质量和需求影响力很大，随着项目的进行，项目干系人的影响力逐渐减弱。

实训1　选择项目

实训名称：

项目的选择

实训目的：

通过让学生选择一个可实际操作的项目，使学生真正区分项目和运作，理解项目的内涵；为后续实训做好准备；培养学生的分析及演讲能力。

实训要求：

(1)每位同学根据项目的概念并结合自身情况思考、选定一个具有实操性并可在本课程结束前完成的项目。

(2)上台阐述自己的项目，应明确说明项目名称、项目生命周期及项目可操作性。

实训时间：

(1)思考时间：10分钟。

(2)项目筛选时间：10分钟。

(3)个人阐述时间：5分钟。

实训步骤：

(1)学生根据项目的概念及特征独立思考本课程讲授期间可实际完成的一个项目。

(2)学生将自己想好的项目发表在班级微信群中，老师根据项目可操作性筛选出6~8个，选定的项目进行下一环节的详细阐述。

(3)被选定项目对应的学生上台具体阐述自己所想项目的详细情况,该过程中老师应引导学生根据所学项目的概念及特征讨论这些"项目"是否是真正的项目。

实训考核:
(1)过程考核:教师根据学生思考过程、阐述过程来考核学生完成情况。
(2)成果考核:根据学生讨论,了解学生对项目及运作的正确理解和区分。

1.2 项目管理概述

1.2.1 项目管理的发展历程

自从有了人类,便有了项目,项目的存在必然伴随着对项目的管理,如中国的都江堰、埃及的金字塔等。早期的项目和项目管理主要起源于建筑行业,但是那个时候对项目的管理仅仅是完成任务而已,并没有有意识的使用和形成行之有效的管理计划和方法,更谈不上科学的管理手段和明确的操作技术规范。但是,这些管理实践的结果促进了项目和项目管理的发展。

20世纪40年代,由于第二次世界大战的推动,项目管理被应用于国防和军工项目。美国研制原子弹的曼哈顿计划、美国海军的北极星导弹计划和美国军方的阿波罗登月计划都被当做一个项目来管理和实施,这些项目管理实践又一步推动了项目管理学科的发展。项目管理在这一阶段强调计划的协调和管理,也正是在这一时期产生了甘特图这种制定计划的方法。随后,20世纪50年代后期到60年代,美国出现了项目管理的核心方法关键线路法(CPM)和计划评审技术(PERT),这是项目管理的突破性成就。1965年,世界上第一个专业性国际组织国际项目管理协会(International Project Management Association,IPMA)成立,自此项目管理被作为一门科学来进行分析研究。

从20世纪70年代开始,项目管理应用领域得到广泛开发,项目管理被应用到多个领域,如工程、建筑、物理、医学等。1969年成立的美国项目管理学会(Project Management Institute,PMI)于1996年正式发布的项目管理知识体系指南,为项目管理的专业化发展和全球推广做出了巨大贡献。现在,随着人们对项目的进一步认识,项目管理不仅被应用于建筑、军事等传统行业,也被广泛应用于电子、通信、计算机软件开发、制造业、金融业、保险业甚至政府机关等各行各业;项目管理这一学科的研究也更专业化和多元化,目前已有近百所学校设立了相关专业,而且项目管理也与计算机、控制论、工商管理和数学等专业建立了紧密的关系。

人类社会的经济发展里程从农业社会到工业社会,再到现在的信息社会,项目的重要性日益凸显,"一切皆项目",几乎所有人类活动都可以作为项目来运作,传统的以关注职能为主的管理思维已经逐渐转变到以项目为主的管理思维上。当前,项目管理已经应用到人类社会的各行各业和各种类型的项目当中。项目管理不仅对传统的项目行之有效,在新的市场环境下,越来越多的企业也引入项目管理的思想和方法,将企业的各种任务"按项目进行管理",将一些传统的作业型业务当做项目对待而实行项目管理。

虽然对项目管理的研究越来越深入,但其毕竟是一个很年轻的学科,尚有很多问题值得探讨和研究。目前，对项目管理的关注主要集中在以下几个方面。

(1)项目干系人的满意度。以往的项目管理以时间、成本、质量和范围作为四要素来衡量项目成功与否，但是在实践中，管理者认为很多项目的失败是因为所完成的项目不能让客户满意，因此项目干系人的满意度成为成功项目管理的衡量标准。在项目整个生命周期中都要注意对项目干系人的管理，在最新版的PMBOK中已将项目干系人管理添加为第十个知识领域对其进行专门研究。

(2)项目管理的艺术性。项目管理过程中需要用到专业的技术和方法，这些技术和方法经过学者们的广泛研究，已经有了一定的积累。但是，除了技术和方法之外，还应该将项目管理作为科学、技术和艺术相结合的产物来看待。在项目管理过程中，要注意思维、行为、情感、适应性、交叉文化、领导艺术等"软"问题。比如，项目经理除了要对项目目标有明确的认识、对专业知识有透彻的理解外，还要有风险意识和经营技巧，能够忍受前途未卜的困惑，能够灵活处理各种人际关系，而这些需要项目经理具备将思想转化为现实的能力，掌握将抽象转化为具体的科学和艺术的技巧。

(3)项目管理软件的应用。信息化时代对各种管理提出了新的要求，不能将思维和视野停留在传统手工作业时代。目前，国内外项目管理软件较多，仅美国就有200多家公司开发了各种类型的项目管理软件，我国上海普华科技公司也开发出了企业项目管理信息平台Power PIP、项目管理集成系统Power On和工程项目综合管理系统Power Start，这些都极大地促进了项目管理信息化的发展。但是，由于项目本身具有大型化、复杂化和动态化等特点，项目管理软件的系统性、功能多样性被列入了创新发展课题，过去单一功能、单一方法、单一模式的项目管理软件将很难适应新的要求，项目管理软件的多样化发展成为大势所趋。

1.2.2 项目管理的概念及特征

1. 项目管理的概念

项目管理是以项目为对象，通过一个临时性的柔性化的专门组织，对项目进行高效率的计划、领导、协调和控制，使项目全过程的资源得到优化，从而顺利实现项目预期目标的过程。

通过该定义可以看出以下几点。

(1)项目管理的对象是项目，包括各种类型的项目：工程建设项目和非工程建设项目，即项目管理的客体是项目生命周期中的全部工作。大到国家组织的"2016中国杭州G20峰会"，小到学校班级组织的一场班会，都属于项目的范畴，都需要对其进行管理。

(2)项目管理需要通过一个专门的组织实施，这个组织具有临时性、柔性化等显著特点。该组织被称为项目团队，是项目管理的主体。项目团队是为管理项目而存在的，而项目具有一次性、唯一性、临时性等特征，故当项目结束时项目团队也没有存在的必要了。项目生命周期的不同阶段，工作内容、工作重点和参与的干系人也各不相同，这就使得参与项目管理的组织人员随之发生变动。

(3)项目管理仍属于管理的大范畴，仍然需要发挥管理的计划、领导、协调和控制等基本管理职能，而这也是项目管理的职能。项目管理也是一种管理活动，只是该管理是按项目的特点和规律进行的管理活动。

(4) 项目管理的目的是通过发挥管理的基本职能，从而达到人力、资金、物料等各种资源的优化配置和有效利用，最终使项目的各种预期目标得以顺利实现，这是项目管理的最终目标。

(5) 项目管理的过程是有始有终的，并不会一直持续进行下去。项目不仅仅是一个交付物或者是一个成果，而是一个过程，在此过程中需要动态发挥管理的四大职能对其进行管理。如图 1-2 所示，启动过程主要是决策做或不做，虚线框中工作主要是解决怎么做；日常运营只包括虚线框中三项工作，且其一旦开始就不会停止，没有起始和结束；而项目管理在每个阶段都有一个循环，且中间运作过程中可能会出现停止。

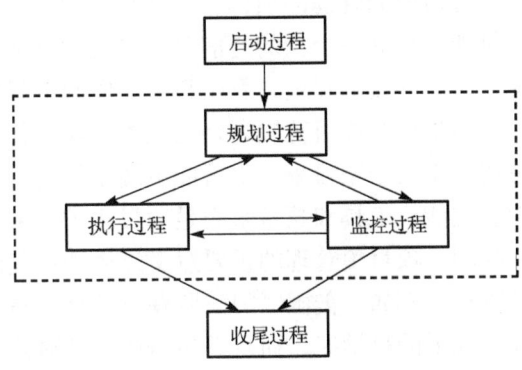

图 1-2　项目管理过程

2. 项目管理的特征

项目管理与运作管理不同，运作管理是人们为了实现既定目标而有效利用资源的职能性、流程性的常规活动；而项目管理却是一种非常规的独特的活动，即项目管理是临时性的、专门组织为创造特定产品或提供特定服务而进行的有时限的活动。

具体来说，项目管理具有以下特征。

(1) 普遍性。人类文明先有项目后有运营，先有研发后有生产。因此，对项目进行管理也很早就有了，只是早期的项目管理方法还不是非常科学和完善，也不像运作管理那样受到广泛的重视和研究。

(2) 目的性。任何一个项目都有一个最终要实现的目标，对项目进行管理的原因也是为了实现最终目标。运作管理也有要实现的目标，但运作管理的目标是单一的，而项目管理的目标却是多元的。但需要注意的是，对项目进行管理时应适当地确定项目的目标，既不能将目标定得过高也不宜将其定得过低，应把握好实际、要求和期望间的关系，以满足较易实现的基本要求为主。

(3) 系统性。项目管理把项目看成是一个完整的系统，依据系统论的原理，将系统分解为许多责任单元，由责任者分别按照要求完成任务，然后汇总、综合成最终的成果。如项目在整体管理思想的指导下分别考虑范围管理、时间管理、人力资源管理等责任单元，但最终又是以同时完成多目标为最终目的。同时，项目管理把项目看成是一个有完整生命周期的过程，强调部分对整体的重要性，促使管理者不要忽视其中的任何阶段，以免造成总体效果不佳甚至失败。

(4) 创新性。任何项目都不一样，对项目的管理也应不断创新，要根据实际情况进行变动。项目管理的创新性包括对项目所包含创新活动的管理和通过管理创新实现对项目的有效管理两个方面。因为项目一次性的特征，决定了对项目的管理没有一成不变的模式和方法可以直接利用，所以，对一个只存在一次的项目必须采取适合该项目的独特的管理方式。

3. 项目集管理和项目组合管理

项目管理主要是对单个项目进行管理，通过计划、组织与控制等管理活动实现项目目标，最终满足项目不同干系人的需求。

项目集是一组相互关联且被协调管理的项目、子项目集和项目集活动，以便获得分别管理所无法获得的利益。例如，建立一个新的通信卫星系统就是项目集，其所辖项目包括卫星与地面站的设计、卫星与地面站的建造、系统整合，以及卫星发射。项目集是由多个相关项目组合而成，其可以包括单个项目范围之外的相关工作。任何一个项目集中都一定包含项目，但一个项目可能属于某个项目集，也可能不属于任何一个项目集。项目集管理通过在项目集中应用知识、技能、工具和技术来满足项目集的要求，从而获得分别管理各项目所无法实现的利益和控制。项目集管理的重要意义还体现在其能够获得比单个项目更广泛、更有效、更长远的收益。例如，美国"阿波罗登月计划"是采用项目集管理的典型案例，其不仅培养了一代高水平的科学家，而且其科研成果把科技水平整体提高到了一个全新的高度，全世界的计算机技术、通信技术、火箭技术、生产技术、材料技术、医疗技术等各个领域的技术都得到全面发展和提升，而现在的盒装饮料也是该项目集成果转移到市场的一个体现。

项目组合是指为了实现战略目标而组合在一起管理的项目、项目集、子项目组合和运营工作。与项目集不同的是，项目组合中的项目或项目集不一定彼此依赖和直接相关。项目组合管理是指为了实现战略目标而对一个或多个项目组合进行的集中管理。项目组合管理的核心是要保证战略协调一致，项目组合管理通过对项目和项目集的审查，确定资源分配的优先顺序，并确保对项目组合的管理与组织战略协调一致，从而有利于实现组织的整体战略。例如，以投资回报最大化为战略目标的某基础设施公司，可以把汽油、供电、供水、道路、铁路和机场等项目混合成一个项目组合，其中所有供电项目作为供电项目集进行管理、所有供水项目作为供水项目集进行管理……，根据各项目集的投资回报情况确定其优先级别给予管理，以最终实现利润最大化。

【思考题】

秦始皇时期所修建的长城是不是一个成功的项目管理实践？

1.2.3 项目管理过程组和知识体系

1. 项目管理过程组

过程是指为了生成具体的结果(可度量的结果，如产品、成果或服务)而展开的相互联系的一系列行动和活动的组合。一个项目的过程包括两种类型：项目的实现过程和项目的管理过程。项目的实现过程，一般由项目生命周期表述，是指为了得到项目的产出物而开展的各种业务活动所构成的整个过程，该过程是面向项目产品的过程，被称为项目过程，并因应用领域及主体的不同而不同，如项目团队一般参与项目生命周期的全过程，而设计单位则可能主要参与项目的规划过程。项目的管理过程是指在项目实现过程中，人们开展项目的计划、组织、协调、控制、决策、沟通、激励等各种管理活动所构成的过程。项目的实现过程是由一系列不同的项目阶段或过程构成的，但不同项目的实现过程却有着相同或相似的项目管理过程。

一般而言，项目管理过程是由五个不同的项目管理的具体过程(或阶段/活动)构成的，即启动过程组、规划过程组、执行过程组、监控过程组和收尾过程组。项目管理的五大过程组通常在每个项目中都需要执行，而且与应用领域或行业无关。虽然项目管理过程的有些名称和项目生命周期某些阶段的名称相同，但它们的含义却不相同。项目生命周期包括的四个阶段是从项目实现过程的角度考虑的，是依次进行不可重复的；而项目管理的五个过程组贯穿于项目生命周期的每一个阶段，并不是独立的一次性过程，项目生命周期的任何一个阶段都可能包含一个或几个"启动——规划——执行——监控——收尾"的管理过程。

启动过程组位于项目管理过程循环的首位，主要是定义一个项目(或阶段)的工作与活动，决策其起始与否，并决定其是否可以继续后续活动的过程；规划过程组是为实现项目目标而明确项目范围、制定各行动计划方案的一组过程；执行过程组是具体实施项目管理计划中确定的工作，以满足项目规范要求的一组过程；监控过程组是跟踪、审查和调整项目进展与绩效，识别必要的计划变更并启动相应变更的一组过程；收尾过程组是完结所有过程组的所有活动，正式结束项目(或阶段)的一组过程。

项目管理五大过程组有清晰的相互依赖关系，相互之间交互作用，各过程可能在同一过程组内或跨越不同过程组相互作用。项目管理过程组相互之间是一种前后衔接的关系，有时甚至是相互交叠的，有时还是双向的，各项目管理的具体过程都有自己的输入和输出，这些输入和输出就是各个具体管理过程之间的相互关联要素，一个项目管理具体过程的输出(结果)是另一个项目管理具体过程的输入(条件/依据)。如图1-3所示，启动过程组最先开始，在其尚未完成之前，依据启动过程中的输出结果(如项目章程、项目干系人登记表等)进行制定项目管理计划工作，进入规划过程组；规划过程组既为项目执行过程组提供决策和供应商选择等标准，同时又为监控过程组提供项目管理计划；执行过程组不仅仅以规划过程组的成果为输入信息具体实施工作，会反过来为规划过程组提供更新的实施信息和情况(如资源日历等)；监控过程组中的很大一部分工作属于事前控制，所以监控过程组在执行过程组开始前、规划过程组开始后就进行了，同时，监控过程组还为执行过程组提供反馈信息(如批准的变更请求等)；收尾过程组在执行过程组尚未完成之前就已开始，因为收尾过程组中涉及的许多文档准备工作可以提前开始。在项目完成之前，常常需要反复实施各过程组及其过程。

2. 项目管理知识体系

项目管理知识体系(Project Management Body of Knowledge，PMBOK®)是项目管理职业的知识总和，是供项目管理专业人员使用的一套完善的项目管理专业知识体系。PMBOK是美国项目管理学会(PMI)的一项重要研究成果，其于1996年正式发布PMBOK1.0，目前，已更新到2017年的PMBOK6.0。

项目管理学会于 1966 年在美国宾州成立，是目前全球影响最大的项目管理专业机构，其组织的项目管理专家认证(Project Management Professional，PMP)被广泛认同。

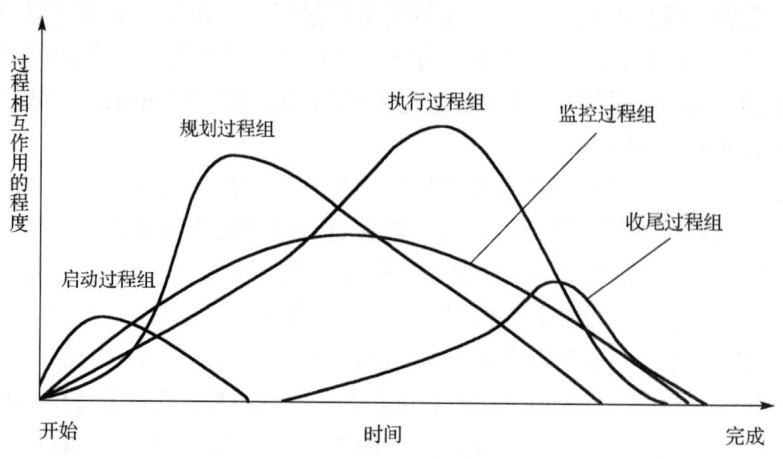

图 1-3　项目管理过程组的交叉与重叠

在国际上被认可的有影响力的另一个组织是国际项目管理协会(International Project Management Association，IPMA)。国际项目管理协会成立于 1965 年，总部设在欧洲，是国际上最早的项目管理专业组织，其成员组织来自于欧洲、亚洲、非洲、美洲等不同的国家，各国的文化差异很大，因此国际项目管理协会将项目管理知识划分为 42 个模块，其目的是方便不同的国家根据其文化背景将模块进行组合，构造适合本国具体情况的知识体系。

目前，很多国家在两大机构成果的影响下，根据自己国家的特点制定了相应的项目管理知识体系，如《美国项目管理知识体系》《英国项目管理知识体系》《德国项目管理知识体系》《法国项目管理知识体系》《瑞士项目管理知识体系》《澳大利亚项目管理知识体系》《中国项目管理知识体系》。

(1)"美国项目管理学会"的项目管理知识体系。

项目管理专业领域所涉及的知识极为广泛，项目管理知识体系的知识范畴主要包括三大部分，即已公认的项目管理理论与实践、一般管理理论与实践，以及应用领域理论与实践，如图 1-4 所示。三部分内容有其各自的知识领域，同时又在内容上有所交叉。项目管理所特有的知识是管理项目所需要的专业性的知识，是管理项目必不可少的；同时，对项目的管理也属于管理工作，所以一般的管理知识同样可以应用在项目的管理中，只是在应用时需结合项目的特点来使用；项目涉及各行各业，而行业间存在很多差异，在对不同行业的项目进行管理时不能使用相同的方法，必须考虑到行业的具体情况。

PMBOK 主要由三大部分构成。第一部分是项目管理框架。该部分内容主要用于理解项目管理的基本结构，包括制定本标准的基础和目的，项目的定义，项目管理、运营管理与组织战略之间的关系，项目组合管理、项目集管理、项目管理和组织级项目管理之间的关系，项目生命周期等。第二部分是单个项目的项目管理标准。该部分内容定义了项目管理的五大过程组：启动过程组、规划过程组、执行过程组、监控过程组和收尾过程组，明确了每个过程组的输入与输出，并将项目管理知识领域映射到具体的项目管理过程组中。

第三部分是介绍项目管理知识领域。该部分所占篇幅最大，详细介绍了各知识领域所涉及的相关输入、工具与技术、输出。

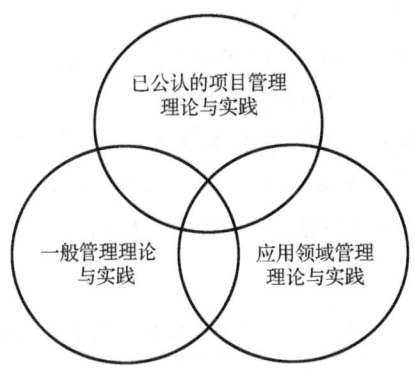

图1-4　项目管理知识体系间的关系

PMBOK 一个非常重要的贡献是给出了项目管理的知识领域。1984年其首次将项目管理的基本内容划分为六个领域，即范围管理、成本管理、时间管理、质量管理、人力资源管理和沟通管理。1987年又增加了三个领域：项目管理的框架、风险管理、合同/采购管理。加上2012第5版中新加入的干系人管理，形成了现在的项目管理十大知识领域，即项目范围管理、项目时间管理、项目成本管理(也称项目费用管理)、项目质量管理、项目采购管理、项目人力资源管理、项目沟通管理、项目风险管理、项目整合管理(也称项目整体管理)和项目干系人管理。这十大知识领域贯穿整个项目管理过程，相互交叠、相互作用、相互影响而最终完成项目。

(2)中国(双法)项目管理研究委员会的中国项目管理知识体系。

中国项目管理知识体系(Chinese-Project Management Body of Knowledge，C-PMBOK)是由中国(双法)项目管理研究委员会发起并组织实施的，2001年7月推出了第1版，2006年10月推出了第2版。

中国(双法)项目管理研究委员会的全称是中国优选法统筹法与经济数学研究会项目管理研究委员会(Project Management Research Committee，China，PMRC，网址http://www.pmrc.org.cn/)，是著名数学家华罗庚先生创立的中国优选法统筹法与经济数学研究会旗下的全国性项目管理专业委员会，成立于1991年，挂靠于西北工业大学，是中国科协主管的我国唯一跨行业、跨地区、非营利性的全国项目管理专业学术组织，也是我国唯一代表中国加入国际项目管理协会(IPMA)的项目管理专业组织。

C-PMBOK 的突出特点是以生命周期为主线，以模块化的形式来描述项目管理所涉及的主要工作及其知识领域。具体来说，其特征有以下几点。

① 以生命周期为主线，进行项目管理知识体系知识模块的划分与组织。C-PMBOK 中，大多数知识模块都与项目管理的工作环节相联系，它以项目生命周期四个阶段为组织主线，分阶段提出了项目管理各阶段的知识模块，便于项目管理人员根据项目的实施情况进行项目的组织与管理。

② 采用了模块化的组织结构，便于知识的按需组合。模块化的组合结构能将相对独立的知识模块组织成一个有机的体系，不同层次的知识模块可满足对知识详细程度要求不同

的需求，同时知识模块的相对独立，使知识模块的增加、删除、更新等变得更容易。

③ 体现了中国项目管理的特色，扩充了项目管理知识体系的内容。项目管理越来越多地为企业中各种各样的任务管理所采用，多项目管理是企业项目管理的核心，因此企业项目管理作为一个重要的组成部分被纳入 C-PMBOK 中；同时，C-PMBOK 还强化了项目前期论证的相关内容，并增加了项目后评价的内容。

C-PMBOK 的这些特点使其具有了各种知识组合的可能性，特别是对于结合自身行业和特殊项目管理领域知识体系的架构非常实用，各应用领域只需根据自身项目管理的特点加入相应的特色模块，就可形成行业领域的项目管理知识体系。简化的 C-PMBOK（第 2 版）如表 1-1 所示[①]。

表 1-1 中国项目管理知识体系框架（C-PMBOK2006）

1. 项目管理学科体系框架								
项目管理	2.基础	2.1 项目 2.2 项目管理						
	项目生命周期	3.概念阶段	4.开发阶段		5.实施阶段		6.结束阶段	
	7.项目管理领域	7.1 范围管理	7.2 时间管理	7.3 费用管理	7.4 质量管理	7.5 人力资源管理	7.6 信息管理	7.7 风险管理	7.8 采购管理	7.9 综合管理
	8.常用方法与工具	1.工作分解结构	2.网络计划技术 3.甘特图 4.里程碑图	5.项目融资 6.双S曲线 7.资源负荷图	8.质量控制方法 9.质量技术文件 10.标杆管理	11.责任矩阵 12.激励理论	13.信息沟通方式	14.模拟技术	15.挣值方法 16.并行工程
		17.要素分层法 22.项目财务评价	18.方案比较法 23.项目国民经济评价		19.SWOT分析法 24.不确定性分析	20.资金时间价值 25.项目环境影响评价		21.评价指标体系 26.有无比较法	
	9.项目化管理	9.1 项目化管理体系框架						
		9.2 项目化管理方法		9.3 项目化管理组织		9.4 项目化管理机制		9.5 项目化管理流程	

1.2.4 项目管理十大知识领域

1. 项目整合管理

PMBOK 指出，项目整合管理又称为项目整体管理，包括为识别、定义、组合、统一和协调各项目管理过程组的各种过程和活动而开展的各种活动。虽然项目管理的内容被分成十大知识领域，项目管理的过程被分为五大过程组，但它们并不是完全界限明显且独立存在的，项目全过程中的各活动、各要素间是相互交叠、相互作用、相互关联的，项目整合管理就是要根据项目各方面的相互关系对其综合考虑，对项目的全过程进行全面的协调和控制，以满足项目干系人的需求，实现项目目标的管理过程。项目整合管理的思想应该贯穿到项目的整个生命周期，时刻用整体管理的思想来管理项目。

项目整合管理的过程包括：制定项目章程、制定项目管理计划、指导与管理项目工作、监控项目工作、实施整体变更控制、结束项目或阶段。

项目章程是一份批准和确定一个项目或项目阶段的正式文件，它明确任命项目经理并正式授权项目经理在项目管理中的权限，并且对项目的基本目标、要求、规定等提出了具体要求，是项目管理所应遵循的"宪法"。

制定项目管理计划是将项目所有子计划和项目基准整合在一起的过程，其可以确定项

[①] 白思俊等. 现代项目管理概论(第2版). 北京：电子工业出版社，2013.

目计划、执行、监控和收尾等全过程的管理方式和方法，从而保证项目的各个方面成为一个整体，使项目顺利完成。

指导与管理项目工作是指为实现项目目标，生产出项目的可交付成果，完成项目各任务而具体实施项目管理计划的过程。项目工作大部分是在这一过程完成的，资源的消耗和成本的花费也主要在这一过程，该过程会产生各种工作绩效信息和变更申请。

监控项目工作是跟踪、监督和控制项目全过程，以保证项目按照管理计划顺利实施。项目监控工作贯穿项目始终，并以项目管理计划为衡量基准，需要及时收集、测量、发布和评估相应的实际工作绩效信息，从而保证项目按计划实施。

整体变更控制是对项目过程中的变更进行识别、审查、批准，以及对变更处理结果进行沟通的过程。项目的变更是不可避免的，没有哪个项目会完全按照初始的计划全部执行完成，而变更对于项目的各方面都会产生一定影响，因此，当出现变更时，需要一套完整的、科学的、整体的方法来对其进行管理。

结束项目或阶段是指完结所有项目管理过程组的所有活动，以正式结束项目或阶段的过程。项目区别于运作的一个重要特征就是其最后需要进行项目的收尾。项目收尾看似简单但工作烦琐，而且没做好收尾工作，项目不能完全结束，项目就不能验收交付，项目中所有工作的意义和价值就得不到体现和实现。

2. 项目范围管理

项目范围管理是对哪些工作是项目必须做的、哪些工作不是项目必须做的所进行定义和控制的过程。项目范围管理可以明确项目必须做且只能做的全部工作，保证该包含在项目中的一个都不少、不该包含在项目中的一个都不多，以保证项目各过程的顺利完成。

项目范围是指项目的"产品范围"和"项目范围"的总和。产品范围是项目业主(客户)对项目最终产品或服务所期望包含的特征和功能的总和；项目范围也可理解为工作范围，是指为了交付满足产出物范围要求所必须完成的全部工作的总和。对产品范围的管理属于目标管理，对工作范围的管理属于过程管理，两种类型的范围管理应很好地结合起来。

项目范围管理的一项重要成果就是得出项目的范围基准。项目范围基准的确定，对整个项目的管理都有重要的影响作用。首先，项目范围界定出项目应得到的成果和应做的工作，为项目其他知识领域进行管理提供了基础。当明确项目范围后，就可以清楚地知道哪些工作需要多久完成、需要用到哪些资源、相应的成本是多少、应该怎么获取所需资源、这些工作会涉及哪些干系人、可能遇到的风险有什么……其次，项目范围为项目实施的监督和控制工作提供了依据和标准。根据项目范围得出基准，在项目进行过程中才可以与之对比，从而得知项目产出物和项目工作是否应该包含在该项目中，以及对已得出的成果和工作与基准进行核对，确认有没有成果和工作的遗漏，通过对比检查，及时发现偏差并采取措施补救。

项目范围管理的过程包括：规划范围管理、收集需求、定义范围、创建工作分解结构、确认范围和控制范围。

规划范围管理是记载如何定义、核实和控制项目范围，明确如何制定和定义项目工作分解结构，创建得出项目范围管理计划的过程。规划范围管理会对如何进行项目范围管理给出总的指导和方向。

收集需求是根据项目目标，在项目范围管理计划的指导下，获取、分析、记录、确定及管理项目干系人的需求的过程。明确干系人的需求是确定项目应该做什么、不应该做什么的重要依据之一，项目的可交付成果最终要交付给业主，只有满足其需求，才能保证项目得以顺利完成并交付。

定义范围是根据收集到的需求确定哪些应将其包含在项目范围内、哪些不应包含在项目范围中，以确定项目范围的产品、服务或成果的边界的过程，该过程的成果会反映在项目范围说明书中。

创建工作分解结构(Work Breakdown Structure，WBS)是将项目最终可交付成果和项目工作逐层分解为较小的、更易于管理的工作包的过程。创建 WBS 是项目范围管理的重要工作，其所得到的工作分解结构(WBS)是项目基准中最核心的内容，因此，创建 WBS 不论是对项目范围管理还是对整个项目管理都起到很重要的作用。

确定范围是得出项目可交付成果后，并对其进行正式验收和确认的过程。通过确认范围，可以保证已得到的可交付成果确实是应该包含在项目中而不是多余的，同时也可以确认，应该包含在项目范围中的可交付成果都包含在其中没有遗漏。确认范围是对范围结果进行的正式的认可，可以为项目的验收、收尾和交付提供可靠的依据。

控制范围主要是用于管理项目范围的变更。项目会受到多种因素的影响，如客户需求的变化、市场的变动等，这些影响常常会对项目范围产生影响，导致项目范围的变更，而项目范围的变更又会对项目其他知识领域产生影响，如范围的增加会延长工期、增加成本等，因此需要对项目范围进行监控，及时发现变更并进行管理控制。对项目范围变更的控制要与项目的整体变更控制结合起来。未得到控制的范围的扩大常常被称为范围蔓延。

3. 项目时间管理

项目时间管理又称为项目进度管理，是指根据项目所规定的工作范围、时间目标等，对计划实施的项目的全部活动按照其工作顺序做出时间安排，为保证项目各活动按时完成、成果按时得出所进行的管理过程。

项目时间管理的过程包括：规划进度管理、定义活动、排列活动顺序、估算活动资源、估算活动持续时间、制定进度计划、控制进度。

规划进度管理是为项目进度的计划、编制、执行、控制等管理工作顺利进行而制定政策、程序和文档的过程，以为具体管理项目进度提供指导和方向。

定义活动是为了实现项目目标而在 WBS 底层工作包的基础上进一步识别、分解、定义、确认项目所必需的各种具体活动的过程。

排列活动顺序主要是识别和记录项目活动之间的关联和依赖关系，并据此得出项目活动先后顺序的过程。

估算活动资源是指根据项目活动定义和排序的结果，分析、识别项目活动所需资源，估算项目活动所需资源(如人员、材料、设备、资金等)的种类和数量的过程。

估算活动持续时间是在综合考虑项目活动作业时间、项目活动受客观影响延误时间、项目活动资源配备情况等各种影响因素的前提下，估算得出项目各活动工作时间的过程。

制定进度计划是在项目活动定义、项目活动排序、项目资源估算和项目持续时间估算的基础上，对项目时间计划进行分析、编制、安排，确定项目的起止时间并制定具体实施方案与措施的过程。项目进度计划的制定常常需要一定的工具支持，其结果的展示形式也会因为工具的不同而不同（如甘特图、网络图等），但不管其最终以什么形式展示，都是最终的项目时间管理的基准，都是项目时间管理中最重要的工作，在项目管理中起到很重要的作用。

控制进度是对项目进度实施监控，与进度计划进行对比分析，以及时发现问题，对影响项目进度的因素进行控制，对出现的偏差进行管理，并对进度基准进行变更的过程。

虽然项目时间管理的过程被具体分为上述7个过程，但这些过程并不是完全分开的，特别是其中的定义活动、排列活动顺序、估算活动资源、估算活动持续时间，在某些项目中，特别是小项目，这些过程没有明显区分，甚至可视为一个过程，有时甚至可以由一个人在一小段时间内全部完成。

4. 项目成本管理

项目成本管理又称为项目费用管理，是指规划、预测、确定和控制项目成本，并确保项目在批准的预算内完成的管理过程。成本目标是项目目标中很重要的一部分，因此，对项目成本进行管理意义重大。

项目成本管理的过程包括：规划成本管理、估算成本、制定预算、控制成本。

规划成本管理是为管理项目成本而制定计划、实施计划和监控计划的全过程而制定政策、程序、方法、文档等的过程，主要用于对项目成本管理提供总的指导和方向。

成本估算是对项目活动所需资金进行估算的过程。成本的估算往往从项目活动自身的需求出发去考虑，以满足项目所需为目的。成本估算数据的得出与项目资源有密不可分的关系，项目成本的构成大部分是由所需资源产生的。但是，项目的成本估算需要全面考虑（如应急储备金），应包含项目生命周期的各个阶段。

制定预算的过程是在成本估算的基础上，综合考虑项目可获取资金、项目总目标对成本的要求等各种因素，最终编制出项目成本基准的过程。制定预算的成果作为项目的成本基准在项目成本使用、监督和控制过程中作用重大，项目各活动最终可以获取的可使用资金就是根据制定预算过程得出的成本基准而得到的。

控制成本是在项目实施过程中，对项目实际成本进行记录、将实际成本与成本基准进行对比分析、及时发现成本偏差以采取措施将其控制在项目预算范围内的过程。

5. 项目质量管理

项目质量管理是为实现项目质量而进行的确定质量方针政策、目标和职责，制定质量管理计划、实施质量管理并保证质量按计划得以实现，以最终达到项目目标要求的管理过程。

项目质量管理是项目管理的重要组成部分，其与项目范围管理、项目时间管理、项目成本管理，构成项目管理的核心四要素。项目团队在进行项目质量管理时，需要注意要将项目质量确定在符合干系人基本要求的水平上，以保证项目质量并交付项目，但在具体实施过程中可以以更高的标准来完成，以达到顾客满意的水平。

项目质量管理的过程包括：规划质量管理、实施质量保证和控制质量。

规划质量管理是明确哪些质量标准适合该项目、确定项目应如何达到应有的质量水平的过程，其可以为整个项目质量管理提供指南和方向。

质量保证是保证项目达到有关质量要求和标准而开展的有计划、有组织的工作活动的过程。通过实施质量保证可以促使质量的持续改进，从而使项目过程的质量不断得以改进，减少浪费，使各过程更高效。

控制质量是记录并监控项目质量结果，分析判断其是否符合质量标准，找出解决过程低效或产品质量低劣的方法，确保最终的项目可交付成果和工作过程满足干系人的需求的过程。

6. 项目人力资源管理

项目人力资源管理是针对项目团队所进行的管理，涉及项目团队的规划、组织、领导和管理等方方面面，以确保项目团队成员的能力得到最有效发挥为目标。人力资本的重要作用已被广泛认可，项目的成功也跟具有主观能动性的人力资源有着密不可分的关系。

项目人力资源管理的过程包括：规划人力资源管理、组建项目团队、建设项目团队和管理项目团队。

规划人力资源管理是制定项目人力资源管理计划的过程，包括确定项目所需人员的角色和职责，项目团队成员的获得方式及工作时间，适合本项目的团队成员的激励、培训等方法和计划，团队成员间的相互关系等。

组建项目团队是根据人力资源管理计划获得与项目相匹配的人员的过程。项目组织通过招聘等方式获得项目所需人力资源并根据其技能、素质、经验等进行工作安排和配备，从而构建项目团队。项目团队的组建不是一蹴而就的，会随着项目的需要不断发生调整，是个动态的过程。

建设项目团队是通过具体措施促进团队成员互动、提高团队协作能力、激发团队成员热情、增强团队工作能力、降低团队成员离职率等，以提高项目团队绩效的过程。

管理项目团队是跟踪项目团队成员工作表现及团队绩效，及时发现问题，解决冲突并管理团队变更的过程。通过对项目团队的管理可以优化项目绩效，及时根据需要变更人员配备、更新人力资源管理计划等。

7. 项目沟通管理

项目沟通管理是为了确保项目信息合理收集、传输、处理所需实施的一系列管理过程。项目中涉及的沟通活动很多，沟通效果的好坏对整个项目能否顺利进行有着直接影响，所以应做好项目的沟通管理工作。项目沟通管理应从整体利益出发，运用系统的思想和分析方法，通过科学的、系统的规划，运用适当的沟通技巧，全过程、全方位地进行有效管理。

项目沟通管理的过程包括：规划沟通管理、管理沟通和控制沟通。

规划沟通管理是对项目全过程中信息沟通的内容、沟通的方式和沟通的渠道等各方面做出规划的过程。进行沟通规划时要考虑干系人的需求，并结合 WBS 和各活动的时间，从而确定什么时间需要与哪些干系人就什么问题进行沟通。

管理沟通是根据沟通管理计划具体实施沟通的过程。沟通在执行过程中有很强的灵活性，需要沟通者能够很自如地应用各种沟通技术和方法，对沟通者具有很强的挑战性。

控制沟通是对实际沟通情况进行及时记录、分析、调整和更新的过程。控制沟通可以确保项目信息的有效和高效流转，从而使相关干系人及时得到所需的项目信息，以保证项目顺利实施、项目目标得以实现。同时，控制沟通还会引起沟通管理计划的重新制定和管理沟通过程的重复实施，三个管理过程是相互作用、相互影响的。

8. 项目风险管理

项目风险管理是指对风险管理进行计划、识别并分析风险，利用各种管理方法、技术和手段对风险实施应对和控制，以保证将风险带来的影响控制在项目可接受的范围内，从而实现项目目标的管理过程。

项目风险管理的过程包括：规划风险管理、识别风险、实施定性风险分析、实施定量风险分析、规划风险应对、控制风险。

规划风险管理是规划和设计如何进行项目风险管理的过程。该过程包括确定项目风险的分类方式、风险管理的行动准则、可使用的风险管理方法、风险判断的依据、风险报告的形式等。

识别风险是判断、确定并记录项目有哪些风险、这些风险具备什么特征、对项目可能产生哪些影响的过程。项目风险的识别虽然划分在规划过程组，但该过程并不终止于规划过程组，其他风险管理过程都会作用于风险的识别结果，使其不断修正更新。因此，风险识别是一个贯穿项目全管理过程和项目全生命周期的工作。

实施定性风险分析是依据风险发生概率和其对项目目标的影响程度对项目风险进行分级排序的过程。该过程的主要特点是进行分析时使用的工具和方法以偏主观的定性分析为主，通过定性分析可以使项目着重关注高优先级的风险。

实施定量风险分析是在定性风险分析的基础上，利用量化的工具分析风险(特别是高优先级的风险)对项目目标影响程度的过程。通过定量风险分析可以确定需要对哪些风险事件制定应对措施。

规划风险应对是指针对风险分析的结果制定增加机会、降低威胁的风险应对方案的过程。对风险进行应对管理往往需要成本、时间、人员等的配合，因此必要时应注意其对项目成本管理、项目时间管理和项目人力资源管理的影响，并对相关文档进行补充更新。

控制风险是指在项目管理过程中，根据项目风险管理计划和项目实际发生的风险与变化所开展的对比、分析、更新、评估等工作的过程。对风险进行有效控制，可以提高风险应对效率，不断优化风险管理效果，保证项目的顺利完成。

9. 项目采购管理

项目采购管理是指项目团队从外部采购或获取所需产品、服务或成果的管理过程。采购不同于简单的买卖过程，是一种有计划的行为，涉及全过程的跟踪与管理，贯穿于项目整个生命周期，而且在采购管理过程中还涉及招投标管理、合同管理等。项目采购物资的质量和成本对项目目标的完成有重要影响，采购费用在项目投资成本中往往占有很大比重，而且采购过程主要是与项目外部进行交往，不确定因素较多，因此，对项目采购进行管理对项目整体的管理影响重大。在采购管理中，通常将项目团队看做买方，项目团队的外部看做卖方。

项目采购管理的过程包括：规划采购管理、实施采购、控制采购和结束采购。

规划采购管理是采购者确定项目需要从系统外获得什么以及制定如何采购的决策的过程。在此过程中要明确：项目在什么时候需要采购什么、怎样采购、采购多少以及由谁负责购买。采购规划应尽早进行，因为只有确定了采购计划才能进行精确的财务测算和其他的规划。

实施采购是指按照采购规划具体实施采购，发布采购信息、选择并确定卖方、签订合同、获取物资或服务的过程。采购的方式有很多种，不同的采购方式所涉及的实施过程的复杂程度也不尽相同。

控制采购是监控采购实施情况、管理采购关系、监督合同执行情况、及时发现采购问题并补救的过程。若买卖双方是以签订合同的方式合作，则在控制采购过程中要特别注意对合同的监控管理，包括卖方是否在适当的时间开始工作、卖方提供产品或服务是否符合要求、有没有按合同规定向卖方付款、有没有出现不履行合同规定的行为等。

结束采购是将合同或其他相关采购文件进行归档以终止采购活动的过程。对于买卖双方签订合同的项目采购，应该有明确的买方向卖方出具的合同已经完成的正式书面通知。但要注意的是，结束采购并不等同于买卖双方已经完全按合同约定完成相应条款，结束采购可能是合同提前终止，也可能是尚存有未决索赔及争议等问题，但这些问题的后续处理并不影响当前合同的结束。

10. 项目干系人管理

项目干系人管理是指以项目干系人为对象，以满足项目干系人需求为目的而进行的管理活动。通过对项目干系人进行管理，可以有效促进积极干系人对项目的有利影响，降低或减少消极干系人对项目的不利影响，以最终实现项目目标。

项目干系人管理的过程包括：识别干系人、规划干系人管理、管理干系人参与、控制干系人参与（详见 1.4.2）。

识别干系人是找出对项目决策、活动或结果有影响的个人、群体或组织，以及会被项目决策、活动或结果所影响的个人、群体或组织，分析和记录这些个人、群体或组织的利益、参与度、相互依赖性、影响程度等相关信息的过程。

规划干系人管理是在识别和分析干系人的需求、利益和对项目影响的基础上，制定合适的管理策略，以有效调动干系人参与整个项目生命周期的过程。

管理干系人参与是按照干系人管理计划具体实施对干系人的沟通协调、积极调动干系人参与项目、处理已识别或未发生的干系人关注的问题等管理措施，以满足其需要与期望，促进干系人合理参与项目活动，保证项目成功完成的过程。虽然干系人对项目的影响通常在项目启动阶段最大，但对干系人的管理需贯穿整个项目生命周期，而且必要的情况下可以寻求项目发起人或高层管理者的帮助。

控制干系人参与是监控干系人管理效果，与干系人管理计划进行对比，及时发现问题，调整策略和计划，以保证干系人参与项目效果的过程。

项目的十大知识领域常常被分别予以介绍，但是它们之间是相互交织在一起，相互影响、相互作用的。虽然上述对项目十大知识领域的介绍都对其管理过程进行了细分，但这些管理过程之间并没有明显的界限，彼此相互作用、相互影响，有些甚至会重复循环进行。

11. 项目知识领域与项目管理过程组的关系

项目管理过程组贯穿于项目管理的各个知识领域，项目管理十大知识领域中的各个管理过程都会隶属于某个项目管理过程组，如表1-2所示①。项目知识领域的各管理过程一般会被归入其大多数活动所在的那个过程组，但这并不意味着其仅在隶属的过程组执行，相反，很多过程会在整个项目生命周期中、各个规划过程组中被重复使用。例如，风险分析过程归属于规划过程组，但是在监控过程组具体控制风险时，对发现的问题需要重新进行风险分析，此时，虽然风险的重新分析发生在监控过程组，但风险分析仍属于规划过程组的管理过程。

表1-2 项目管理过程组与知识领域

知识领域	项目管理过程组				
	启动过程组	规划过程组	执行过程组	监控过程组	收尾过程组
项目整合管理	制定项目章程	制定项目管理计划	指导与管理项目工作	监控项目工作 实施整体变更控制	结束项目或阶段
项目范围管理		规划范围管理 收集需求 定义范围 创建WBS		确认范围 控制范围	
项目时间管理		规划进度管理 定义活动 排列活动顺序 估算活动资源 估算活动持续时间 制定进度计划		控制进度	
项目成本管理		规划成本管理 估算成本 制定预算		控制成本	
项目质量管理		规划质量管理	实施质量保证	控制质量	
项目人力资源管理		规划人力资源管理	组建项目团队 建设项目团队 管理项目团队		
项目沟通管理		规划沟通管理	管理沟通	控制沟通	
项目风险管理		规划风险管理 识别风险 实施定性风险分析 实施定量风险分析 规划风险应对		控制风险	
项目采购管理		规划采购管理	实施采购	控制采购	结束采购
项目干系人管理	识别干系人	规划干系人管理	管理干系人参与	控制干系人参与	

1.2.5 项目管理职业道德

美国《财富》杂志预测，项目管理是21世纪的首选职业。项目管理相关职位已经成为贯彻企业战略目标，提升企业执行力的中坚岗位，项目管理已经成为许多年轻人的职业选择目标，项目经理这一职业群体正在日益壮大，这必将对社会与经济的发展产生更加重要的影响。

---

① 项目管理协会. 项目管理知识体系指南(PMBOK指南：第5版)，北京：电子工业出版社，2013.

职业道德是项目管理从业者应该遵守的行业规范，即明白什么是应该做的，什么是不应该做的。项目管理从业者对所在组织或公司、项目团队、相关项目干系人甚至公众都负有一定的责任。作为项目管理的从业者，你可能会面临潜在的利益冲突或需要处理不良供应商等问题，这些问题的处理除了需要专业知识外，更重要的是思想修养和职业道德。作为项目管理从业人员，应该在责任、尊重、公平和诚实这四个领域履行专业行为和道德准则。

(1)责任。作为一个负责任的人，必须对自己的行为有所担当，成功时不邀功、失败时不推责，这包括对已经制定或未制定的决策、已经采取或未采取的行动，要勇于承担决策和行动所产生的后果等。

【自测题】

当前项目还有5周的数据收集与统计工作，其中数据收集需要花费4周，但是项目已经花费了总预算的95%；同时，项目的最后期限是下周五。项目经理李某要求负责该项目工作的唐某根据去年收集的数据直接估算，尽可能早地完成项目。在这种情况下，唐某应该（　　）。

A. 按项目经理的要求执行
B. 通过书面和口头的方式作出解释，并说明无法完成任务
C. 不按项目经理的要求执行
D. 举报项目经理不合法、不道德的行为

(2)尊重。在项目进行过程中，不管是对一般职员还是专家人士、新人还是老人，都应给予尊重。当给予别人明智的尊重，给他们自由言论的信心，大家才能互相信任、团结一致。这包括尊重各类人力资源、倾听他人观点、避免传播流言等。

【自测题】

李某在A国负责某项目，一天A国的客户邀请他共进晚餐。进餐过程中，李某发现他的客户吃饭习惯和他不一样，客户是在跪着吃饭，于是李某也像他的客户一样，这是因为（　　）。

A. 理解并尊重别人
B. 以开放的态度对待变化
C. 文化差异
D. 饮食文化差异

(3)公平。公平指公开、客观和以事实为依据，做出各项决定并采取行动，即项目管理从业人员必须做到远离利益冲突，任何决策无偏见。这包括决策过程要透明、检查核实要客观、出现偏差要披露等。

【自测题】

李某是项目管理团队中负责采购的专员，在一次非正式的会议上，他的一个潜在卖方张某对李某说，若告诉他在最近一次公司采购中潜在其他卖方的公司名字，他就提供一张演唱会门票。此时，李某应该采取的是（　　）。

A. 问他为什么要知道
B. 拒绝回答这个问题并将他所属公司从未来采购名单中删除
C. 礼貌地拒绝张某送的门票
D. 告诉他潜在其他卖方的公司名字，并接受他的演唱会门票

(4) 诚实。诚实是要求项目管理从业者要以了解实情为依据，在项目的具体沟通和行为中要向项目干系人展示诚恳、可信的做事风格。项目管理过程中，应提供一个环境，使人感觉讲真话是安全的，只有提供的信息是准确的才能确保项目的成功。这包括及时准确可靠地提供信息、不参与不诚实行为、提供完整信息等。

【自测题】

公司里的一个同事李某问张某能否告诉他一件保密的事，李某告诉张某他过去几年在公司里一直做着违法的事，他现在感到非常内疚。他告诉张某的目的是为了减少他的内疚和听取张某的建议，此时张某应该（　　）。

A. 确认哪些活动是违法行为
B. 详细询问违法的具体细节
C. 把违法的事通知他的经理，全权交给他的经理处理
D. 说服李某去向他的老板坦白。

1.3 项目组织结构及项目团队

组织是管理的一种重要职能，一般是指各生产要素相结合的形式和制度。《现代汉语词典》中解释"组"为"结合，构成因工作和学习的需要而结合成的小单位"；"织"为"用丝、麻、棉纱、毛线等编成布或衣物等"，引申为构成。所以，"组"指分工和部门管理，怎样组合成一个个部门；"织"指怎样把每个部门组合成有机的整体。

项目组织是指为了完成某个特定的项目任务而由不同部门、不同专业的人员组成的一个特别工作组织，它通过计划、组织、领导、控制等过程，对项目的各种资源进行合理配置，以保证项目目标的成功实现。有些项目组织只负责管理工作，具体技术工作的实施由他人或其他组织承担，如建筑施工项目的项目组织只负责项目管理工作，具体的施工由专门的施工单位完成；有些项目组织既承担具体的技术性工作又负责管理工作，如某些科研项目交由科研部门负责，则该项目组织既负责项目的管理又负责具体的研发。项目组织可以是单独的一个组织（如负责水电站建设项目的水电开发有限责任公司），也可以是另外一个组织的下属单位或机构（如企业的新产品开发项目组织）。作为一个具有系统思想的临时组织，项目组成员为更有效地完成某一共同目标而相互协作。这种临时组织既具有相对独立性，又不能完全脱离对母体公司的依赖，且处于一种不断变化、流动和改变的动态环境之中，强调的是临时组织内的临时成员的"自我管理"。

一个项目组织的管理应做好以下四个层面的管理工作：项目经理的管理、项目团队的管理、项目实施组织及其环境的管理、项目全团队管理[①]。项目经理最重要，先找到项目经

---

① 戚安邦. 项目管理学(第2版), 北京：科学出版社, 2013.

理，由项目经理组织合格的项目团队，这是项目能成功实现的前提；项目团队是在一定实施组织环境下进行的，如教学生上课的老师组成一个团队，该团队一定是在系、院这个组织环境下进行的；一个项目会涉及多个相关利益主体(也称项目干系人)，有业主、承包商、上级主管部门、供应商、用户等，他们构成一个相关利益主体，这些利益主体构成一个整体团队，称其为全团队。全团队可能会存在多种利益冲突，这给项目组织管理提出了很大挑战。

项目组织管理的最高境界是实现项目利益的最大化和项目利益分配的合理化。首先，应该保障的是项目利益的最大化；其次，应该设法使项目利益分配合理化；做到以上这些工作的基本要求是要保证项目各相关利益主体能够共同合作，因为管理的根本目的是实现效率和公平的有机结合。但两者很难找到最佳平衡点，所以当两者无法统一时，管理者应综合考虑，认真权衡效率和公平的取舍关系、优先关系、防止一刀切、单一地考虑效率或单一地兼顾公平。

一个项目确定后，将面临以下两个问题：一是项目与公司的关系，即项目的组织结构；二是项目的内部构成，即项目团队。

1.3.1 项目组织结构

对于一个特定的项目参与方(如业主、承包商等)，项目一旦确定，公司高层管理者就需要确定该项目与公司之间的关系，即选择项目组织结构类型。项目与公司之间的关系直接影响项目经理的职权大小、项目经理与职能经理间的合作关系、项目团队成员的工作参与性等问题，对项目的成败也起到非常关键的作用。因此，处理好项目与公司之间的关系，即选择合适的项目组织结构是非常重要的。可以说，项目组织结构设计得是否合理，决定了项目经理工作的成败，因此，项目组织结构采用何种形式，既是公司高层管理者要考虑的首要问题，也是其应履行好的职责。虽然具体的项目组织结构类型会有千差万别，但常见的有以下三种：职能式组织结构、项目式组织结构和矩阵式组织结构。

1. 职能式组织结构

职能式组织结构是传统的层次化的组织形式，这种组织按职能以及职能的相似性来划分部门，是当今世界上最普遍的组织形式。它是社会化大生产、专业化分工的结果，是很长一段时间里最适合工业社会日常运营的一种结构形式。

职能式组织是由企业主管根据项目任务需要，从各职能部门抽调人力及其他资源组成的项目实施组织，其结构如图1-5所示。

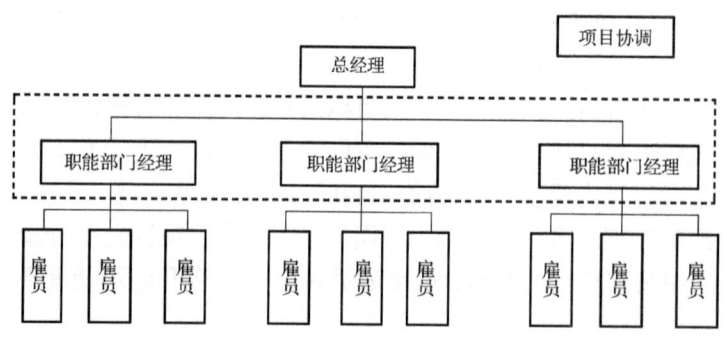

图1-5 职能式组织结构

职能式组织主要承担公司内部项目，如公司管理信息系统开发、公司规章制度的完善等，一般很少承担外部项目。当公司要进行某个项目时，由各个职能部门的职员承担相应的项目任务。通常情况下，他们都是兼职的，因为这些成员在完成一定项目任务的同时，还要完成其所属职能部门的任务。项目经理可能是职能部门经理，也可能是某个部门的一般成员，主要起着协调作用，但没有足够的权力控制项目的进展，对项目团队成员也没有完全的支配权力。

职能式组织结构的优点主要有以下几项。

(1) 资源利用的灵活性和低成本。职能式组织能够充分利用公司内部的人力和其他资源，可以根据项目的工作需要配备所需资源，稀缺的技术专家也可以在不同的项目中共享，不需要另外花钱聘请。职能式组织对组织内资源的使用灵活方便，被临时抽调到项目中的专业人员完成任务后，又可以返回到原来的职能部门。

(2) 有利于企业技术水平的提高。职能式组织中的成员大多来自同一组织，拥有相同的专业知识，他们在一起交流有助于对专业知识和经验的积累，进而提高业务水平，这可使项目获得部门内所有的知识和技术支持，对创造性地解决项目的技术问题非常有帮助。

(3) 有利于员工的职业发展。团队成员在不脱离职能部门的情况下参与项目工作，不仅不会影响自身的专业技能，反而可以获得更多的锻炼机会和发展空间，对自身的职业发展起到一定的促进作用。

(4) 有利于保持技术和管理的连续性。当项目完成时，团队成员撤离项目时仍回到自己的职能部门，项目中的技术可以在职能部门中得以延续使用，从而保持技术的连续性；同时将项目交给某一具体的职能部门来运作，有利于在程序、管理和政策等方面保持连续性。

职能式组织的缺点主要有以下几项：

(1) 协调较困难。职能式组织结构常常以某一职能部门为主，来自于其他职能部门的团队成员人数较少，这使得不同职能部门的团队成员之间沟通协调比较困难。另外，由于项目组织没有明确的项目经理，而且项目负责人也没有明确的管理权利，这使得不同的职能部门发生利益冲突时，项目负责人很难进行管理，部门经理之间也很难协调。

(2) 项目不能受到足够的重视。由于项目团队成员属于原来的职能部门，他们都有自己的日常工作，项目不是其活动和关心的重点，因而可能会因为追求局部利益而忽视项目的整体利益。

(3) 项目组成员责任意识淡化。职能式组织结构中的项目团队成员大多是职能经理派遣的，而且是兼职在项目中工作，其主要任务还是在其职能部门，所以他们在项目中工作的责任意识很淡薄，而且项目经理的非专职性也使得其权责难以明确，给项目的管理带来一定的困难。

2. 项目式组织结构

项目式组织结构是按项目来划归所有资源的结构形式，项目从公司组织中分离出来，作为独立的单元，每个项目相当于一个微型的职能式组织，都有自己的项目经理及其下属的部门和职员，由全职的项目经理对项目负责。项目经理全权管理项目，享有很高的权利和独立性，能够配置项目所需的全部资源，并对项目成员有着直接的管理权力。不同的项目之间相互独立，所有的项目成员都是专职的。当一个项目结束时，该项目团队通常就解散了，团队中的成员可能会被分配到新的项目中去，也可能被解聘。

从图 1-6 中可看出，总经理所领导的全部是项目经理，与职能式组织结构相比，在结构上是无差别的，但实际上有质的不同，根本区别是项目经理和人员都是临时组织在一起的，某特定项目任务一旦完成，则项目团队需要重新组合。

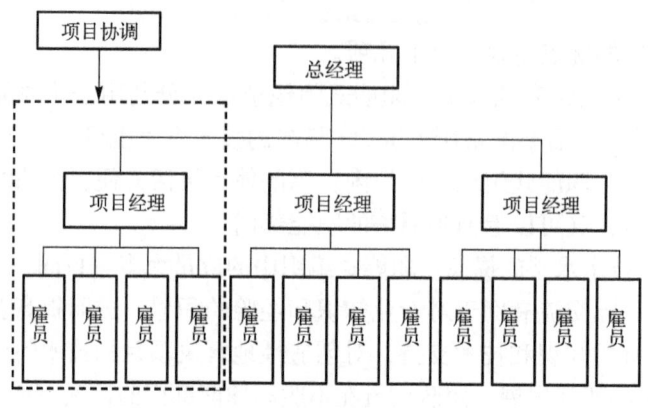

图 1-6 项目式组织结构

项目式组织中通常设有项目管理办公室（PMO）来为各个不同的项目提供服务。公司的总部控制着所有部门的重大决策，而各部门分别独立完成其所承担的项目，是典型的集中决策、分散经营的特点。项目式组织结构由于要汇集大量的专业人才且重复设置，成本较高，所以常在投资额大、时间跨度长的大型项目中使用，而不适用于人才匮乏和规模较小的企业开展。

项目式组织结构的优点有以下几项。

（1）目标明确及统一指挥。由于项目式组织都是基于项目组建的，其首要目标就是圆满完成项目的任务，项目成员能够明确理解并专注于这一目标。在项目式组织结构中，项目团队中的成员一般不具有双重身份，通常都是专职人员。因此，项目组织较为稳定，而且每个项目成员都明确自己的责任，有利于项目组织的统一指挥和管理。

（2）有利于全面型人才的成长。项目实施涉及计划、组织、人事、指挥与控制等多种职能，项目团队的协作精神有利于不同领域的专家密切合作与相互交流学习，项目处于复杂多变环境中，独立运作它需要团队成员拥有强烈的参与意识与创造能力，这些都为团队成员的能力开发提供了良好的场所。

（3）沟通简单，组织效率高。项目从职能部门中分离出来，项目经理就可以避开职能部门直接与高层管理者沟通，这既提高了沟通效率，又避免了沟通中的失真与延误。在项目式组织结构中，每个成员只有一个上司，因而避免了多重领导的局面，有利于直接沟通。在这种项目团队中，团队成员的凝聚力强，能充分发挥各自的想象力与创造力，从而有助于项目目标的高效完成。

（4）有利于项目控制。项目式组织结构中的成员是全职在项目中工作，而且项目经理对项目资源拥有绝对的控制权，所以项目经理可以对项目管理的方方面面直接做出决策，而不需要像职能式组织结构中的项目负责人一样，要进行各种协调才能实现对项目的控制。

项目式组织结构的缺点有以下几项。

(1) 机构重复及资源的闲置。当公司同时进行多个项目时，每个独立的项目组织都设有自己的职能部门，造成人员、设施、技术和设备等的重复设置，不利于资源共享；同时，各项目的重要程度不同、项目不同阶段的工作重点不同，对各类资源特别是人力资源的需求就是不断变化的，但是项目式组织结构中各项目各自为政，项目与项目之间的资源不能相互协调，而且项目内部资源也相对固定，这会造成资源的浪费。

(2) 不利于企业专业技术水平的提高。项目式组织是各职能部门的专业人士组合而成的，需要直接利用各团队成员的专业知识来完成项目，团队中并没有太多同专业技术人员可以相互交流和学习，这不利于形成专业人员钻研本专业业务的氛围。

(3) 不稳定性。项目的一次性特点使得项目式组织形式随项目的产生而建立，也随项目的结束而解体，因此从企业整体角度来看，企业的资源及结构会不停地发生变化。在项目组织内部，由新成员组建的组织在初期可能会因为个性问题发生相互碰撞而导致组织不稳定，随着项目的开展，项目团队逐渐进入相对的稳定期，但在项目快结束时，团队成员由于为自己的未来做打算可能会产生消极怠工的情绪，从而团队又进入不稳定期。

3. 矩阵式组织结构

矩阵式组织结构是目前应用最为广泛的组织形式，它既有职能式与项目式组织的优点，又能避免它们的缺点。矩阵式组织结构是将按照职能划分的纵向部门和按照项目划分的横向部门结合起来，构成类似矩阵的管理系统。在矩阵式组织结构中，项目成员可以从不同的职能部门来支持项目经理，这些人同样可以支持参与别的项目，所以他们可能同时为几个项目服务，如图 1-7 所示。

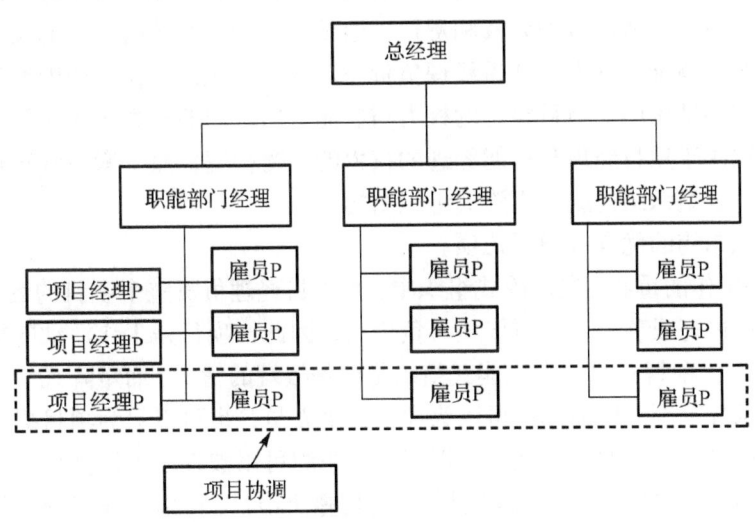

图 1-7　矩阵式组织结构

矩阵式组织结构是一种混合形式，通常存在两条命令链，一条顺着职能线下达，另一条则是根据项目线下达。项目参与者需要同时向职能部门与项目经理两方汇报工作。项目经理在项目活动的内容和时间方面对职能部门行使权力，而各职能部门负责人决定"如何"支持。项目经理直接向最高管理层负责，职能部门负责人既要对他们的直接上司负责，也要对项目经理负责。矩阵组织中的职权以纵向、横向和斜向在一个公司里流动，因此在任何一个项目的管理中，都需要项目经理与职能部门负责人的共同协作，将两者很好地结合起来。

根据项目与职能经理相对权力的不同及项目经理对参与者直接权力的大小，实践中存在不同种类的矩阵体系：强矩阵形式、平衡矩阵形式与弱矩阵形式。

强矩阵形式类似于项目式组织，但项目并不从公司组织中分离出来作为独立的单元。在该组织结构中，项目经理的权力大于职能部门经理的权力。项目经理对项目管理部门经理或总经理负责，对项目实施全权控制。这种组织形式中的资源均由职能部门所有和控制，每个项目经理根据项目需要向职能部门借用资源，职能部门经理的任务主要是协助项目经理工作，对项目没有直接的影响力。各项目是一个临时性组织，一旦项目任务完成后，各专业人员又回到各职能部门执行其他任务。项目经理领导本项目内的一切人员，通过项目管理职能，协调各职能部门派来的人员以完成项目任务。

弱矩阵形式与职能式组织类似，但建立了相对明确的由各职能部门的相关人员所组成的项目实施班子。在该组织结构中，项目经理的权力小于职能部门经理的权力。职能经理负责其项目部分的管理，无对项目目标负责的项目经理，即使有项目负责人也只是一个项目协调者或项目监督者，而不是真正意义上的项目管理者。项目负责人虽负责协调项目的各项工作，但没有权利确定资源在各个职能部门分配的优先程度。项目成员不是从职能部门直接调派过来的，而是在各职能部门间兼职为项目提供服务，项目需要的各项资源也由相应职能部门提供。

平衡矩阵形式是介于两者之间的矩阵形式，是对弱矩阵组织形式的改进，与弱矩阵形式的区别是在项目实施班子中任命一名对项目负责的管理者，即项目经理。同时，项目经理被赋予完成项目任务所应有的职权和责任，但项目经理是在部门经理的领导下，对项目及其资金不能全权支配。其中，项目经理负责设定需要完成的工作，职能经理关心完成的方式。在这种组织结构中，项目经理的权力与职能部门经理的权力大体相等。平衡矩阵式组织结构主要取决于项目经理和职能经理的权力的平衡程度，而平衡矩阵很难维持，容易发展成为弱矩阵式组织结构或强矩阵式组织结构。

矩阵式组织结构的优点有如下几项。

（1）项目是工作的重心。在矩阵式组织中，由项目经理负责整个项目的运行，在规定的时间、经费范围内完成项目，并对该项目负全责，因此，项目是工作活动的重心。

（2）适用性强。项目式组织和职能式组织是两种极端的情况，而矩阵式组织在这两者之间具有较广的选择范围。职能部门可以为项目提供人员，也可以只为项目提供服务，从而使得项目的组织具有很大的灵活性。所以矩阵式组织可以被许多不同类型的项目所采用。

（3）资源和知识共享。由于项目经理负责管理整个项目，可以从职能部门临时抽调所需的专业人员，从而可以分享各个部门的技术人才，而且关键技术人员能够为各个项目所共用，从而避免了人员冗余的情况，可充分利用组织内部的人力资源。

矩阵式组织结构的缺点有如下几项。

（1）违背命令单一性。在矩阵式组织结构中，项目团队成员可能会接受项目经理和职能部门经理等的双重领导，当命令有分歧时，项目团队成员就会感到无所适从。

(2)不利于组织全局性目标的实现。当组织中存在多个项目时,项目间会存在多方面(如资源等)的利益冲突,每个项目经理更关心的是自己项目的成功,但是组织需要考虑多个项目在进度、费用和质量等方面的均衡,需要将多个项目当做一个整体从全局出发去看待,而这是项目经理很难做到的。

(3)项目与职能部门的责权不清。在矩阵式组织结构中,职能部门的团队成员利用自己的技术能力服务于项目,受项目经理主管;而有关职业考核升迁等行政事务受部门职能经理主管。但是,矩阵式组织结构中的项目经理或职能经理常常混淆各自的职责,职能经理插手管理职员在项目中的工作,项目经理以职业发展激励团队成员工作,出现各种权责不清、管理混乱的现象。

【课堂辩论】

辩论题目:
项目式组织结构优于职能式组织结构
辩论目的:
通过组织学生对辩题的辩论,使学生真正理解项目组织结构的本质,明确各种组织结构的优缺点。
辩论要求:
(1)正反双方各辩手能正确阐述各自观点,对知识点理解到位。
(2)辩论过程中各辩手符合赛事规定,思路清晰,表达准确。
辩论时间:
(1)赛前准备时间:一周。
(2)辩论总时间:40分钟。
辩论步骤:
(1)主席开场白:介绍参赛队员及所持观点,然后宣布比赛开始。
(2)参赛双方进行辩论:陈词、盘问、自由辩论、总结陈词。
(3)观众提问。
(4)未参加辩论的学生及老师点评总结。
辩论考核:
(1)过程考核:考查学生前期准备过程是否充分、积极。
(2)成果考核:审题正确,能多角度理解所持观点,对相关知识点理解透彻;辩手语言流畅,观点明确,论词充分有力;资料准备齐全、翔实;辩风好。
辩论评分:
准备(20分)、审题(20分)、辩论(40分)、辩风(10分)、回答问题(10分)。

4. 项目组织结构形式的选择

项目组织结构形式的选择就是要解决项目实施与公司日常业务的关系问题。如何选择合适的项目组织结构形式是非常困难的:一方面,衡量选择的标准、影响项目成功的因素有很多,即使采用同一组织结构形式也可能有截然不同的结果;另一方面,项目内外环境的复杂性,以及每种组织结构形式都具有不同的优缺点,使得几乎没有被普遍接受、步骤明确的方法来告诉人们怎样决定需要什么类型的组织结构形式。选择项目组织结构形式需要项目管理者具有丰富的知识和经验等。

(1) 项目组织结构形式的比较及其对项目的影响,如表1-3、表1-4所示。

在职能式组织结构和弱矩阵式组织结构中,一般只有兼职的项目协调员,即使有项目经理,也只起到协调的作用。而在平衡矩阵式、强矩阵式组织结构及项目式组织结构中,配置有全职的项目经理。项目协调员和项目经理的角色差异表现为:前者仅需综合协调项目,后者则需进行实际决策。职能式组织结构中几乎没有全职的工作人员,而项目式组织结构中的成员大多数都是全职服务于项目的。在矩阵式组织结构中,"强"和"弱"是用来说明矩阵式结构中集成化职能的相对尺度和力量。

表1-3 三种组织结构形式的比较

组织结构形式	优点	缺点
职能式	没有重复活动 专业职能优异	狭隘、不全面 反应缓慢 不注重客户
项目式	决策及时准确 能控制资源 向客户负责	成本较高 项目间缺乏知识和信息交流
矩阵式	能有效利用资源 职能部门的专业知识可供所有项目使用 促进学习和交流 沟通良好 注重客户	双层汇报关系 需要平衡权力

表1-4 项目组织结构形式及其对项目的影响

组织结构形式 特征	职能式	矩阵式			项目式
		弱矩阵	平衡矩阵	强矩阵	
项目经理的权限	很少或没有	有限	小到中等	中等到大	很高,甚至全权
全职工作人员的比例	几乎没有	0%~25%	15%~60%	50%~95%	85%~100%
项目经理投入的时间	兼职	兼职	全职	全职	全职
项目经理的常用头衔	项目协调员	项目协调员	项目经理	项目经理	项目经理
项目管理行政人员	兼职	兼职	兼职	全职	全职

(2) 组织结构形式选择的影响因素,如表1-5所示。

在具体的项目实践中,究竟选择何种项目组织结构形式没有一个可遵循的公式,一般在充分考虑各种组织结构的特点、企业特点、项目的特点和项目所处的环境等因素的条件下,才能作出较为适当的选择。因此,在选择项目组织形式时,需要了解哪些因素制约着项目组织的实际选择。

表 1-5　选择项目组织结构形式应考虑的影响因素

组织结构形式 因素	职能式	项目式	矩阵式
项目风险程度	小	大	大
项目所用技术	标准	创新性强	复杂
项目本身复杂程度	小	大	一般
项目持续时间	短	长	一般
项目投资规模	小	大	一般
项目重要性	小	一般	大
客户类型	多	单一	一般
对公司内部依赖性	弱	强	一般
对公司外部依赖性	强	弱	一般
项目时间限制性	弱	一般	强

一般来说，职能式组织比较适用于规模较小、工作集中在某个重点部门、不同职能部门间的影响很小、偏重于技术的项目，而不适应于项目环境变化较大、时间限制性强或者要求对变化快速响应的项目。因为针对环境的变化要求快速响应的项目往往需要各职能部门间的紧密合作，但职能部门本身的存在依据以及权责的界定基础成为部门间密切配合时不可逾越的障碍。当一个公司中包括许多项目或项目的规模比较大、时间比较长、技术比较复杂，需要充分发挥组织团队的高效率、高速度及高创造性时，则应选择项目式组织。同职能式组织相比，在对付不稳定的环境时，项目式组织显示出了自己潜在的长处，它来自项目团队的整体性和各类人才的紧密合作。同前两种组织相比，矩阵式组织是一种多元化的组织，在充分利用企业资源上显示出了巨大的优越性。由于其融合了两种组织的优点，所以在进行需要多个职能部门的资源且技术复杂、规模巨大，但又不需要技术人员全职为其工作，或几个项目需要同时共享相关技术人员的项目时可选择矩阵式组织。三种组织结构形式的适用范围在表 1-6 中做了总结。

表 1-6　项目组织结构形式的适用范围比较[①]

比较因素 组织结构形式	适用项目	适用公司类型
职能式	小型简单项目 公司内部项目 内容涉及较少部门的项目	构成单一、综合实力比较弱的公司 总体水平虽然不是很高，但其中的部门实力较强的公司 内部少数人员素质较高的公司
项目式	非营利机构 建筑业及航空航天业 价值高、期限长的大型复杂项目 公司中多个相似项目	组织部门完善、综合力量较强的公司 总体水平较高、职能部门拥有丰富的专业人员且素质较高的公司 项目经理素质高、能力强的公司 资金雄厚的公司
矩阵式	多工种、多部门、多技术配合的大型项目 人、财、物效率要求较高的项目 公司资源共享、广泛沟通的项目	大型综合施工企业 经营多元化、实力很强的公司 管理水平较高、沟通渠道畅通灵活、管理经验丰富的大型公司 技术和管理人员素质较高，有自己较为完善的企业文化的大型公司

---

① 骆珣，陈翔，刘军丽．项目管理教程．北京：机械工业出版社，2010．

1.3.2 项目团队及项目经理

1. 项目团队

(1)项目团队的概念及特征

实现成功的项目管理必须依靠为完成某一特定目标而努力工作的一群人,团队正是这样一种为了实现某一目标而由相互协作的个体所组成的正式群体。项目团队就是为适应项目的实施及有效而建立的团队。项目团队是指由两个或两个以上、相互依赖、承诺共同规则、具有共同愿景、愿意为共同的项目目标而努力的互补技能成员组成的群体,这一群体通过相互的沟通、信任、合作和承担责任,产生群体的协作效应,从而获得大于个体成员绩效总和的团队绩效。项目团队成员可能具有不同的技能,被分派不同的角色和职责,他们随着项目的需要而加入或退出项目,在项目中全职或兼职工作。

项目团队包括项目经理、项目管理人员,以及其他执行项目工作但不一定参与项目管理的团队成员。项目团队由来自不同团体的个人组成,他们拥有执行项目工作所需的专业知识和特点技能。

具体来说,项目团队中的角色有如下几项。

① 项目管理人员。项目管理人员也称为项目核心团队或领导团队,主要负责项目管理和领导活动,如规划进度、制定预算、报告与控制、管理沟通、管理风险、提供行政支持等。项目管理办公室也可以履行或支持这些工作。

② 项目人员。项目人员也可以称为项目执行人员,是项目团队中具体去实施计划并创造项目可交付成果的团队成员,主要从事具体工作的执行。

③ 支持专家。支持专家是指在某专业领域有一定造诣,可以为项目管理某方面计划的制定或执行提供专业建议和指导等支持,如合同、财务、法律、安全、工程、测试或质量控制等。项目团队中是否需要支持专家取决于项目的规模大小和所需的支持程度,支持专家可以全职参与项目工作,也可以只在项目需要时临时参与。

④ 用户或客户代表。用户或客户是指项目可交付成果和产品的接收者,可能是个人,也可能是组织。用户或客户可以派代表或联络员参与项目,其作为项目团队成员主要是参与到项目中提出需求建议,给出项目产品和工作的认可结果,必要时参与项目协调沟通等工作。

⑤ 业务伙伴是指作为业务提供者参与项目团队的外部组织。当项目对某项业务有特殊需求而自身不能满足时,可能需要与外部业务提供者建立某种特定关系,这种关系可能是通过某种认证过程建立的。业务伙伴可以为项目提供专业技术或填补某种空白,如提供安装、定制、培训或支持等特定服务。

虽然项目团队的角色有上述多种,但并不代表任何一个团队都必须由以上所有角色组成,并且没有任何一个团队的构成是完全相同的。值得注意的是,要尝试着让角色适合队员的个性,而不是勉强队员去适应角色。

项目团队不仅仅是简单地把一组人员调集在一个项目中一起工作,而是要让一组相互联系的人员同心协力地进行工作,以实现项目目标和个人目标,满足客户需求。项目的成功需要一个卓有成效的项目团队。项目团队是项目组织中的核心,理想的项目团队能在既定的时间、既定的预算成本内成功地实现项目的目标,每个成员都能获得事业的发展和个人的进步，建设一个和谐、士气高昂的高效项目团队，对最终完成项目目标具有重大意义。

高绩效项目团队具有如下特征。

① 明确的目标和责任。项目团队成员清楚地了解所要达到的项目目标，以及目标所具有的重大现实意义。项目团队成员明确自身在项目中的职责以及他们与其他成员的相互关系，能共同完成项目任务。

② 强调团队合作精神。项目团队是一个整体，它按照团队作业的模式来实施项目计划，其成员具有高度的合作精神，相互信任、相互协调。

③ 良好的沟通和信任。团队成员之间开放、坦诚、及时沟通、乐于互相帮助、互相尊重，成员之间相互信任，对团队内其他人的品行和能力都确信不疑，承认团队中每个成员都是项目成功的重要因素。

④ 具有灵活性和渐进性。项目团队在组建的初期，其成员可能较少，随着项目进展的需要，团队会逐渐扩大，而且团队成员的人员多少和具体人选也会随着项目的发展而不断调整。

(2)项目团队的组建及发展阶段

① 项目团队的组建。项目团队的组建是指通过各种途径获取完成项目所需的人力资源并组成项目团队的过程。项目团队的人员配备是根据项目人力资源管理计划的要求从项目组织内部和外部获取所需的人力资源，并根据这些人员的能力、知识和经验进行合理的岗位和职责安排。项目团队组建的主要目标是确保项目组织能够获得所需的人力资源，并赋予项目团队成员合适的工作，实现项目团队成员科学配置，保证项目团队成员相互匹配和协调，从而保证项目目标的实现。

项目团队的组建是具有灵活性的，并不是在项目初期一次性组建完成且一直保持不变。通常情况下，在项目初期先由项目发起人确定项目经理，然后项目经理根据项目的需要组建项目管理团队，项目管理团队再根据项目计划在合适的时间将需要的其他项目团队人员纳入项目团队中来。在项目进行过程中也常常会因为项目不再需要某类人(如某些专家)或团队成员个人问题(如身体不适)而出现项目团队成员离开的情况，这时就需要及时的更新补充。

项目团队的组建可以使用以下几种方式来进行。

第一种，预分派。预分派是指某些情况下项目团队成员已经被预先分派到项目当中进行工作，出现这种情况可能是由于某些项目取决于特定人员的专有技能或是由于项目章程中规定了某些人员的工作分派。

第二种，谈判。多数项目的人员分派需要经过谈判，如与职能经理谈判以获取项目所需工作人员，或与其他组织谈判以争取稀缺或特殊的人才。

第三种，招募。招募也是获取项目团队成员的重要方法之一，该方法通过识别、甄选的过程可以挑选出具有项目所需能力、知识和经验的人。招募主要用于从外部获取所需人员。招募团队成员的过程往往包括资格审查与初选、系列测试、面谈、全面评估、成员甄选等几个步骤。该方法有很科学的一套理论体系的支撑，可以为应聘者提供一个公平竞争的机会，并能确保项目团队成员选拔结果的科学性和可靠性。具体的招募过程可简可繁，视需要而定。

第四种，虚拟团队。虚拟团队也为项目团队成员的招募提供了新的可能。虚拟项目团队是一群跨时间、空间和组织边界的人通过网络沟通技术一起工作的项目团队，他们的技能互补，为共同的目标效力。先进的信息通信技术使虚拟团队成为可能，通过虚拟团队模式可以使工作地点分散的团队成员为同一项目工作，可以使不在同一地理区域的专家等具有特殊技能和专业知识的成员成为项目团队成员，可以将在家办公和行动不便的人纳入项目团队中。虽然虚拟项目团队不依赖于看得见摸得着的办公场所，可以将来自分散地区和组织的成员聚集在一起，使团队成员的核心优势共为项目所用成为可能，但同时也正是这种在地理上分散、拥有位于不同国家、拥有不同文化并在不同时区工作的团队成员的项目团队模式，导致这些成员可能从未谋面也没有机会聚集在一起面对面进行思想交流，而这种缺乏亲近的关系约束了团队成员的有效沟通，可能会使团队成员缺乏清晰的团队结构认识，缺乏有效的监督和控制等，从而影响项目的实施。

② 项目团队的发展阶段。一个有效团队的成长可分为以下五个阶段。

第一阶段，形成阶段。形成阶段是项目团队的初创和组建阶段，它将一组个体人员转变为项目团队成员。这个阶段，所有的团队成员由于一个共同的目标而聚集在一起，所有的人都怀着既兴奋又紧张的心情。团队成员对新的任务和目标充满了憧憬和渴望，但同时也会有很多疑虑，如项目的目标是什么，其他团队成员怎么样。在这个阶段，团队的士气是很高的，期望也很高。虽然大部分人之前没有合作过，但相互之间仍充满了信任，所有人都迫切希望及早地投入工作当中。然而只要一开始工作，团队就很可能进入一个危险的震荡阶段。

第二阶段，震荡阶段。随着项目的进行，团队成员开始互相了解、互相合作。然而，进入实际工作后，团队成员之间会发现他们的技术水平、工作习惯和方式，以及对目标的诉求都是不一样的。这期间，工作的不顺利、合作的不默契以及对团队成员的失望，都会在团队内部产生矛盾和冲突。在形成阶段产生的对未来的憧憬被现实打碎，本来高涨的团队士气会非常迅速地降低，团队成员间充满了抱怨、不信任和推卸责任，有些人甚至会逃避而离开团队。震荡阶段几乎是不可避免的，很多团队都会经历这个阶段。如果这个阶段处理得不好，会导致团队的解散。

第三阶段，正规阶段。正规阶段最主要的目的就是建立起团队的规则。团队规则的内容包括：团队的任务目标、工作流程、任务分配和职责等。经历震荡阶段的团队士气极其低落，人与人之间充满了不信任，职责不清导致相互推诿和推卸责任，这时正是建立团队规则最好的时机。项目团队成员之间的合作仅仅靠热情和士气是不够的，还必须建立起脱离于人主观意识之外的规则和制度，只有明确的规则和制度才能约束和维持团队成员之间的有效协作。通过制定明确的团队规则，使每个团队成员清晰地知道自己的任务和职责，也可以使其了解如何和他人进行有效的协作。在制度约束下，经过一段时间的磨合，团队成员间会逐步形成默契，团队士气也将有所恢复。

第四阶段，表现阶段。在表现阶段，项目团队成员间可以很好地合作，工作状态可以达到最佳水平。此时，团队成员会把精力花在该完成的工作上，会有很强的集体感和荣誉感，信心十足，能进行真诚、及时、有效的沟通，并能相互信任、相互依赖，工作效率很高。整个团队已熟练掌握处理内部冲突的技巧，并能集中集体的智慧作出正确的决策，善于迎接各种挑战。进入表现阶段的团队是一个高效的基于明确规则运行的团队。

第五阶段，扫尾阶段。对于传统的工作团队，实施阶段是团队发展的最后一步。然而对于项目团队而言，还存在扫尾阶段。在此阶段，项目团队将准备解散，业绩已不是最高要求，其主要注意力转移到了项目的收尾。各成员的反应也各不相同：有的异常兴奋，沉浸在项目团队成功的喜悦中；有的却很沮丧，因为将失去在工作中赢得的忠诚友爱和友谊。

各阶段的团队精神和工作绩效如图 1-8 所示。

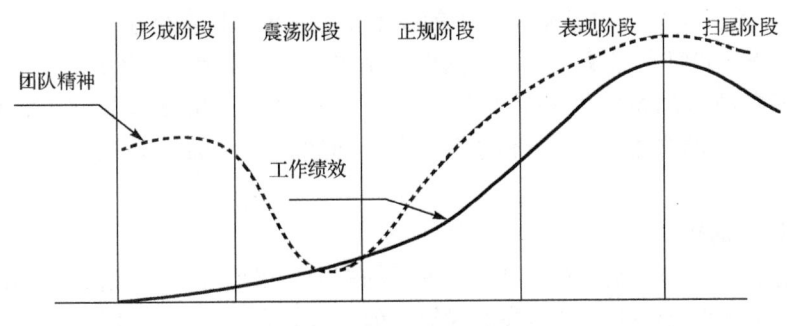

图 1-8 项目团队的发展阶段

实训 2 项目团队的组建

实训名称：
项目团队的组建

实训目的：
通过组织学生创建团队，使学生学会组建项目团队的方法，体会项目团队组建过程中应注意的问题。

实训要求：
选定的项目经理按照实训步骤，完成项目简介、团队成员的招募等工作。

实训步骤：
(1) 老师根据实训 1 的结果确定数名项目经理。
(2) 项目经理进一步阐述自己的项目，并说明项目团队成员的角色及需求。
(3) 其他同学选择是否愿意参加本项目。
(4) 项目经理从有意愿的同学中招募成员，组成项目团队。
(5) 老师点评项目团队的组建过程。

实训考核：
考查学生对知识点的理解和应用能力。

---

2. 项目经理

项目经理是项目团队中的重要一员，是项目团队的领导者，为项目的成功策划和执行负总责。项目经理必须带领整个项目团队完成项目目标，成功交付项目。项目经理在项目管理中起着至关重要的作用，是决定项目成败的关键角色。

(1) 项目经理与部门经理的区别

项目经理和职能经理虽然在职权上相似，但在管理上却有很多的不同。大致说来，项目经理是"杂家"、是通才，主要负责"战略"层次问题的思考与谋划，虽不一定是某一领域的专家，但必须具备丰富的经验与广阔的知识背景，能够平衡各下属间的关系使其合作；而职能经理通常是某一领域的"专家"，是专才，主要负责"战役战术"层次问题的执行，对该部门的业务非常精通，能够对下属的专业工作进行指导。

项目经理是项目的促成者，他决定需要做什么、什么时候必须完成，以及如何获得项目所需的资源，而具体如何去做则由有关的技术专家决定；职能经理是直接的技术监督者，通常决定某项任务如何去完成、由谁去完成、完成该任务需要什么资源。

项目经理必须运用系统性和综合性的方法，从整体的角度去看问题；而职能经理习惯运用"分析"的方法，从局部的角度去看问题，工作的结果倾向于子系统的优化状态。

(2) 项目经理的权力

要想管理好项目，必须赋予项目经理一定的权力。虽然项目经理权力的大小取决于项目在组织中的地位及项目的组织结构形式等，但一般来说，项目经理的权力表现在以下三个方面。

① 挑选项目组成员的权力。为完成项目需要哪些人参与其中是项目经理需要完成的工作之一，项目经理对项目组成员的挑选与任务分配有最大的决策权，但对其职业道路升迁只能施加一定的影响而无决策权。

② 项目有关决策的权力。项目经理是负责项目的最高管理者，在项目实施过程中对如何管理项目拥有决策权，如利益分配权、规章制度的制定权、项目实施控制权等。

③ 项目资源分配的权力。资源分配给项目后，项目经理作为项目团队组织内最高权力者，对资源的使用和分配有绝对的权力。

(3) 项目经理的责任

项目经理是实现项目目标的责任人，应确保项目全部工作在预算范围内按时优质地完成，并使利益相关者满意。因此，项目经理应承担项目的计划、组织、领导和控制等基本职责。另外，项目经理还应该对项目的上级组织和项目团队成员负责。

① 对项目本身负责。项目经理对项目所应承担的责任具体表现在以下两个方面：对项目的成功负有主要责任，对项目实施进行计划、监督与控制，保证项目按时、在预算内达到预期结果；保证项目的整体性，保证项目在实施过程中自始至终都以实现项目目标为最终目的。

② 对项目的上级组织负责。项目经理对企业所应承担的责任主要表现在以下三个方面：保证项目的目标与企业的经营目标相一致，使项目的成功实施以实现企业的战略目标为前提；对企业分配给项目的资源进行适当的管理，保证在资源约束条件下所得资源能够被充分有效地利用；与企业高层领导进行及时有效的沟通。

③ 对项目团队成员负责。项目经理对项目小组成员所应承担的责任表现在以下三方面：项目经理有责任为项目组员提供良好的工作环境与工作氛围；项目经理有责任对项目小组成员进行绩效考评；项目经理有责任在激励项目小组成员的同时为其将来考虑。

(4)项目经理的素质

项目经理在进行项目管理时承担着领导者、管理者、追随者、协调者和沟通者等多种角色,要想成功地扮演这些角色,项目经理必须具备高素质、高能力。一个称职的项目经理应具备以下素质和能力。

① 项目经理的专业技能。项目经理在整个项目实现过程所需的处理项目所属专业领域技术问题的能力,这包括项目管理相关知识、项目所属专业相关知识等。

② 项目经理的人际关系能力。项目经理在项目中很重要的工作之一就是处理各种关系,而这要求项目经理有很强的人际关系处理能力,具体来说包括沟通能力、激励能力、影响他人行为的能力、人际交往能力,以及处理矛盾和冲突的能力等。

③ 项目经理的概念技能。概念技能是指管理者统观全局、面对复杂多变的环境,具有分析、判断、抽象和概括并认清主要矛盾,抓住问题实质,形成正确概念,从而形成正确决策的能力,也就是洞察组织与环境要素间相互影响和作用关系的能力。项目生命周期内会出现很多意想不到的情况,这就需要项目经理能够准确分析问题、灵活应变,做出正确决策。

另外,项目经理还应具备专业的职业素养、积极乐观的态度、承担风险的勇气、抵抗压力的能力、勇于创新的精神等素质。

【案例分析】

A公司是一家生产电子设备的中型公司,该公司目前同时开展着10个项目,并且这些项目处于不同阶段。该公司拥有很多项目经理,他们全都面向总经理负责,项目队员既要受职能部门经理领导,也要受项目经理领导。例如,电气工程师机要归电气工程部经理领导,又要由所在项目的项目经理安排工作。有些人只为一个项目工作,有些人则分时间段在不同的项目中工作着。

小李于某大学电气工程专业硕士毕业后的6年间一直在该公司工作,目前级别是高级电气工程师,向电气工程部经理负责。前不久,公司获得一个2000万元的合同,小李被提升为项目经理负责这一项目。

小李被提升为项目经理后,高级电气工程师这一职位空缺,于是公司招聘了一位新员工小王。小王与小李的专业相同,已获得博士学位,而且已经有8年的工作经验,专业能力很强。小王进入公司后被分配到小李的项目团队中。

由于小李不了解小王的工作方式,因此他经常找小王谈话,建议他怎样进行方案设计等,但是小王根本不理会他的看法。有一次,小王告诉小李,他有一个可以使系统成本降低的创新设计方案。小李听了以后说:"尽管我没有博士头衔,但我也知道这个方案毫无意义,不要这样故作高深,要踏实地做好基本的工程设计工作。"这使得小王很不高兴,他觉得小李的做法根本就不像一个项目经理所为,认为小李还是比较适合技术工作。

请结合案例分析以下问题:
1. 分析A公司属于哪种项目组织结构?
2. 你认为小李胜任项目经理这个职位吗?为什么?
3. 你认为作为该项目的技术人员,小王对待项目经理小李的态度合适吗?
(案例资料来源:项目管理者联盟)

1.4 项目干系人

项目干系人,又称项目利益相关者,是指那些与项目有着各种各样关系的个人、群体或组织。需要注意的是,项目干系人与项目的关系是相互的,即项目干系人会对项目产生影响,同时项目又会对项目干系人产生影响。一个项目的完成需要各个方面的人员或组织的参加,为了确保项目成功,项目经理应该针对项目要求来管理各种干系人对项目的影响。识别出项目干系人,了解他们对项目的影响,分析、满足干系人的要求、需求和期望等干系人管理工作对项目能否成功完成影响重大,干系人的不满可能导致项目工期延长、成本增加、意外问题及其他不利结果,甚至可能导致项目取消。例如,未及时将法律部门列为重要干系人,在项目完成或产品交付之前才发现必须满足某些法律方面的要求,但为时已晚,结果最终导致工期延误、费用增加等。

1.4.1 项目干系人的构成

为了明确项目要求和各参与方的期望,项目团队需要识别内部和外部、正面和负面、执行工作和提供建议的干系人。干系人包括所有项目团队成员,以及项目内部和外部与项目有利益关系的各种实体,如图 1-9 所示[①]。

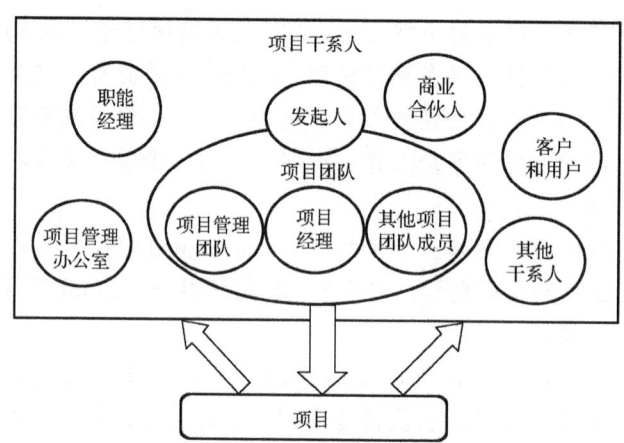

图 1-9 项目干系人与项目的关系

具体来说,项目干系人包括以下几类。

(1)项目发起人。发起人是项目的提出者,可能来自项目经理所在组织的内部或外部的任何个人或团体。项目发起人可以为项目提供资源和支持,为项目成功完成创造条件。项目发起人将项目的管理交由项目经理负责,自己并不直接参与项目的管理,但是,从初始概念的提出到项目的收尾交付,都少不了项目发起人的参与和推动。项目发起人可能会去游说更高层的管理人员,以获得组织的支持;随时随地地宣传项目,以给项目带来更多的资源;把控计划的制定和执行,特别是超出项目经理控制范围之外的事项(如变更的审批),以保证项目目标的实现等。

---

① 项目管理协会. 项目管理知识体系指南(PMBOK 指南:第 5 版),北京:电子工业出版社,2013.

(2)客户和用户。客户是未来批准和管理项目产品、服务或成果的个人或组织。用户是将要使用项目产品、服务或成果的个人或组织。客户和用户可能来自项目执行组织的内部或外部，也可能是多层次的。客户或用户是项目最终可交付成果的接收者，其是否对项目满意，对项目能否顺利收尾有着重要的影响。在某些应用领域，客户和用户是同义词；而在另一些领域，客户是指项目产品的购买者，用户则是指项目产品的直接使用者。有时候，发起人也可能是项目的客户或用户。

(3)项目团队。项目团队由项目经理、项目管理团队以及其他负责实施项目但并不参与管理工作的项目团队成员组成，是为实现项目的共同目标而相互依赖、协同合作的群体。项目团队能否有效地执行项目是项目成败的关键因素。项目工作需要团队成员进行准确而清晰的沟通，并为达到工作质量和按期完工而付出努力。在某些项目中，发起人也可能是项目团队成员之一。

(4)商业合伙人。商业合伙人是指以合同的形式提供项目所必需的组件或服务的外部公司。商业合伙人主要有承包商和供应商。承包商是依据合同而实施项目工作的一方，不具有对项目产品的所有权。供应商是指为项目提供各种所需资源的个人或组织。现代的供应商不只是提供原材料、设备、工具等物资设备，还包含提供资金的投资人或提供法律咨询的公司等。

(5)职能经理。职能经理是项目所在组织的行政或职能部门(如人力资源、财务、会计和采购)的管理者。职能经理对其所在职能部门负责，管理职能部门内所有职能型员工，对其所辖职能领域中的所有人员和任务有明确的指挥权。职能经理在项目中的作用只要是为项目提供相关领域的专业技术资源或提供相关服务，以保证项目有所需的资源可以使用。

(6)项目管理办公室(Project Management Office, PMO)。项目管理办公室是负责对其所辖项目进行集中协调管理的一个组织部门，其职责从提供项目管理支持到直接管理项目等，包括管理其所辖范围内所有项目所需要的共享资源、识别和研究项目管理方法和标准、开发和管理项目政策及其他共享文档、项目间的沟通协调等。

(7)其他干系人。与项目有关联的个人或组织有很多，除上述几类外，但凡是因其在客户组织或实施组织中的地位而能够对项目的进程施加积极或消极影响的个人或集体，都可以作为其他干系人。如政府机构、新闻媒体、社区公众、专家顾问等。

需要注意的是，干系人的角色并不是一成不变的，在特定环境下，他们的角色会发生变化，个人或组织也可能承担多种角色。不同干系人在项目中的责任和职权也各不相同，并且可随项目生命周期的进展而变化。他们参与项目的程度可能差别很大，有些只是偶尔参与项目调查等活动，有些则为项目提供全方位资助，包括资金支持、政治支持和其他支持。

正如干系人可能积极或消极地影响项目目标，项目也会对干系人产生积极或消极的影响。例如，对于企业建设类项目，有些干系人认为会带来经济的发展、就业的增加，而有些干系人则认为会影响居住环境、导致物价升高等。对项目抱有积极期望的干系人，会通过促进项目成功实现自己的利益。相反，受项目负面影响的干系人，会通过阻碍项目进展来保护自己的利益。忽视消极干系人的利益，会提高项目失败、延误或出现其他不利结果的可能性。

【案例分析】

A市是一北方城市，经冬季冰冻、雨雪等恶劣天气，该市市区公路损毁严重，A市建委成立了B工作组，由B工作组全权负责对公路进行养护和维修。其中一条交通主干道维修困难，主要原因是该路损毁严重，需要维修的路段长，维修工期长，但该条公路是大量市民上下班的必经之路，维修必将影响市民正常上下班。B工作组通过招标，委托C公司在十一黄金周期间维修公路，加班加点地施工维修，在七天假期内完成这条交通主干道的维修。

请根据上述描述，识别该道路维修项目的干系人都有哪些，并分析其在项目中的角色。

1.4.2　项目干系人的管理

项目干系人与项目间的关系各不相同，并且会随着项目的进行而发生一定的变化。如有些项目干系人只是偶尔参与或关注项目的相关活动，有的则是全程高度关注；有些干系人会积极主动地与项目产生联系，有些则是被动的甚至完全不希望与项目有任何关系。所以，对不同项目干系人的管理需要有针对性，难度较大。

项目经理的重要职责之一就是管理干系人的期望。由于不同干系人有不同的期望，而且往往差别很大，甚至相互冲突，所以对项目干系人的管理困难重重。例如，负责研究工作的干系人会将项目的成功理解为技术先进，负责制造工作的干系人会将项目的成功理解为世界一流的工艺，而负责营销的干系人会将项目的成功理解为产品新性能的多少。对干系人进行管理时需要平衡干系人的不同利益，以专业和合作的方式与干系人进行沟通。

项目干系人管理包括用于开展下列工作的各个过程：识别能影响项目和受项目影响的全部人员、群体和组织，分析干系人对项目的期望和影响，制定合适的管理策略来有效调动干系人参与项目决策和执行。干系人管理还关注与干系人的持续沟通，以便了解干系人的需要和期望，解决实际发生的问题，管理利益冲突，促进干系人合理参与项目决策和活动。应该把干系人满意度作为一个关键的项目目标来进行管理。

(1) 识别干系人。在项目或阶段的早期识别能影响项目决策、活动或结果的个人、群体或组织，以及被项目决策、活动或结果所影响的个人、群体或组织，并分析和记录他们的相关信息的过程。这些信息包括他们的利益、参与度、相互依赖性、影响力及对项目成功的潜在影响等。

(2) 规划干系人管理。基于对干系人需要、利益以及对项目成功的潜在影响的识别和分析，制定合适的管理策略，以有效调动干系人参与整个项目生命周期的过程。如明确关键干系人所需参与程度和当前参与程度，确定干系人之间的相互关系和潜在交叉，向干系人分发所需信息的时限和频率等。该过程为与项目干系人的互动提供清晰且可操作的计划，以支持项目利益。

(3) 管理干系人参与。它是指在整个项目生命周期中，按照干系人管理计划与干系人进行沟通和协作，以满足其需要与期望，解决实际出现的问题，并促进干系人合理参与项目活动。通过管理干系人参与，使干系人清晰地理解项目目的、目标、收益和风险，可以帮助项目经理提升来自干系人的支持，并把干系人的抵制降到最低，从而显著提高项目成功的机会。具体包括以下活动：调动干系人适时参与项目，以获取或确认他们对项目成功的持续承诺；通过协商和沟通，管理干系人的期望，确保实现项目目标；处理尚未成为问题的干系人关注点，预测干系人在未来可能提出的问题，评估其相关的项目风险；澄清和解决已识别出的问题。虽然干系人对项目的影响通常在项目启动阶段最大，但对干系人的管理需贯穿整个项目生命周期，在必要的情况下可以寻求项目发起人或高层管理者的帮助。

(4) 控制干系人参与。控制干系人参与是监控干系人管理效果，与干系人管理计划进行对比，以及时发现问题，调整策略和计划，保证干系人参与项目效果的过程。通过控制干系人参与，可以全面监督项目干系人之间的关系，并将经验教训进行记录，以应用到以后的项目中去。

每个项目都有干系人，他们受项目积极或消极的影响，或者能对项目施加积极或消极影响。有些干系人影响项目的能力有限，而有些干系人可能对项目及其期望结果有重大影响。项目经理及项目团队正确识别并合理管理干系人的能力，能决定项目的成败。

思 考 题

1. 项目和运作有什么区别？请举例说明。
2. 项目生命周期包含哪些阶段？各阶段的主要特点是什么？
3. 项目管理的特征有哪些？
4. 项目管理、项目集管理和项目组合管理有什么区别？
5. 项目管理的十大知识领域有哪些？
6. 项目各知识领域的管理过程是什么？
7. 项目十大知识领域与项目管理过程组的关系是什么？
8. 项目组织结构有哪些？应如何选择？
9. 项目团队会历经哪些阶段？各阶段的特征有哪些？
10. 项目经理拥有哪些权利？应承担什么责任？
11. 哪些人适合当项目经理？
12. 项目干系人有哪些？该如何对其进行管理？

案 例 分 析

康明公司是一家生产橱柜的专业化工厂，近几年的经营业绩有了较好的发展，在行业内处于前三名的位置。去年的销售额已经达到了 2 亿元人民币，其中大部分的收入来源于店面零售，只有一小部分来自工程项目。企业的品牌形象、产品质量、技术能力和管理水平在业内具有良好的口碑。

前几年，公司的市场定位主要针对使用单套橱柜的家庭装修的消费群体。近几年，许多房地产开发商开始大规模开发精装修房屋。公司根据市场形势的变化对市场定位进行了调整，成立了工程部，专门跟踪一些精装修的楼盘。这两年也接了一些工程，业主单位对康明公司的技术能力、产品质量和行业经验非常满意。

2005年8月，康明公司应邀参加"时代中心"房地产项目的橱柜投标。"时代中心"房地产项目位于中央商务区中心地带，建筑面积约7万平方米，楼盘销售价格在19 000～24 000元/平方米，其业主均为身份尊贵的高端客户。为满足项目的进度要求，项目开发商选择8家装饰公司作为项目内装修的施工方。康明公司了解到"时代中心"房地产项目的开发商在近几年发展迅速，在管理上非常重视项目管理知识体系的应用，一部分人员接受了项目管理知识方面的培训，在项目管理方面也采取了一些新的方法。对这次约1000万元的橱柜采购，开发商成立了专门的招标委员会，并决定采取竞争性招标方式选择承包商。

2005年8月，开发商向投标者发出了招标文件。招标文件包括招标函、投标者须知、合同条件、规范、图样、工程量表、资料数据及投标书的格式等内容，同时招标文件要求投标文件应包括以下几个方面内容：投标人的资格文件；商务标(完成投标书以及报价一览表)；技术标(根据本招标文件相关要求，出具投标货物符合招标文件规定的证明文件及投标人认为需要加以说明的其他内容)；样品(按招标人要求的材质、颜色、规格等要求提供样品)；差异表(对投标文件与招标文件的偏差填写到附件中的差异表中)；项目的管理运行(组建专门的项目经理部并提供项目经理部的组织结构图、生产施工进度计划及保证措施、与监理/总包/精装施工单位各方的配合措施等)，特别是对于项目管理的运行，要求所有投标者必须给出完整、详细的描述。

在认真研究招标文件后，康明公司认为，从技术方面来讲，公司承包这个项目没有任何问题。许多人也认为，从技术方面来讲，康明公司可以赢得这个项目合同。但康明公司认识到，公司这几年承担的工程项目较少，已经承担的几个项目对项目管理的运行系统没有任何要求，在项目管理方面公司采取了职能经理的领导方式，项目依赖传统的组织结构来完成。

为了赢得这个金额约为1000万元的项目，康明公司专门成立一个竞标小组，并在2005年9月聘请了一个项目管理咨询公司共同参与项目的竞标工作。

咨询公司首先对康明公司的员工进行了项目管理知识培训。在投标书制作阶段，咨询顾问与竞标小组紧密合作，一起研究如何满足开发商的项目及项目管理运营系统要求。

2005年10月28日，康明公司将制作好的投标文件送到了开发商。2005年11月20日，开发商向康明公司发送了一份质疑清单，清单中95%的问题涉及项目管理系统如何运营。康明公司对这一清单中的所有问题都作了回答。

2005年12月，开发商组织专门评标委员会进行评标工作，评标从以下几个主要方面进行：行业经验、技术能力、合同条款、商务报价、项目管理。

2005年年底，评标结果出台，康明公司没有赢得这个项目的合同。当康明公司问及原因时，开发商表示对康明公司的项目管理运营系统没有信心。

(案例来源：张立友，汪晓，金林. 项目管理实战剖析与PMP攻略，北京：机械工业出版社，2007.)

【问题】请结合案例分析项目管理的重要性。

第 2 章 项目启动

本章要点

本章主要介绍项目启动的相关知识。首先，介绍项目前期论证的概念、内容及方法；其次，介绍可行项目的需求分析，包括需求分析的作用、内容及要求；再次，介绍项目章程的作用及编制方法，以及项目章程中所涉及的项目目标、里程碑计划、项目审批等具体知识；最后，介绍项目干系人的识别和分析。

学习目标

通过本章的学习，使学生理解项目启动的过程和作用，明确项目论证和项目管理的区别与联系以及项目论证的内容，了解资金时间价值和项目评价指标的含义和计算方法；理解项目需求分析的意义，掌握项目需求分析的方法，学会如何判断需求分析是否符合要求；明确项目章程在项目管理中的作用和地位，理解项目章程各要素，学会编制项目章程；掌握识别和分析项目干系人的方法，学会编制干系人登记册。

2.1 项目论证

满足某种需求是项目产生的目的和意义所在，项目是否符合实际需求，必须在项目实施之前先进行项目论证，否则项目的实施将毫无意义。例如，某高校的环境保护志愿者协会组织全校学生募捐了 800 多件衣服，可在送往多个捐助接收点时却被告知，募捐的衣服早已供大于求，因此不再接收。该项目的失败就是因为前期没有做好充分的市场需求论证，结果导致花费了大量人力、物力、财力将项目实施后却无法进行项目的收尾。项目论证是项目生命周期第一阶段首先要做的工作，它是从市场、经济、技术等多方面进行论证有没有必要具体实施项目，项目论证也为有没有必要进行后续具体项目管理工作的决策提供了重要依据。

2.1.1 项目论证的概念及内容

项目论证，又称为技术经济可行性分析或项目前评价，是从技术上的先进性、适用性，经济上的合理性、盈利性、实施上的可行性、风险性等方面，对拟实施项目进行的全面综合分析，从而为项目决策提供客观依据的一种技术经济研究活动。对项目进行论证可以避免或减少项目决策的失误，为成功实施和管理项目奠定基础。

项目论证重点是围绕市场需求、工艺技术、财务经济三个方面开展调查研究。三个方面具有相对独立的特点，但又紧密相连，市场是前提、技术是手段、财务经济是核心。一般情况下，任何项目都要通过项目论证来说明这个项目建设条件是可靠的，采用技术是先进的，经济上是有较大利润可图的。具体来看，在进行项目论证时，需考虑的内容如表2-1所示。

表2-1 项目论证的内容

市场需求	产品或服务的需求情况
	目前市场供给情况
	项目面临的竞争情况
	当前市场状况的持续时间
	影响市场现状的因素
	项目与所在公司的战略符合度
工艺技术	产品及工艺的实现性、先进性、实用性、可靠性
	原料供给的实现性、稳定性
	生产规模、设备、厂址选择的实现性
财务经济	总投资支出
	资金的筹措
	项目财务收益
	项目社会效益

项目论证是一个连续的过程，主要通过以下过程来进行。

(1)明确项目范围和客户目标。基本范围和目标的明确是项目论证的前提，明确范围和目标才能有针对性地进行后续工作。

(2)收集数据和资料。对项目进行论证，数据和资料是必不可少的。数据和资料的范围很广，主要是与表2-1中所列内容相关的。

(3)拟定多种可行方案。项目的实施可能存在多种可行的方案，只要这些方案是实际可行的都应将其列出，然后再进行各方案的具体分析。

(4)对各可行方案进行分析、比较、论证，确定最优方案。对于各种可行方案，应从项目论证的各个方面进行综合论证、评价，以选出最优的方案进行后续的项目实施工作。项目各方案的论证、评比需要用到许多专业的技术和方法，如资金时间价值基本理论、技术经济评价指标(如净现值、投资收益率、投资回收期等)的计算和分析、反映分析结果准确性的不确定性分析(如敏感性分析、概率分析等)、项目综合评价分析(包括微观的经济评价、宏观的国民经济评价)。

(5)编制项目论证结果报告。最后需要将项目论证的过程及结果通过报告等形式展示出来，这些报告包括项目(需求)建议书、可行性研究报告、项目环境影响报告书、项目论证报告等，这些文档一般都有可参考的内容和格式。

该项目论证过程是一个一般程序，并不是每个项目所必须遵循的，在实际应用中，项目的论证可简可繁，会根据实际需要进行变动、灵活的使用。

2.1.2 项目论证的理论和方法

1. 资金时间价值

(1)资金时间价值的概念

项目论证过程中，对可行方案进行对比分析，其现金流量会存在两种性质的差异：一是现金流量大小的差异，即投入及产出数量上的差异；二是现金流量时间分布上的差异，即投入及产出发生在不同的时点的差异。数量的多少可以直接进行对比，但时间所带来的差异是不能直接比较的，如2007年的100元和2017年的100元虽然数值相同，但价值相差很大。要想使发生在不同时点的现金流量具有可比性，就必须运用资金时间价值理论，将不同时点的现金流折算成相同时点的具有可比性的数值。

资金时间价值是指资金数额在特定利率条件下，对时间指数的变化关系。从量的角度来说，资金的时间价值是指同等数量的资金由于处于不同的时间而产生的价值差异。一般来讲，代表资金时间价值的利息是以百分比，即利率的形式来表示的。

(2) 资金时间价值的影响因素

资金时间价值的大小，受到三个因素的影响。

① 资金投入量。即通常讲的本金，投入越多，在相同时间和计算方式下，得到的利息越多，本利和也越多。

② 资金投入方式。按资金投入额和间隔期可以将资金投入方式分为5种：一次性全额投入；等额分期有序投入；不等额分期有序投入；等额分期无序投入；不等额分期无序投入。前三种投入方式是最基本的。

③ 利息计算方式。利息计算方式有单利法和复利法两种。单利法公式为：$F=P(1+i\times n)$；复利法公式为：$F=P(1+i)^n$，其中，F是期末本利和，P是本金，i是折现率，n是期数。用单利计算的价值少于同期用复利计算的价值，项目论证通常采用复利（即利滚利）的计算方法。

(3) 资金时间价值的计算方法

① 基本概念。

现金流量：现金流量是指某一系统在一定时期内流入该系统和流出该系统的现金量。现金流量有正负之分，通常，对流入系统的资金收入叫现金流入，为正现金流量；对流出系统的资金支出叫现金流出，为负现金流量。

现值：发生在时间序列起点的资金值称为资金的现值，一般用符号P表示。

终值：终值是现值在未来时点上的等值资金，一般用符号F表示。

年值：年值是指分期等额收支的资金，用符号A表示。

现金流量图是把现金流量用时间坐标轴表示出来的示意图，如图2-1到图2-6所示。图中时点1，2，3……是该年年末时点，同时也是下一年年初时点。0为第一年开始的时点。箭头向上表示现金的流入（正现金流），箭头向下表示现金的流出（负现金流）。当实际问题的现金流量时点没交代清楚（未指明期初、期末）时，按以下规定：投资画在期初，经营费用和销售收入画在期末。

现在国际上广泛采用的计算货币时间价值的方法有三种，即终值法、现值法和年金法。

② 复利终值法。它是指一笔或多笔资金按一定的利率复利计算若干年后所得到的本利和，其计算公式为：$F=P(1+i)^n=P(F/P,i,n)$，现金流量图如图2-1所示。

例：某项目拟贷款500万元用于市场研发，贷款年利率为8%，每半年计息一次，按复利计算，5年后一次还本付息。试计算该项目到期需归还银行多少万元。

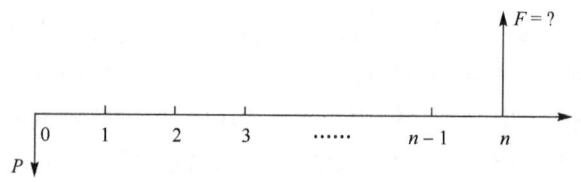

图 2-1　终值现金流量图

解：根据条件，得知本金 $P=500$，年利率为 8%，半年利率 $i=8\%\div2=4\%$，期数 n 为 $5\times2=10$。则

$$F = P(1+i)^n = 500\times(F/500,4\%,10) = 500\times(1+4\%)^{10} = 500\times1.4802 = 740.1（万元）$$

即 5 年后，该公司应归还银行本利和 740.1 万元。

【练习】

张三拟投资 10 万元于一项目，该项目的投资期为 5 年，每年的投资报酬率为 20%，张三盘算着：这 10 万元本金投入此项目后，5 年后可以收回的本息合计为多少？

③ 复利现值法。它是指未来一定时间的金额，按复利折算成现在价值，称为折现（或贴现），贴现中所使用的利率称为折现率（或贴现率）。现值的计算公式：$P = F/(1+i)^n = F(P/F,i,n)$。现金流量图如图 2-2 所示。

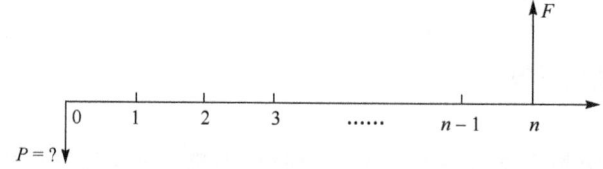

图 2-2　现值现金流量图

例：某投资项目拟在 3 年后获取本利和 30 万元，假设投资报酬率为 15%，现应投入本金多少？

解：已知 $F=30$，$i=15\%$，$n=3$，则：

$$P = F/(1+i)^n = 30\times1/(1+15\%)^3 = 30\times(P/30,15\%,3) = 30\times0.6575 = 19.725（万元）$$

即现在需要投入本金 19.73 万元，三年后可得本利和 30 万元。

【练习】

某厂预备进行分期投资，第一年年初为 1000 万元，第二年年初为 600 万元，第三年年初为 500 万元，若年利率为 10%，则其投资的终值应为多少？

④ 年金计算法。年金是指在一定时期内每间隔相同时间，发生相同数额的款项（A）。如等额的折旧、利息、租金及销售收入等，均属于年金收付形式。年金按其贴息的时序又分为年金终值和年金现值。按其收入或支出发生的时间，又可分为期初年金、期末年金。每期期末发生的定额款项叫期末年金，又称普通年金，每期期初发生的定额款项叫期初年金。

普通年金终值，也称为等额分付终值，是每次支付的复利终值之和。其计算公式为：$F = A\dfrac{(1+i)^n - 1}{i} = A(F/A, i, n)$。现金流量图如图 2-3 所示。

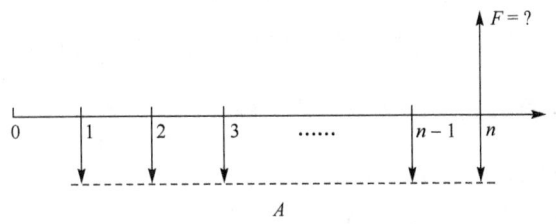

图 2-3　年金现金流量图

例：某企业现有职工 200 名，为解决职工住房困难，决定每年年末从福利基金中提取 700 万元存入银行，年利率为 5%，第 5 年用于建职工住宅，试问 5 年年初本利和有多少？

解：根据题意，已知 $A=700$，$i=5\%$，$n=5-1=4$

$$F = A\dfrac{(1+i)^n - 1}{i} = 700 \times \dfrac{(1+5\%)^4 - 1}{5\%} = 700 \times (F/700, 5\%, 4) = 3\,017\text{（万元）}$$

即第 5 年年初有 3 017 万元可用于建职工住宅。

【练习】

某人拟买房，其从现在起每年年末付 20 万元，连续 5 年，若目前的银行存款利率是 7%，则其最终实付多少钱？

普通年金现值，也称等额分付现值，是指每期期末能取得相同金额款项，现在需要投入的金额。其计算公式为：$P = A\dfrac{1-(1+i)^{-n}}{i} = A\dfrac{(1+i)^n - 1}{i(1+i)^n} = A(P/A, i, n)$。现金流量如图 2-4 所示。

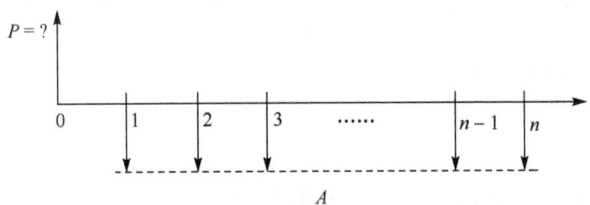

图 2-4　年金现金流量图

例：某研发项目，估计每年研发费用为 5 万元，准备连续开发 5 年，社会折现率为 15%，试问现在应投入多少本金？

解：已知 $A=5$，$i=15\%$，$n=5$，求现值 P。

$$P = A\dfrac{1-(1+i)^{-n}}{i} = 5 \times \dfrac{1-(1+15\%)^{-5}}{15\%} = 5 \times (P/5, 15\%, 5) = 5 \times 3.352\,2 = 16.76\text{（万元）}$$

即应投入 16.76 万元本金。

【练习】

某人拟购房,开发商提出两种方案:一种方案是现在一次性付 80 万元;另一方案是从现在起每年年末付 20 万元,连续支付 5 年,若目前的银行贷款利率是 7%,则应选哪种方案?

期初年金复利终值。期初年金指每期期初支付的年金,期初年金复利终值计算公式,可利用期末年金终值计算公式加以适当调整,得出:$F = A\left[\dfrac{(1+i)^{n+1} - 1}{i} - 1\right]$。若利用查表求解该类题型,需将其期初年金调整成期末年金。

例:某项目每年年初存入银行 2400 元,年利率 5%,问 20 年后可得到多少元?

解:已知 $A=2400$,$i=5\%$,$n=20$ 年,$n+1=21$

$$F = A\left[\dfrac{(1+i)^{n+1} - 1}{i} - 1\right] = 2\,400 \times \left[\dfrac{(1+5\%)^{20+1} - 1}{5\%} - 1\right] = 2\,400 \times (35.719 - 1) = 83\,326 \text{(元)}$$

即 20 年后可得养老保险金 83 326 元。

【练习】

某公司第一年年初向银行借款 100 万元,第一年年末又借款 100 万元,第三年年初再次借款 100 万元,年利率均为 10%,到第四年年末一次偿清,应付本利和多少万元?

期初年金复利现值,是指各期期初所发生的等额款项的现值之和。计算公式为:$P = A\left[\dfrac{1-(1+i)^{-(n-1)}}{i} + 1\right]$。若利用查表求解该类题型,需将其期初年金调整成期末年金。

例:某项目租用一台生产设备,在 5 年中每年年初支付租金 20 000 元,利息为 6%,问这些租金现值为多少?

解:已知 $A=20\,000$,$i=6\%$,$n=5$

$$P = A\left[\dfrac{1-(1+i)^{-(n-1)}}{i} + 1\right] = 20\,000 \times \left[\dfrac{1-(1+6\%)^{-(5-1)}}{6\%} + 1\right] = 20\,000 \times (3.4651 + 1) = 89\,302 \text{(元)}$$

即 5 年的租金现值为 89 302 元。

【练习】

有一项年金,前 3 年无流入,后 5 年每年年初流入 500 元,年利率为 10%,则其现值为多少?

投资回收年金值(等额分付资本回收)。投资回收年金值是已知现值求年金,即指在固定折现率和期数的情况下,对一笔投资现值每年回收的等额年金值。计算公式:$A = P\dfrac{i(1+i)^n}{(1+i)^n - 1} = P(A/P, i, n)$。现金流量图如图 2-5 所示。

例:某建设投资项目,一次投资 500 万元,两年建成投产,资金由银行贷款解决,年息 6%,要求 8 年收回投资本息,并保证投资收益率在 15% 以上,试问每年必须获得多少纯利润?

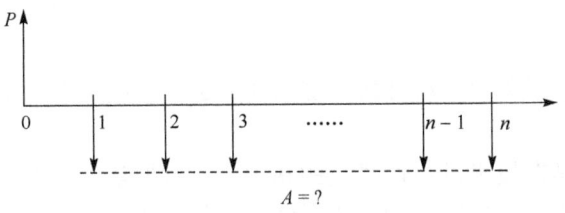

图 2-5 年金现金流量图

解：首先，根据题意先求出建设期的本息和 $F=P(1+i)^n=500\times(1+6\%)^2=562$（万元），即建成后本息和为 562 万元。

其次，根据 8 年收回投资和投资收益率达到 15% 的要求，确定每年需保证获纯利多少万元？

$$A=P\frac{i(1+i)^n}{(1+i)^n-1}=562\times\frac{15\%\times(1+15\%)^8}{(1+15\%)^8-1}=562\times(A/562,15\%,8)=562\times0.2229=125.27\text{（万元）}$$

即每年必须获纯利 125.27 万元。

【练习】

某企业以 12% 的年利率借入资金 50 000 元，投资于寿命为 5 年的 A 项目，该企业平均每年至少要收回多少资金才是有利的？

资金存储年金，也称等额分付偿债基金。资金存储年金是已知终值求年金，即为筹足一笔终值投资每年需存储的等额年金值。计算公式：$A=F\dfrac{i}{(1+i)^n-1}=F(A/F,i,n)$。现金流量图如图 2-6 所示。

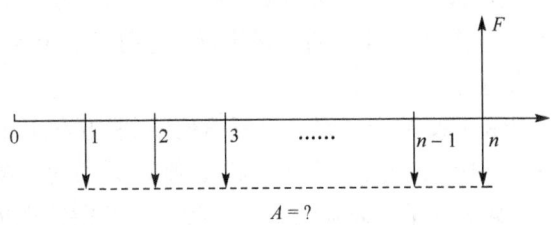

图 2-6 年金现金流量图

例：某家长欲为刚上中学的儿子 6 年后读大学准备资金 5 万元，存款利率为 4%，家长每年要节余多少钱存入银行储备？

解：

$$A=F\frac{i}{(1+i)^n-1}=5\times\frac{4\%}{(1+4\%)^6-1}=5\times(A/5,4\%,6)=5\times0.1508=0.754\text{（万元）}=7540\text{（元）}$$

即每年需存入 7540 元。

【练习】

小李将每年领到的 60 元独生子女费逐年年末存入银行，年利率 5%，当其孩子 14 岁时，其可从银行获得本利和共计多少？

2. 项目综合评价

项目的综合评价包括项目经济评价、加权评分法、不确定性分析等方法。

(1) 项目经济评价

项目的经济评价是在技术可行性研究的基础上，对拟建项目经济可行性和合理性进行全面的分析论证，做出综合性评价的方法。经济评价包括两个相互补充、相互衔接的评价层次，即从微观效益出发的财务评价与从宏观效益出发的国民经济评价。项目经济评价主要借助下列评价指标来进行。

① 投资收益率（投资利润率）E：项目投资后所获的年净现金收入（或利润）R 与投资额 K 的比值，即 $E=R/K$。$E \geq E_{标}$，则项目可行。E 越大，经济效益越好。考虑资金时间价值时，则为动态投资收益率。

② 投资回收期 T：项目投资后每年的净收入（或利润）补偿原始投资所需的年限，其为投资收益率的倒数，即 $T=1/E=K/R$。$T \leq T_{标}$，则项目可行。T 越小，经济效益越好。若考虑资金时间价值，可计算动态投资回收期，计算方法为：现金流量表中，T_d=累计净现金流量开始出现正值的年份数–1+上年累计净现金流量的绝对值/当年净现金流量。

③ 净现值 NPV：将整个项目投资过程的现金流按要求的投资收益率（折现率）折算到期初，得到的折现累计值。$NPV \geq 0$，则项目财务可行。NPV 计算简单，容易理解，被广泛接受和使用。

④ 内部收益率 IRR：使项目使用期内现金流量的现值合计等于零的折现率，即 NPV=0 时 r 的值。$IRR \geq i_0$（标准折现率），则项目财务可行。IRR 越大越好。内部收益率是投资的综合测量指标而不只是现金流，只有当与另一个类似的投资方案比较时才有用。例如，比较两个资产改良项目时，使用 IRR 是合适的，但比较一个建筑项目和一个 IT 项目就不行。

⑤ 现值指数 NP：净现值除以投资额现值所得的比值，即 $NP=NPV/P$。它是测定单位投资净现值的尺度，反映单位投资效果优劣的度量指标，适用于多个投资方案进行评价比较。NP 越大，则单位投资效果越好。

⑥ 差额内部收益率 IRR_a：使两个方案的差额净现值（两方案逐年净现金流量差额折现累计值）为零的内部收益率。$IRR_a \geq i_0$（标准折现率），则投资大的方案为优。

⑦ 资产负债率：反映项目各年所面临的财务风险程度及偿债能力的指标，资产负债率=负债合计/资产合计×100%。资产负债率越小越好。

⑧ 流动比率：反映项目各年偿付流动负债能力的指标，流动比率=流动资产总额/流动负债总额×100%。流动比率越大越好。

⑨ 速动比率：反映项目快速偿付流动负债能力的指标，速动比率=（流动资产总额–存货）/流动负债总额×100%。速动比率越大越好。

其中，前 6 个指标是用于反映项目财务盈利能力分析，后 3 个指标主要用于反映项目清偿能力。

国民经济评价通常是用影子价格、影子汇率、社会贴现率、贸易费用率、影子工资等工具或通用参数来计算和分析项目为国民经济带来的净效益，从而决定项目的取舍。国民经济评价方法主要适用于下列情况：对国计民生影响重大的项目、公共工程项目，如公路建设、地下铁路建设、城市供排水工程、大型水利项目等；产品和原料价格明显不合理或国内价格与国际价格差别较大的项目；大型对外投资项目，等等。具体评价指标此处不进行详述。

(2) 加权评分法

加权评分法是一种偏主观的论证方法，该方法首先需要识别出各类影响项目的指标，然后通过专家等利益相关者对各指标进行评分，最后结合各指标的权重进行综合评价项目的可行性。

该方法使用简单，而且测量方法一致，对于小项目是够用的，但其得分受评分者主观影响较大，不是一种客观的方法，故大多数情况下，特别是对于中大型项目需同时使用经济模型方法，用数据和事实说话。

(3) 不确定性分析

不确定性分析是评价项目经济分析对风险变动的承受情况的方法。因为项目经济评价的各财务分析数据大部分是由预测和估算取得的，因而有一定程度的不确定性；而项目经济评价本身就是对项目未来情况的预测，未来本身就具有很多不确定性，所以需要对其不确定性进行分析。

具体来说，影响项目不确定性的因素有：信息的不完整性、不充分性，市场供求的变化，人的有限知识，技术的变化，经济环境的变化，社会、政策、法律、文化等方面的变化，自然资源等条件的影响。常用的不确定性分析方法主要有盈亏平衡分析、敏感性分析和概率分析等。

① 盈亏平衡分析，也称量本利分析，是通过计算盈亏平衡点(BEP)来分析拟建项目成本与收益的平衡关系，判断拟建项目适应市场变化的能力和风险大小的一种分析方法。

盈亏平衡分析的主要目的在于通过盈亏平衡分析计算，找出和确定一个盈亏平衡点，以及进一步突破此点后增加销售数量、提高价格、增加利润、提高盈利的可能性。盈亏平衡分析有助于发现企业增加盈利的潜力和确定各个有关因素变动对利润的影响程度。

盈亏平衡分析分为线性盈亏平衡分析和非线性盈亏平衡分析。此处只讨论线性盈亏平衡分析。

盈亏平衡点的表现形式有很多种，可用绝对量(如产量、售价、单位变动成本、年总固定成本等)表示，也可用相对值(如生产能力利用率)表示。常用产量和生产能力利用率来表示盈亏平衡点。用产量和生产能力利用率来表示的盈亏平衡点之间存在如下的换算关系：BEP(产量)=BEP(%) × 设计生产能力。

用产量表示的盈亏平衡点 BEP(产量)为：BEP(产量)=年固定总成本/(单位产品销售价格−单位产品可变成本−单位产品销售税金及附加−单位产品增值税)。用产量表示的盈亏平衡点，表明企业不发生亏损时必须达到的最低限度的产量，即企业生产达到保本点时的产量。

生产能力利用率的盈亏平衡点是指盈亏平衡时的销售量占企业正常销售量的比例，用其表示的盈亏平衡点 BEP(%)为：BEP(%)=年固定总成本/(年销售收入−年可变成本−年销售税金及附加−年增值税) × 100%。用生产能力利用率表示的盈亏平衡点，表明企业不发生亏损时必须达到的最低限度的生产能力，即企业生产达到保本点时的生产负荷。

盈亏平衡点越低，说明投资项目建成投产后，适应市场变化的能力越强，抵抗风险的能力也越强。一般认为当生产能力利用率低于 70% 时，抗风险能力达到要求。

② 敏感性分析，也称为灵敏度分析，是分析、预测项目主要不确定因素的变化对项目目标的影响，从中找出对其影响最大的因素，即敏感因素，分析项目目标对该因素的敏感程度和对其变化的承受能力。

敏感性分析的计算指标包括敏感度系数和临界点。

敏感度系数也称灵敏度，是指项目目标评价指标变化的百分率与不确定因素变化的百分率之比 $\beta = \dfrac{\Delta Y / Y}{\Delta X / X}$。敏感度系数高，表示项目效益对该不确定因素敏感程度高，提示应重视该不确定因素对项目效益的影响。

临界点也称临界值，是指项目允许不确定因素向不利方向变化的极限值。临界点可用临界点百分比或者临界值分别表示，当某一变量的变化达到一定的百分比或一定数值时，项目的效益指标将从可行转变为不可行。

敏感性分析的结果可用敏感分析图与敏感分析表表示，如图2-7和表2-2所示。

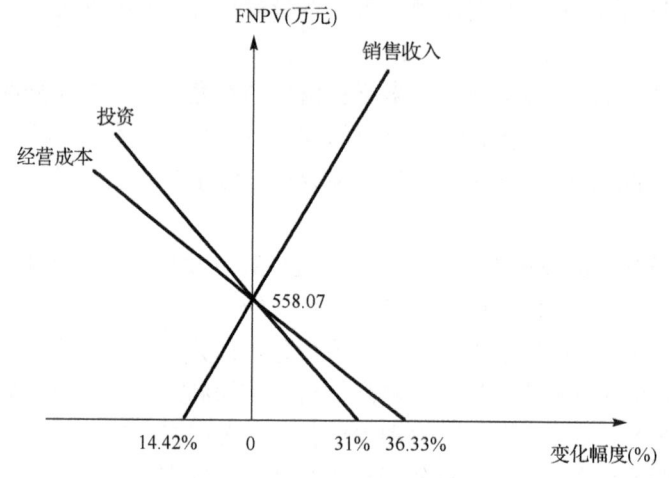

图2-7 敏感性分析图

表2-2 敏感性分析表

序号	调整项目			分析结果		
	投资额	销售收入	经营成本	FNPV	平均+1%	平均−1%
0				558.07		
1	+10%			378.07	−3.23%	
2	−10%			738.07		+3.23%
3		+10%		945.17	+6.94%	
4		−10%		170.96		−6.94%
5			+10%	404.45	−2.75%	
6			−10%	711.98		+2.75%

例：某项目设计年生产能力为10万吨，计划总投资为1800万元，建设期1年，投资期初一次性投入，产品销售价格为每吨63元，年经营成本为250万元，项目生产期为10年，期末预计设备残值收入为60万元，基准收益率为10%。试就投资额、产品价格（销售收入）和经营成本等影响因素对该投资方案进行敏感性分析。

表2-2中的结果显示，不确定性因素投资额、销售收入和经营成本同样变动1%，对目

标指标的影响程度分别为3.23%、6.94%和2.75%，由此可见，销售收入是影响目标的最敏感因素，且两者是正相关关系。

图2-7中的结果显示，项目指标可接受的经营成本、投资额和销售收入的最大变动范围分别是36.33%、31%和14.42%，即经营成本的增加幅度不能超过36.33%。也可由此得出项目指标对三个不确定性因素的敏感程度由高到低依次为销售收入、投资额和经营成本。

③ 概率分析，是运用概率理论和数理统计原理，对风险因素的概率分布影响评价指标结果进行定量计算的分析方法。

它的一般做法是：首先预测风险因素发生各种变化的可能性，即概率，将风险因素作为自变量，预测其取值范围和概率分布，再将选定的经济评价指标作为因变量，测算评价指标随风险因素变动的相应取值范围和概率分布，计算评价指标的数学期望值和项目成功或失败的概率。

概率树分析是概率分析中最为基本的评价方法，它在构造概率树的基础上，计算项目净现值的期望值和净现值大于或等于零的概率。

2.2 项目需求

论证完项目的可行性后，就可以正式着手对项目实施具体的管理，而第一步要做的就是要详细地识别项目的需求。需求的识别是项目启动阶段的重要工作。

需求是指"发起人、客户和其他干系人的已量化且被记录下来的需要与期望"[1]。需求识别始于需求、问题或机会的产生，结束于需求建议书的发布。

需求在项目的开始通常是不完全清楚的，因为尽管产生了需求，客户萌发了要得到什么的愿望，或感觉到缺乏什么，但这只是一种朦胧的念头，他还不能真正知道具体的什么东西才能满足他这种愿望，他所期望的东西可能还只是一个范围。因此，需要收集信息和资料，进行调查和研究，使客户明确自己的具体需求，最终确定到底是什么产品或服务才能满足自己，只有需求明确了，项目团队才能准确地把握客户的意图，规划出好的项目，成功完成项目，满足客户的需求。

需求建议书(Requirement for Payment，RFP)是从客户的角度出发，全面、详细地向项目团队陈述、表达为了满足其已识别的需求应做哪些准备工作。也就是说，需求建议书是客户向项目团队发出的用来说明如何满足其已识别需求的建议书。一份良好的需求建议书，主要包括满足其需求的项目的工作陈述、对项目的要求、期望的项目目标、客户供应条款、付款方式、契约形式、项目时间、对项目团队的要求等。

需求识别是一个过程，需求的获得不是项目团队自己的事，也不是客户自己的事，需要利益相关者的不断沟通和努力。项目团队应引导客户不断明确自己的需求，能够确定出全面的、明确的、足够的信息。项目团队可以用一个简单的方法来验证客户的需求和期望，你只需要简单地记下每个需要和期望，然后"跳伦巴舞(RUMBA)"[2]，如表2-3所示。

---

[1] 琳达·克雷兹·扎瓦尔(Linda Kretz Zaval)，特里·瓦格纳(Terri Wagner)著，郑佃锋、李利玲、李小玲译. 从PMP到卓越项目经理：项目管理实战技巧与案例解析(第2版)，北京：电子工业出版社，2015.
[2] 同上。

表 2-3 "伦巴舞"要素

Responsible	你或你的组织可以满足需求(不会违背公司程序、设备能力等)
Understandable	客户核实了你对客户需求的理解是正确的
Measurable	在某种程度上,你能够客观地确定需求满足的程度和频率
Believable	员工愿意为哪种成就水平而奋斗
Achievable	你能满足需求吗(想得到的绩效水平是理论上可行的吗)?如果不是,你可能需要在事实和数据清楚之后重新协商

某服装店筹备项目的部分需求的 RUMBA 如表 2-4 所示。

表 2-4 某服装店筹备项目的部分需求的 RUMBA 表

需求	R	U	M	B	A
1. 衣服在美国制造	Y	Y	Y	Y	Y
2. 两家商店都在 11 月 1 日开业	Y	Y	Y	Y	Y
3. 服装系列满足公司的负担能力、质量和风格标准	Y	Y	Y	Y	Y
4. 成本预算是 8 750 000 美元	Y	Y	Y	Y	Y
5. 广告计划 6 月 30 日前完成	Y	Y	Y	Y	Y

对于每个商定的合理的期望,如果所有 RUMBA 问题的回答是 YES,那么需求是有效的。任何 NO 的回答都意味着要进一步协商,直到成为一个 YES 的答案。如果它不能成为一个 YES,那么客户的需求或合理期望就不会是一个有效需求,就不应作为有效需求来接受。

并非在所有的情况下都需要准备一份正式的需求建议书,如果某一单位产生的需求由内部开发项目就可以满足时,则可能只需要口头上的交流和信息传递,而不需要把宝贵的时间耽搁在仅仅做信息传递的需求建议书上。

实训 3 识别项目需求

实训名称:
项目需求的识别

实训目的:
通过识别自己项目的需求,使学生掌握相关知识,并能真正进行社会实践。

实训要求:
(1)项目团队课后与项目客户、项目发起人等干系人进行具体沟通,使其明确自己的需求。
(2)课堂上展示需求过程和结果,并利用"伦巴舞"方法检查需求的识别效果。

实训时间:
(1)课下准备时间:3 天。
(2)课上阐述时间:5 分钟/个。

实训考核:
(1)过程考核:教师根据学生阐述过程考核学生课下准备情况。
(2)成果考核:需求结果的准确性、全面性。

2.3 项目章程

明确了项目发起人或客户的需求之后，就可以正式启动项目。项目可能因内部经营需要和外部影响而启动，故通常需要编制需求分析、可行性研究、参与论证或有关项目处理的情况的描述。项目启动就是项目管理班子开始项目时的具体工作，包括项目或项目阶段的规划、实施和控制等过程。项目由项目以外的主体来启动，如发起人、项目管理办公室职员、项目组委员会主席等。启动项目的主体应该具有一定的职权，能为项目获取资金并提供资源。项目启动过程完成的标志有两个：一是任命项目经理，建立项目管理班子；二是发布项目章程。

项目章程，也称项目许可证，是正式承认某项目存在的一种文件。它可以是一个特别的文件形式，也可以用其他文件代替，如企业需求说明书、产品说明书等。项目章程中有关于项目目标的记载，也可以从项目章程中了解项目的总体需求以及关于项目产品的总体描述，并据此制定详细的产品需求。它是对项目进行管理的基本要求的全面概括，是项目管理中的"宪法"，是其他项目管理文档的根源。

制定项目章程的主要作用是，明确定义项目开始和项目边界，承认项目的存在，任命项目经理并赋予项目经理职权，明确项目的重要地位及高级管理层对项目的支持。若没有章程，则可能导致项目目标不明确、业务需求和客户的解决方案不明确、错过项目的重要干系人等问题。

制定项目章程是编写一份正式批准项目并授权项目经理在项目活动中使用组织资源的文件的过程。项目章程在项目执行组织与需求组织之间建立起伙伴关系。经批准的项目章程意味着项目的正式启动。在项目中，应尽早确认并任命项目经理，最好在指定项目章程时就任命，最晚也必须在规划开始之前。项目章程应该由项目启动者或发起人负责编写并批准，或授权项目经理代为编写，项目经理应该参与项目章程的制定，以便对项目需求有基本的了解，从而在随后的项目活动中更有效地分配资源、管理项目。

项目章程中可以包含有关项目各方面的基本内容，如项目产生的原因、项目成立的条件、项目应实现的目标、项目可以满足的需求等。具体来说，项目章程中应包括以下内容：项目产生的原因；项目可满足的需求；项目应实现的目的；项目范围、进度、成本的基本要求；项目主要干系人；项目需要的配合；项目的假设条件和制约因素(通常情况下在项目范围书中予以详述，若某项目没有制定项目范围书则需在此进行论述)；项目的主要风险(项目风险可在项目章程中论述，也可在项目范围说明书中论述，也可单独成册，若单独成册则一般是对项目风险进行详述)；项目经理的任命及赋职；项目的审批要求(如用什么标准评价项目成功，由谁对项目成功下结论，由谁来签署项目结束)等。具体的项目章程要素可参考表2-5中所述。

表2-5 项目章程的要素

文件要素	描述
项目名称	简要写出项目名称
项目重要性	从商业角度提供必要信息、组织的战略规划、外部因素、合同规定或其他任何启动项目的原因，使项目干系人知道为什么要做这个项目

续表

文件要素	描述
项目高层次需求	简述要达成项目目标需要满足高层次的条件和性能。描述必须是产品的当前特性与功能，以满足干系人的需求和期望
项目目标	包括项目的总目标和分目标。概述项目的总体目标，至少包括高层的可交付成果、时间和成本；列出对项目来说十分重要的分目标，如质量目标、安全目标、干系人满意度目标等
项目范围概述	此处只需列出高层次的主要项目范围和主要可交付成果。概述主要的项目范围，即得到可交付成果需要做的主要工作，如软件开发项目的用户需求调研、系统开发、系统测试等；列出项目必须提交的高层次可交付成果，如用户需求分析表、开发好的系统、系统使用说明书等
项目主要干系人	列出项目的主要干系人，注意不是详细干系人
里程碑进度计划	列出在项目中必须实现的阶段性里程碑及其实现时间，如主要可交付成果的完成、产品验收的完成等
项目总体预算	列出项目可得到的总体可用金额，该金额是估计值，或是发起人可提供的总金额，或是项目目前已知可获取的总金额，是后期具体项目预算的上限
项目高层次风险	概述项目的高层次主要风险，如项目刚开始时的资金到位风险、新技术风险、缺少资源风险等启动风险
项目经理	列出项目经理的姓名及其基本信息，明确项目经理在人员配备、预算管理、技术决策和冲突管理等方面的职权。人员配备的职权包括雇用、解雇人员，制定团队规则等；预算管理的职权包括调拨、管理、控制项目资金的权力；技术决策职权是指对可交付成果或项目方法做出决定的权力；冲突管理职权是指项目经理在团队内、组织内以及与外部干系人解决冲突的程度
各职能部门应提供的配合	若项目不是独立存在而是在某组织内，则需要指出各职能部门应给予项目何种配合，明确各职能部门的职责，以保证项目顺利实施
项目审批要求	指出在项目的规划、执行、监控和收尾阶段，应该由谁做出哪些重要的审批，这是客户或干系人验收项目可交付成果的必要条件
章程的批准	为了项目目标而监督项目经理人的姓名、职位、职权等。典型的职权包括批准变更的权力、决定可接受偏差的权力、影响内部项目冲突的权力及在高层级支持项目的权力等。批准人一般由项目发起人或组织高层领导担任，需签字批准并注明批准时间

1. 项目目标

项目目标就是实施项目所要达到的期望目标。对于复杂项目，项目的目标是一个复杂的目标体系。在目标体系的最上层，是项目的总目标。项目总目标可进一步分解为经济性目标、时间进度目标、技术性能目标等相对具体的目标，直至达成计划的要求。

为了实现项目目标，对项目总目标的描述常分成以下几个方面进行：首先是描述项目的工作范围，包括对项目交付成果、交付物的客观描述；其次是对项目时间安排的描述，说明项目的开始与完成的时间；最后是成本的预算，说明项目的总成本预算额。

例：电动自行车研制项目的主要目标为：（1）交付物成果：新款电动自行车样品；（2）工期要求：研制总工期为6个月，从2016年1月1日起至2016年6月30日；（3）成本要求：项目投资总额为500万元人民币。项目总目标可描述为：从2016年1月1日起至2016年6月30日止，6个月内交付电动自行车的样品，总投资额500万元。还可用表格形式形象地描述。

【思考题】

大学本科教育这一项目的总目标应怎样描述？

项目目标体系具有层次性、多目标性和优先性等特性。

层次性就是项目目标可以进行层层分解，低层目标的实现是上一层目标实现的前提。高层次目标通常比较复杂且不易实现，通过层层分解将其分解为较简单的易实现的目标，从而保证最终项目目标的实现。对项目目标进行层层分解，还可以更好地深化对项目的本质的认识与理解。

多目标性是指项目目标体系中，每一个层面都由多个相互关联但又不同的目标组成。在这个多目标的系统中，各目标间相互关联、相互作用，实施项目的过程就需要对多个目标进行协调权衡。在许多情况下，项目不同目标间存在一定的一致性。但在其他情况下，项目不同目标间可能存在一定的冲突。例如，通常情况下缩短工期要以提高成本为代价。

优先性是指在项目的众多目标中，各个目标具有不同的优先次序，特别是在相互间存在矛盾冲突的项目目标间，需要通过建立一定的优先顺序协调关系。例如，预算拮据的私人住宅装修项目，成本目标十分重要；而在生命周期较短的产品研发项目中，时间目标则更为重要。

2．里程碑

里程碑，即项目中的重大事件，通常是一个主要可交付成果的完成。它是项目进程中的一些重要标记，既不占用时间，也不消耗资源。在项目的具体实施过程中，会有多个里程碑。里程碑计划就是将那些对项目实施进度有重要意义的关键事件按时间顺序加以排列的文档。项目里程碑计划的表示方法有多种形式，包括文字法、图表法等。如某生产线开发项目的里程碑计划，如表2-6所示。

表2-6　某生产线开发项目的里程碑计划

里程碑事件	1月	2月	4月	10月	12月
项目启动	▲1日				
需求确认完成		▲15日			
方案设计完成			▲28日		
试运行启动				▲18日	
项目验收					▲31日

有些项目，特别是大中型项目或需要由政府投资的公益性和基础性项目，还需要经过项目核准和项目立项。项目核准是指项目须经过由项目实施组织最高决策者正式承认项目的必要性，把完成项目所需的全部权力交给项目管理班子的过程。项目立项是指项目经过项目实施组织决策者和政府有关部门的批准，并列入项目实施组织或者政府计划的过程。

【思考题】

请给出大学生运动会这一项目的里程碑计划。

实训4　制定项目章程

实训名称：
项目章程的制定

实训目的：
使学生学会制定项目章程，理解项目章程在项目管理中的核心地位。

实训要求：
(1) 参照表2-5中的项目章程要素，结合自己小组的项目，填写表2-7项目章程表，可根据项目具体情况进行适当增减。
(2) 课堂上展示项目章程的结果。

实训时间：
(1)课下准备时间：2 天。
(2)课上阐述时间：10 分钟/个。
实训考核： 项目章程的正确性。

表 2-7 项目章程

项目名称：_____

项目发起人：_____ 制定日期：_____

项目经理：_____ 项目客户：_____

项目重要性：

项目高层次需求：

项目目标：

总目标：
分目标：

项目范围概述：

主要的项目范围：
主要的可交付成果：

项目主要干系人：

干系人	角色

里程碑进度计划：

总体里程碑	到期日

项目总体预算：

项目高层次风险：

项目经理：

基本信息：
项目经理职责：

各职能部门应提供的配合：

项目的审批：

项目的批准：

项目经理签字　　　　　　　　　　　　发起人或委托人签字（职务）
日期　　　　　　　　　　　　　　　　日期

2.4　识别项目干系人

项目干系人对项目的影响涉及方方面面，而且贯穿项目始终，所以在项目启动阶段就需要先识别出所有的项目干系人，并对其进行分析和分类，为管理好干系人做好准备。

项目章程中对于项目的主要干系人已进行识别，但是与项目相关的干系人有很多，该过程需要将这些干系人全部识别出来。对潜在干系人识别的常用方法有两种，一是头脑风暴法，二是访谈法。

采用头脑风暴法时，"专家"通常以项目团队成员为主，通过在融洽、轻松、自由的氛围中使与会者畅所欲言、互相启发和激励，以"自由"地提出尽可能多的项目干系人。进行头脑风暴时要注意：禁止批评和评论，也不要自谦，避免出现"你这想法太陈旧了"、"我有一个不成熟的看法"等言论；追求识别数量，越多越好；鼓励受他人启发，巧妙地利用和改善他人的设想；与会人员一律平等，各种想法全部记录下来；主张独立思考，不私下交谈，以免干扰别人思维；提倡自由发言，畅所欲言，任意思考。

访谈法主要是对项目章程中的主要干系人进行访谈，利用他们对项目的了解来进一步识别其他干系人。访谈的方式可以是正式的，也可以是非正式的；可以是结构型访谈（按定向的标准程序进行，如采用问卷或调查表），也可以是非结构型访谈（没有定向标准化程序的自由交谈）。在访谈过程中要注意：做好前期准备工作；创造轻松、愉快、无压力的氛围；避免对受访人进行暗示和诱导；对相同的事情会从不同的角度提问；如实准确地记录访谈资料，不加入个人主观观点。

对识别出的干系人需要进行一定的分析，对项目干系人分析包括分析干系人对项目的影响和项目对干系人的影响两个方面，同时还可以了解到干系人与干系人之间的相互关系，通过对项目干系人进行分析，可以更好地管理他们，从而实现项目目标。

对干系人分析常用权力/利益方格分类模型，如图2-8所示。权力/利益方格分类模型是根据干系人的职权（权力）大小及对项目结果的关注（利益或支持）程度进行分类。

对于高权力、高关注的干系人要进行重点管理，让他们参与到项目中来，并让他们了解项目的意义、完成条件、具体计划等多方面的内容；对于高权力、低关注的干系人，注意与他们保持沟通，使他们了解项目总体情况而不是细节，使其总体满意即可；对于低权利、高关注的干系人要注意让他们参与到项目的细节中来，并关注项目对他们的影响，及时将项目信息与其沟通，以防止他们的消极参与对项目带来不利影响；对于低权力、低关注的干系人不需重点关注，只要进行正常的监督管理即可。由此可以看出，对于高关注的干系人，不论其权利高低，都应进行重点管理。

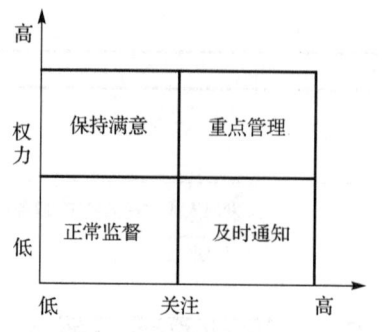

图 2-8 权力/利益方格分类模型

识别干系人后可以将其结果汇总到干系人登记册中,如表 2-8 所示。

表 2-8 干系人登记册

项目名称:_____ 制定日期:_____

姓名	职位	角色	联系信息	需求	影响力	分类

其中,需求是指项目可满足干系人的情况;影响力是指干系人对项目的影响;分类是指根据项目需求对干系人进行适当分类,如内部、外部、积极、消极、中立等。

实训 5 识别项目干系人

实训名称:

项目干系人的识别

实训目的:

通过识别自己项目的干系人,使学生对项目干系人的概念及角色有深刻的认识,并加强项目管理中对项目干系人的重视。

实训要求:

(1)项目团队根据项目干系人的分类课堂上讨论出自己项目的主要干系人。

(2)根据课上讨论结果课后与主要干系人交谈,识别出详细干系人并利用权力/利益方格对其进行相应的分析。

(3)课上上台阐述过程和结果。

实训时间:

(1)课上讨论时间:10 分钟。

(2)课后访谈时间:3 天。

(3)课上阐述时间:3~5 分钟/个。

实训考核:

(1)过程考核:教师根据学生思考过程、阐述过程考核学生完成情况。

(2)成果考核:项目干系人识别和分析的正确性及全面性。

思 考 题

1. 如何理解项目论证？
2. 项目论证的内容包括哪些？
3. 项目论证的方法有哪些？
4. 项目经济评价的指标有哪些？
5. 不确定性分析的方法有哪些？作用是什么？
6. 什么是需求建议书？
7. 论证项目需求的伦巴舞要素包括哪些？
8. 项目章程的要素包括哪些？
9. 如何描述项目的总目标？
10. 什么是里程碑计划？
11. 应如何识别和分析项目干系人？

案 例 分 析

2002年7月4日，中国石油天然气股份有限公司（以下简称"中国石油"）和国际投资集团（由壳牌国际天然气有限公司、埃克森美孚天然气有限公司和俄罗斯天然气工业股份公司组成）在北京人民大会堂签署了《西气东输工程合营框架性协议》，投资规模仅次于三峡工程的西气东输工程终于正式宣布全面启动。在此之前，中国石油已经在试验段工程上对施工技术、管理、环保等难点进行了成功的试验。

西气东输工程西起新疆塔里木天然气田轮南，途经新疆、甘肃、宁夏、陕西、山西、河南、安徽、江苏、浙江、上海10个省市区，干线全长4000千米。据测算，西气东输工程静态总投资约为1400亿元人民币，其中管道工程总概算投资约为400亿元。管道干线工程建设目标是，2003年年底靖边—上海段建成投产，开始向上海方向供气；2005年轮南—靖边段投产，实现全线贯通，把新疆塔里木的天然气输送到上海。设计年初期输气量为120亿立方米。

西气东输工程对于促进新疆以及中西部沿线地区的经济发展、解决长江三角洲地区经济快速发展和能源紧缺的矛盾具有重大意义，并且可以减轻燃油、燃煤造成的环境污染，带动钢铁、建材、石油化工、电力等相关行业的发展。

在西气东输工程中，中国石油和国际投资集团将分别拥有项目50%和45%的权益，中国石油化工股份有限公司拥有剩余5%的权益，合作期限为45年。该项目的实施将使中国石油的天然气销售量快速增长，为其带来可观回报，并使其在国内天然气市场的地位更加巩固。

但是，在海外投资者中，西气东输工程从一开始就充满争议。批评者认为这项工程的政治可行性远高于经济可行性，塔里木盆地的天然气储备可能不足以支持长达20年至30年的供应，输气管道过长会造成最终消费价格缺乏竞争力等。这些争议使得吸引外资工作变得极其微妙和复杂。

2001年9月，英国石油（BP）因怀疑项目的盈利能力而宣布退出竞标。他们认为只有40年的储量才能保证工程盈利，而塔里木的储量只能保证供应20年。虽然英国石油的退出并不意味着吸引外资的失败，但产生了一定的负面影响。例如，增加了其他外国公司讨价还价的能力；如果中国石油不能与外国公司达成合作协议，就会使它在投资者眼中被重新定义为一个行政性公司，使中国政府把中国石油塑造成具有良好形象的国际性公司的努力不能取得预期效果。

当然，壳牌、埃克森美孚和俄罗斯天然气也不愿意放弃西气东输项目。在壳牌的业务中，天然气已经成为一个重要的增长支撑点。虽然，从短期而言，西气东输项目只能使壳牌每天的油气总产量增加不到一个百分点，但在西气东输工程背后隐藏着的是中国政府把天然气在一次性能源中的比例从目前的不足3%提高到十年后的10%的雄心。正如路透社在一篇报道中所指出的，"你只有进到大楼里面，才有可能获得坐电梯的机会"。西气东输工程就是中国天然气市场乃至更大的能源市场的入口。

对于这一点，作为全球最大的非政府天然气公司的埃克森美孚自然也非常清楚。这个年产量高达1064亿立方米的巨头，在天然气领域的足迹遍及五大洲的25个国家，几乎全球任何一项重大的天然气项目都有它的身影，自然也不愿意缺席西气东输的这场大戏。因此，即使在外界看来壳牌已经在与中国石油的合作中领跑之后，埃克森美孚仍然继续与壳牌以及中国石油进行谈判，希望能够分享到相当的份额，为进军中国的油气资源市场打开通道。

作为俄罗斯最大的企业，由政府持有38%股份的俄罗斯天然气公司，所拥有的天然气探明储量超过了15万亿立方米，年产量超过5000亿立方米，这个数字相当于中国总的天然气产量的20倍。实际上，以俄罗斯为代表的前苏联地区集中了全球天然气资源总量的38%，已经成为天然气最重要的出口地区。一旦能够在连接中亚和东亚经济带的西气东输工程中占据有利地位，无疑将改变俄罗斯对于欧洲市场过分依赖的局面。

俄罗斯天然气的加入，也使得西气东输工程的资源依托更为雄厚，极大地降低了储量不足的风险。实际上，中国石油已经开始和俄罗斯讨论必要时从俄罗斯进口天然气的可能性。

更多的参与者，使得潜在的商业风险不管从深度上还是广度上都更加分散，这实际上也是中国石油乐意看到的。

案例来源：汪小金.项目管理方法论(第2版).北京：中国电力出版社，2015.

【问题】请结合案例分析该项目是如何启动的。

第 3 章

项 目 规 划

本章要点

本章主要介绍制定项目管理计划的相关知识。内容包含了项目十大知识领域的项目管理计划、项目范围管理计划、项目进度管理计划、项目人力资源管理计划、项目成本管理计划、项目质量管理计划、项目干系人管理计划、项目沟通管理计划、项目风险管理计划和项目采购管理计划的制定所涉及的基本概念、活动、方法、结果等。

学习目标

通过本章的学习，使学生理解项目管理计划在项目管理中的重要作用，明确项目管理计划的概念，学会制定项目管理计划；明确项目范围的基本内涵、项目范围管理的概念和作用，了解项目范围管理计划制定的过程，掌握需求管理计划和项目范围说明书，学会利用科学的工作分解步骤得出项目的工作分解结构；明确项目进度管理计划制定的过程，了解项目进度计划的不同表现形式、搭接关系，学会绘制网络图、计算时间参数、找出关键路径，理解进度优化；明确项目人力资源管理计划包含的内容，理解项目组织图、项目角色和指责的制定、人员配备管理计划对制定人力资源管理计划的作用，学会制定人力资源管理计划；了解项目成本管理的概念，明确项目成本的分类，理解成本估算、成本预算及两者的区别，学会制定成本管理计划；了解质量的含义、特征，制定质量管理计划的工具，明确项目质量的含义和成果，学会制定项目质量管理计划；明确干系人管理计划包含的内容，学会制定干系人管理计划；了解沟通的定义、过程，明确沟通需求、沟通方式、沟通障碍对项目沟通管理计划的影响作用，学会制定沟通管理计划；明确风险管理计划制定的过程，学会制定风险管理计划、进行风险识别和分析、制定风险应对措施；了解项目采购的分类、确定采购范围的工具、项目合同的类型，明确采购计划的内容、供应商选择的标准，学会制定项目采购管理计划。

3.1 项目管理计划

严格意义上讲，广义的项目计划包括项目实体计划和项目管理计划。项目实体计划是关于项目各知识领域的专项技术计划，如反映项目具体该做什么的项目范围的 WBS、指导项目什么时间做的项目时间的网络图和时间参数等；项目管理计划是从管理角度出发制定出基本原则及制度，以保证专项技术工作能够按计划实施，如项目范围管理计划中规定某项目应使用何种 WBS 类型、项目时间管理计划会规定对不同任务进度的监测频率等。不过在实际应用中，项目的实体计划和管理计划往往交织在一起，没有明确的区分，因为项目的技术工作和管理工作常常是一起进行的。实际工作中，项目计划可能是指项目实体计划，也可能是指项目管理计划，甚至可能同时指这两者，需要视具体情况而定。在制定项目计划时，两者也是相辅相成、相互影响的。

项目管理计划(Project Management Plan)，又称为项目集成计划(Project Integration Plan)或项目主计划(Project Master Plan)，是一个整合项目所有子计划、综合考虑项目各方面影响和要求的综合性、集成性的整体计划文件，其描述了团队将如何执行、监督、控制和结束项目，是所有项目工作的依据，是项目管理的核心文件。项目管理计划包含所有与管理项目相关的信息，主要是由所有的子管理计划和基准组成的，它把所有的信息组合在一起形成完整的方法来管理项目，同时又反作用于项目子计划，为所有项目子计划提供信息。

项目管理计划的编制需要参考各种各样的资料，这些资料包括项目章程、组织过程资产、事业环境因素、项目各专项计划等。

(1)项目章程。项目章程中规定了项目的各种基本信息和要求，如项目的需求、项目的目标等，这些信息是制定项目管理计划的基本依据。

(2)组织过程资产。组织过程资产是指项目执行组织或参与项目的其他组织的对项目有影响或与项目相关的流程与程序、政策及规定、实践或知识等，如职业道德政策、人力资源政策、工作分解结构模板、合同模板、变更控制程序、历史数据及经验教训、以往项目的资料档案等。组织过程资产在项目管理过程中往往是会影响项目规划的制定。影响项目管理计划的组织过程资产包括(但不限于)[①]：标准化的指南、工作指示、建议书评价准则和绩效测量准则；项目管理计划模板，包括根据项目的需要裁剪组织标准流程的指南与准则、项目收尾指南或要求；变更控制程序，包括修改组织标准、政策、计划和程序等文件所需遵循的步骤，以及如何批准和确认；以往项目的档案信息；历史信息与经验教训数据库；配置管理知识库，包括组织标准、政策、程序和项目文件的各种版本和基准。

(3)事业环境因素。事业环境因素是指会对项目产生积极影响或消极限制的各种条件，如组织文化、行业标准、已建立的沟通渠道、干系人风险承受力等，这些条件不受项目团队控制，但是会影响大多数项目管理的规划过程。影响项目管理计划的事业环境因素包括(但不限于)[②]：政府或行业标准；纵向市场或专门领域(如环境、安全、风险或敏捷软件开发)的项目管理指示体系；项目管理信息系统，如配置管理系统、信息收集与发布系统等；组织的结构、文化、管理实践和可持续发展；基础设施，如现有设施和固定资产；人事管理制度，如人员招聘和解雇指南、员工绩效评价、员工发展与培训记录等。

(4)项目各专项计划。如前所述，项目管理计划和项目各子计划间是相互作用的，其他规划过程所输出的任何子管理计划和基准都是制定项目管理计划的所参考的依据，项目管理计划是对这些信息的整合。

根据上述资料信息可以编制出项目管理计划，如表 3-1 所示。具体来讲，项目管理计划包括如下内容。

[①] 项目管理协会著，许江林等译. 项目管理知识体系指南(PMBOK 指南：第 5 版). 北京：电子工业出版社，2013.
[②] 同上.

表 3-1　项目管理计划

项目名称：_____　　　编制日期：_____

项目生命周期

阶段	关键可交付成果

项目管理过程和裁剪决策

知识领域	过程	裁剪决策
整合		
范围		
时间		
成本		
质量		
人力资源		
沟通		
风险		
采购		
干系人		

过程工具和技术

知识领域	工具和技术
整合	
范围	
时间	
成本	
质量	
人力资源	
沟通	
风险	
采购	
干系人	

偏差和基准管理

范围偏差临界值	范围基准管理
进度偏差临界值	进度基准管理
成本偏差临界值	成本基准管理

项目审核

子管理计划

领域	内容
范围管理计划	
需求管理计划	
进度管理计划	
成本管理计划	
质量管理计划	
过程改进计划	
人力资源管理计划	

续表

领域	内容
沟通管理计划	
风险管理计划	
采购管理计划	
干系人管理计划	
配置管理计划	
变更管理计划	

基准

领域	内容
范围基准	
进度基准	
成本基准	

(1)项目子管理计划，包括范围管理计划、需求管理计划、进度管理计划、成本管理计划、质量管理计划、过程改进计划、人力资源管理计划、沟通管理计划、风险管理计划、采购管理计划、干系人管理计划、配置管理计划(用于明确如何开展配置管理)、变更管理计划(用于明确如何对变更进行监控，见表 3-2)等。

(2)项目基准，包括范围基准、进度基准、成本基准等。

(3)项目所选生命周期，主要包括项目完成所选用的生命周期的阶段划分及各阶段的关键可交付成果。

(4)项目管理过程和裁剪决策，包括项目管理团队所选择的项目管理过程、每个所选过程的执行程度、对这些过程所需的工具和技术的描述、如何利用所选过程管理具体项目的描述(包括这些过程间的依赖关系和相互影响，这些过程的主要输入和输出)。

(5)基准的管理和偏差临界值，主要用于定义可接受的偏差、应发出警告的偏差和不可接受的偏差，以及如何管理各基准，如定义触发预防和纠正措施的情况，以及何时制定变更控制过程。

(6)项目审核，主要用于列出所有项目审核项，如集成基准审核、阶段审核、集成度审核、质量审核等。

项目管理计划可繁可简，具体视情况而定。

表 3-2　变更管理计划

变更管理计划	
项目名称：	编制日期：
变更管理办法	
描述变更控制的程度，以及如何把变更控制与项目管理的其他方法整合在一起	
变更的定义	
进度变更： 定义进度变更与进度修正，识别进度偏差什么时候需要通过变更控制过程重新确定基准	
预算变更： 定义预算变更与预算修正，识别预算偏差什么时候需要通过变更控制过程重新确定基准	
范围变更： 定义范围变更与范围修正，识别范围偏差什么时候需要通过变更控制过程重新确定基准	
项目文件变更： 确定什么时候更新项目管理文档，或其他项目文档什么时候需要通过变更控制过程重新确定基准	

变更控制委员会

姓名	角色	职责	职权

变更控制过程

变更请求提交	变更请求提交的过程,包括谁接受请求和需要使用的所有专门的表格、政策
变更请求跟踪	描述从提交到最终处理的跟踪变更请求的过程
变更请求审核	描述审核变更请求的过程,包括对项目目标影响分析,如进度、范围和成本等
对变更请求的处理	描述可能的结果,如同意、搁置、解决等

需要注意的是,项目不是一成不变的,所以项目管理计划也需要根据项目的变化而不断更新和修订;同时,项目的变动对项目各子计划和基准也会产生影响,这些文件的变动也会导致项目管理计划的相应更新,但是,项目管理计划的更新和修订不是随便进行的,一旦项目管理计划被确定为基准,则其变动就需要通过正规的变更申请和批准方可实施。

实 践 任 务

任务步骤及要求:

1. 老师给出一定的可选任务项目,如新老生交流座谈会、关爱空巢/留守儿童活动、班级出游、校园跳蚤市场活动、吐槽大会、读书会、趣味运动会等,这些项目必须是学生能力范围内可做的、学生比较熟悉且可以参与的、能在20天内完成执行过程的;

2. 实训2所组成的项目团队选择上述老师给定的项目中的一个,要求每3个项目团队选定同一个项目,3个项目团队(后续简称其为组)进行分工合作,无特殊规定的情况下,一个负责完成任务项目的工作,其他两个负责观察、记录过程及结果,最后3组进行讨论得出最终结果,并且3组之间要进行角色互换;

3. 每个任务项目都应随着后续内容的讲解进行相应的实践,不论在后续内容中有没有提出具体要求,若有提出具体要求,则按具体要求去实践,若未提出具体要求,可根据项目实际情况进行实践;

4. 完成每个任务项目的需求调研和分析、项目章程的制定、项目干系人的识别,然后在此基础上完成表3-1和表3-2的相关内容(可根据实际情况进行删减)。

实践目标:

1. 及时对所学知识点进行实践应用;
2. 3组共同完成一个项目更有利于对项目的深入分析和理解;
3. 理解项目管理计划在项目管理中的作用及其与其他管理计划的关系。

3.2 范围管理计划

项目组织在确定了项目目标,完成了项目启动仪式,明确了项目主计划(即整体的项目管理计划),首当其冲的便是开展一系列工作来确定项目的工作范围,这其中既包括对项目所要实现的最终产品或服务的范围确定,也包括了为实现目标所要进行的各项具体工作的内容界定。

3.2.1 项目范围管理概念

1. 项目范围定义

项目范围是指为了成功达到项目的目标,所必须完成且仅需要完成的工作。具体地说,确定项目范围就是为项目界定一个界限,确定哪些方面是属于项目应该做的,哪些不应该包括在项目之内,从而定义项目管理的工作边界,明确项目的目标和主要的项目可交付成果。定义中包含了两层含义:一是项目范围确定了所有为实现项目目标所必需的活动和工作,不能有一丝一毫的遗漏;二是项目范围所确定的工作内容仅是为了实现项目必要的工作,不承担任何超出可交付成果范围的多余工作量。

在项目范围管理的概念中,"范围"有两个方面的含义:一是产品范围,是项目所要求交付的产品、服务及其他类型成果应有的功能特性;二是工作范围,是为了完成产品范围所规定的要求进行的相关工作所涵盖的工作内容。

产品范围与工作范围紧密相关不可分离,产品范围涉及为实现项目目标的产品及服务,以及构成这些产出物的众多细节内容,这些部分都涉及彼此独立又相互依存的工作内容。例如,新建一个多媒体实验室,包含了硬件安装、软件配套、实验室装修、相关人员培训等诸多细节内容,这些都是项目范围的管理内容。可以说,项目的产品范围是根据干系人要求对项目进行的范围规划,而工作范围是根据项目目标及项目计划对工作进行的规划。只有将这两者科学合理地结合起来,才可以有效确保项目顺利完成、实现客户满意。

2. 项目范围管理定义

项目范围管理知识体系(PMBOK)将项目范围管理定义为:用以保证项目包含且只包含所需要完成的工作,以顺利完成项目的所有过程。这个过程统一了项目组成员和其他利益相关者对于项目成果与工作内容的预期,具体来说,其对项目管理的主要意义在于以下几点。

(1)为项目后续工作奠定基础。通过对项目范围做出界定,能够让项目成员对项目整体情况有了大致的把握,明确相关工作质量要求,从而将时间、成本等因素规划入相关工作内容当中,为进一步实施和控制项目工作打下基础。

(2)有助于明确地分派责任。项目范围确定以后就涉及对相关工作内容进行进一步分解,也能够对相关人员的权利责任进行分配,从而推进项目的落地。

(3)是项目控制活动的基准。项目范围的确定是制定项目质量、成本、进度管理计划的基础,有利于项目管理人员对项目指标的监控管理,及时发现实施偏差,提高管理活动的有效性。

3.2.2 需求收集

在项目启动阶段已根据客户的需求进行了一定的项目需求分析,但是这不是一个一劳永逸的结果。这是因为:第一,需求会逐渐清晰和细化;第二,需求会发生一定的变动,所以在整个项目管理过程中,特别是项目规划阶段,要始终关注项目的需求。本过程是在项目启动过程项目需求的基础上进行的,是对项目需求的进一步深入和细化,主要作用是为定义和管理项目范围奠定基础,这些需求将其包含在范围基准中,并在项目执行开始后对其测量。

1. 需求分类

本过程在进行需求收集时,可以将项目需求分为以下几类。

(1)业务需求,开展此项目需要解决的业务问题或实现的业务目标。

(2)干系人需求,不同群体干系人对项目及产出的要求可能截然不同。

(3)解决方案需求,为满足业务需求和干系人需求,产品服务或成果必须具备的特性功能和特征,包括功能需求(关于产品能开展的行为,如流程数据以及与产品的互动)和非功能需求(如可靠性、安防性、性能、安全性、服务水平、可支持性等)。

(4)项目需求,为实现项目所需要的相关资源和条件。

(5)过渡需求,从当前状态过渡到未来状态所需的能力,如数据转换和培训需求等。

2. 需求收集方法

项目团队为了准确把握项目干系人的需求情况,必须采用合适多样的方法加强与干系人的沟通,从而将干系人的潜在、模糊的需求清晰、完整地展现出来。在进行需求收集时可采用如下方法。

(1)个人访谈法。个人访谈法通过直接与重要关系人谈话的方式来获取项目的相关信息,有助于项目管理人员对项目需交付的成果特征、功能进行识别。这种方法相对直接、准确,不易受外界因素干扰,是一种经常被使用的方法。

(2)小组访谈法。小组访谈法是在一个访谈主持人带领下就某一项目进行深入讨论从而进行意见收集。相比与个人访谈法的对话方式,小组成员间可以就问题展开互动讨论,从而更有利于需求的明确,达成意见的一致。

(3)问卷调查法。在项目实施过程中,不是所有干系人都有机会进行面对面的沟通交流。对于那些会对项目产生重要影响却无法时刻参与需求收集的干系人来说,问卷调查就是十分直接、有效率的方式,如在研发新产品时对客户需求的收集。

(4)观察调研法。该种方法强调在不影响干系人正常行为、不进行提问交流的前提下,采取录音录像或直接观察的方式记录干系人的行为方式、意识习惯等来搜集所需信息。这在研究客户行为习惯、收集客户偏好的过程中常被使用。

3. 制定需求管理计划

需求管理计划的主要内容包括如何规划、跟踪和报告干系人的各种需求活动,对相关需求活动进行优先级排序、分析其影响并进行追溯跟踪和报告等,也包括制定需求测量指标及使用这些指标的理由。表 3-3 所展示的是通用需求文件的格式,不同项目小组根据项目的特点和工作需要会对相关指标进行调整和更正。

表 3-3 项目需求管理计划

需求文件

项目名称: 制定日期:

干系人	需求	分类	排序	跟踪	配置管理	验收标准

在该文件中，跟踪要求能够对相关干系人需求的解决方式、解决程度、解决效果进行跟踪评价；配置管理则是用于描述项目所设置的配置管理系统如何解决对需求的控制方式、所需文件、需求变更管理以及对变更有控制权的层级如何运行等。

3.2.3 定义范围

1. 项目范围的决定因素

在项目范围的确定过程中往往会涉及工作任务的取舍，决定项目范围的因素通常有以下五个要点。

(1) 市场竞争

激烈的市场竞争会迫使项目组织为了获得竞争优势，不断拓展产品和服务的边界，这就造成了项目范围的不断延伸扩展。例如在计算机行业，计算机生产厂商会不断对其硬件和软件进行升级换代，以获取市场竞争优势，从而不断扩大了产品范围和工作范围。

(2) 能力因素

项目组所具备的能力与可应用的资源是决定项目范围的另一大重要因素。还是以计算机行业为例，现在计算机硬件的更新换代速度越来越快，轻薄便携且性能强大的计算机越发受到青睐，这对于计算机厂商的研发能力提出了极高的要求。不具备相关能力的厂家所开展的工作范围和提供的产品性能必然受到限制，也就处于竞争劣势，会被市场淘汰。

(3) 投资收益

对于工作范围的延伸和扩大，最直接的影响就是各种资源的投入也要相应增加。此时作为项目方，需要考虑到一个实际也是最关键的问题就是相关投入的产出比是否符合预期要求。因此，目前很多企业在开展新项目时，会有专门的战略部门或市场部门对新项目的可行性进行研究，从而对项目是否开展、项目开展的范围进行把控确定。

(4) 商业模式

商业模式的不同决定了项目开展过程当中工作的重点、资源的分配都会截然不同。例如手机行业当中，传统手机品牌专注于线下实体店的布局销售，网络营销只是作为辅助手段；有些互联网品牌则专注于做线上营销，没有展开大规模的线下实体店布局。

(5) 假设条件和制约因素

假设条件是指在未来情况不明朗的前提下对项目可能涉及的因素进行估计。假设条件存在不确定性，在项目实施过程中一旦假设条件不成立，可能导致与项目预期相违背的结果，因此在确定项目范围时，项目团队需要不断对假设条件进行验证。

制约因素是指客观存在的、影响项目发展的限制性因素条件，对项目范围起着约束作用。例如，客户或执行组织事先确定的预算、强制性日期或强制性进度里程碑。如果项目是根据合同实施的，那么合同条款通常也是制约因素。项目小组必须尽可能对制约因素进行充分估计并相应计划应对措施，若是项目实施过程中制约因素没有发生作用，则更加有利于项目目标的达成。

2. 项目范围的形成

项目范围的形成通常由两种理念，即加法思维与减法思维。

加法思维是指在现有资源约束基础上尽可能增加项目的功能和范围。例如在装修工程中，在已确定了工期和费用的前提下，尽可能满足业主要求实现空间更多的功能性。

减法思维是指在定义范围的过程中先将所有期望功能都罗列出来，再根据资源约束条件将无法达成的与最次要的功能逐一删去，从而留下最核心与必要的功能。

综合而言，加法思维是在项目可行性基础上深化功能性要求，减法思维是在满足功能性要求的基础上确定可行性范围。

3. 项目范围说明书

项目范围说明书是定义范围的重要成果之一，它是针对项目范围所编写的详细说明书，它可以帮助项目的有关利益者就项目范围达成共识，为项目界定了边界，为项目实施提供了基础，如表3-4所示。

表3-4 项目范围说明书

项目名称：	制定日期：
项目产品范围描述：	
项目可交付成果：	
项目验收标准：	
项目的除外责任：	
项目制约因素：	
项目假设条件：	

项目范围说明书通常包括以下几个内容。

(1) 项目的合理性说明。对开展项目的原因进行阐述，并为以后权衡各种利弊关系提供依据。若项目章程中已涉及该内容，则此处可省略。

(2) 项目产品范围的描述。进一步细化在项目章程和需求文件中所述的产品、服务或成果的特征。例如，某个市场调研项目是以大学生为调研对象做的而不是其他调研对象，其调研结果的服务对象是高校而不是其他教育机构。

(3) 项目可交付成果。一份主要的、具有归纳性层次的产品清单，这些产品完整、充分地被客户接收标志着项目的完成。例如，某一软件开发项目的主要可交付成果不仅仅包括客户所要求的可运行的计算机程序，也包括了相关用户手册及适当时间的专题培训等。

(4) 产品验收标准。定义已完成的产品、服务或成果的验收过程和标准。

(5) 项目的除外责任。通常需要识别出什么是被排除在项目之外的。明确说明哪些内容不属于项目范围，有助于管理干系人的期望。例如，某次校园演出活动由于经费有限，只负责为主持人提供化妆和造型服务,其他演员的化妆和造型则自行解决,不包括在该项目范围内。

(6)项目制约因素和假设条件。项目的制约因素和假设条件已在"项目范围的决定因素"中介绍过,此处不再赘述。有关项目制约因素和假设条件的信息可以列入项目范围说明书中,也可以独立成册。

项目范围说明书需由项目经理签字确认。

【案例分析】

假设你与你的舍友决定在某月某日,自己动手制作并共进晚餐,决定开始的时间是下午 4 点,晚上 7 点半还要参加锻炼。请明确项目干系人、项目目标并思考以下问题:
1. 对该项目进行产品范围描述。
2. 分析该项目的除外责任。
3. 识别该项目的假设条件和制约因素。

3.2.4 工作分解结构

工作分解结构技术(WBS)是一种将项目最终可交付成果和项目工作进行逐层细分,最终定义出项目工作包,从而确定项目范围的方法。工作分解技术的思路是按照项目范围的大小,从上到下,逐步分解:首先由项目分解得到子项目,由子项目得到任务,再由任务得到工作包,最终分解得到最基层项目工作包,从而定义出项目的范围。

每个项目都可以得到多个正确的工作分解结构,只要得到的工作分解结构满足项目范围定义中一个都不多、一个都不少的基本要求,那么该 WBS 就是正确的。由于每个人的思维方式不同,所以完全可能出现 10 个人就同一个项目进行工作分解而得到 10 种完全不同的 WBS,而这 10 种结果又都是正确的现象。因此,在进行项目工作分解的时候应广泛听取多方建议,得出多种方案,再从中选优。

工作分解结构最底层的成果或工作被称为工作包,工作包是能够可靠地估算和管理工作成本和活动持续时间的位置。对项目进行工作分解一般分解到工作包即可,因为分解的太细会耗费大量的人力、物力和财力,而分解的太少又不足以保证项目管理的效果。工作包的详细程度因项目大小与复杂程度而异,一般小型项目设计分 4 个层次即可,大型项目可到 6 个层次,最终的判断标准是看是否能够比较精确地估算工作包的成本、时间等相关信息。如图 3-1 所示,该计算机项目从 0 级到 3 级,共分了 4 个层次。

1. **工作分解结构的类型**

(1)基于可交付成果的类型

如图 3-1 所示,某计算机项目分解结构,在上层和下层均采取了可交付成果来进行工作分解。

(2)基于工作过程的类型

仍以计算机项目为例,图 3-2 所示的结构上层是按照工作过程分解的,下层是按照可交付成果进行分解的。

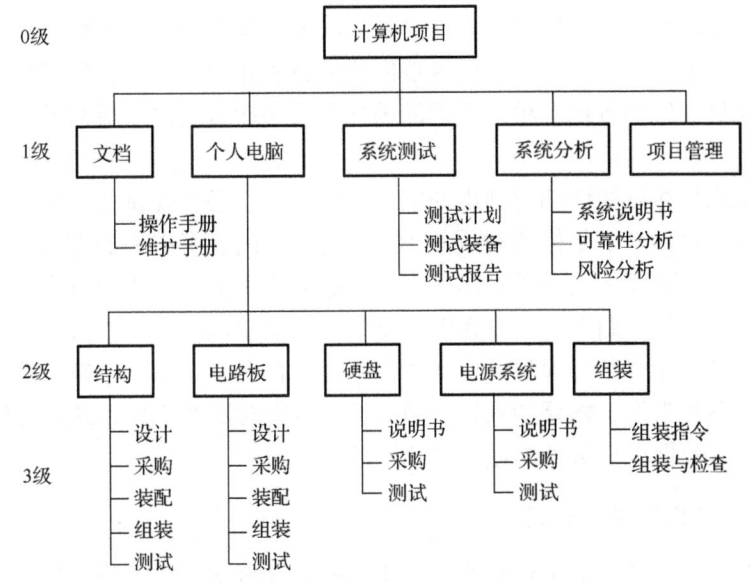

图 3-1 基于可交付成果的 WBS

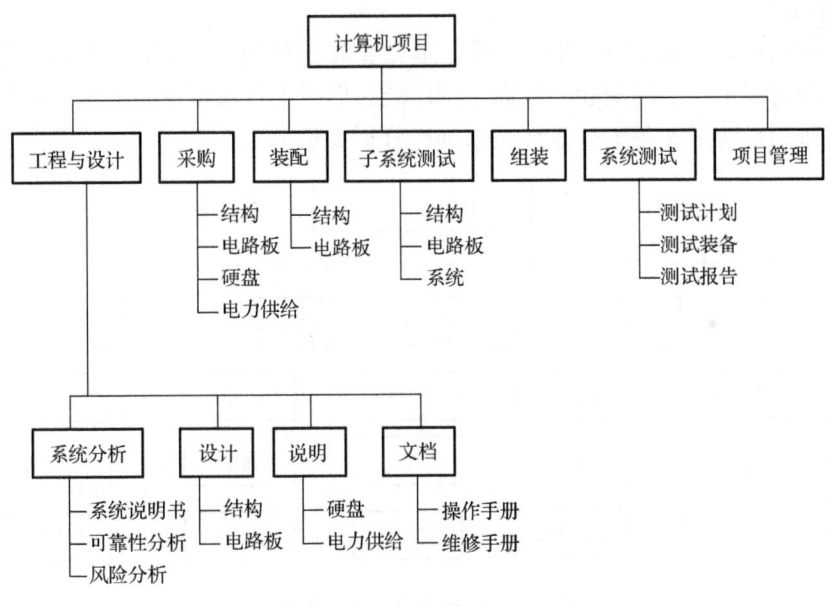

图 3-2 基于工作过程的 WBS

2. 工作分解结构方法

(1) 类比法

类比法就是以一个类似项目的 WBS 为基础，制定本项目的工作分解结构。例如，某客机制造公司计划设计生产某种新型战斗机时，就可以使用以往制造客机而设计的子系统为基础，开始新项目的 WBS 的编制。这种一般性产品导向的 WBS 就成为新飞机项目的范围定义和新型战斗机成本估算等工作的起点。

(2) 自上而下法

自上而下法常常被视为构建 WBS 的常规方法，即从项目最大的单位开始，逐步将它

第 3 章 项目规划 ▶ 71

们分解成下一级的多个子项。这个过程就是要不断增加级数,细化工作任务。这种方法对项目经理可以说是最佳方法,因为他们具备广泛的技术知识和对项目的整体视角,有利于全盘把控整个项目,但相应地对项目经理的领导和管理能力提出了极高的要求。

(3)自下而上法

让项目团队成员尽可能详细地列出他们认为完成项目必须要做的工作,然后对其进行分类、整合,并归总到一个整体活动或 WBS 的上一级内容当中去的方法。仍以设计制造新型战斗机为例,自下而上法由项目团队中的商业分析人员确定用户对项目的要求以及该项目的内容;由工程师们确定对用户系统的要求和对发动机的要求;最后由项目小组将这四项任务都归入到战斗机制造项目的设计总项中去。自下而上法一般都很费时,但这种方法对于 WBS 的创建来说,效果特别好。项目经理经常对那些全新系统或方法的项目采用这种方法,可以有效促进全员参与或项目团队的协作。

3. 工作分解结构的表现形式

工作分解结构的表现形式主要有树形结构形式、气泡图形式、列表形式三类,且各种形式各有优缺点。

(1)树形结构图

树形结构图(如图 3-3 所示)层次分明、非常直观,是最常见的表现形式。对于中小项目来说,它能够展示项目的全貌,故而应用广泛。但对于特大型项目来说,一张图纸很难画完,只能采用系统图和各个分系统图来进行分别展示。

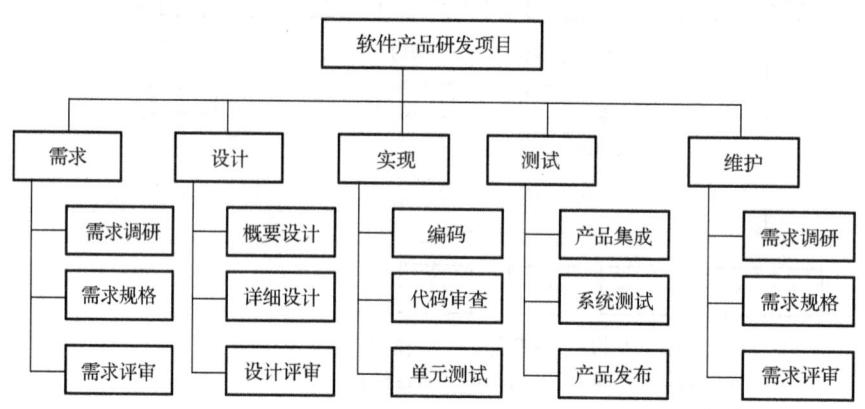

图 3-3 树形项目分解结构图

(2)气泡图

气泡图形式如图 3-4 所示,它的优点是可以任意修改、添加,箭线可以随意弯曲;缺点是不够直观,较难反映全貌。

(3)列表图

列表形式虽然不够直观,但优点是能反映项目全貌。例如,三峡工程这样的大项目可以印制 WBS 手册,其表现形式就需要采用列表的方式。工作结构分解表可以单独使用,也常常与树形结构图配合使用,它也是项目工作结构分析的常用工具。针对列表形式不够直观反映层级关系的缺点,在实际应用中常常通过分列或表格缩进等方式显示在同一层级上的活动或成果(如表 3-5 所示)。

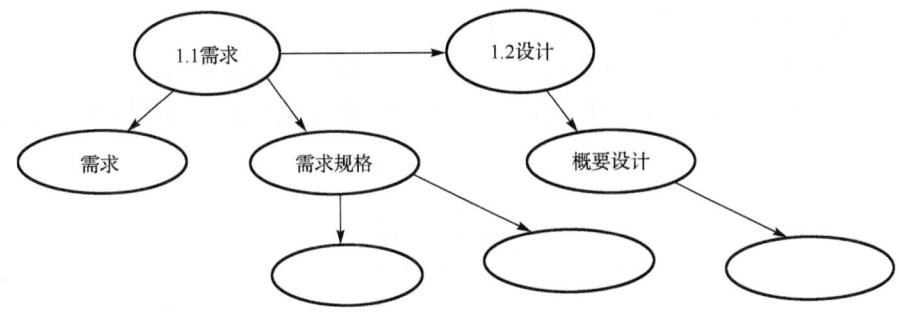

图 3-4 气泡图形式项目工作分解结构图

表 3-5 列表式项目工作分解结构图

1 软件研发项目		
	1.1 需求	
		1.1.1 需求调研
		1.1.2 需求规格
		1.1.3 需求评审
	1.2 设计	
		1.2.1 概要设计
		1.2.2 详细设计
		1.2.3 设计评审
	1.3 实现	
		1.3.1 编码
		1.3.2 代码审查
		1.3.3 单元测试
	1.4 测试	
		1.4.1 产品集成
		1.4.2 系统测试
		1.4.3 产品发布
	1.5 维护	
		1.5.1 缺陷报告
		1.5.2 缺陷修复
		1.5.3 产品升级

4．工作分解结构编码

绘制项目结构图以后，需要对相关工作进行分类编码。项目结构图编码的目的是为了方便对项目系统进行管理，有利于对项目各任务、子任务、单元的识别，更好地进行工期、费用、质量的计划与控制。

在编码的过程中应该遵照如下原则。

（1）编码的唯一性：项目的每一节点标识唯一的分项目，如果同类项目出现在不同的节点，可根据需要给予相同或不相同的编码。

（2）编码的同类性：编码时考虑结构的层次性，通过对编码等级不同能够直观展现出该工作所在的层次及和其他层次工作的关系。

（3）编码的扩充性：编码应该具有扩充性，编码能够灵活反映项目结构出现的变化，如项目层级的增加、删减和调整等。

(4)编码的实用性：便于查询、检索和汇总。
(5)编码的特色性：能够根据项目特点制定符合其要求的编码需求。

编码的表现形式可以多种多样，没有统一规定，只要符合上述原则即可，如图 3-5、图 3-6 所示。

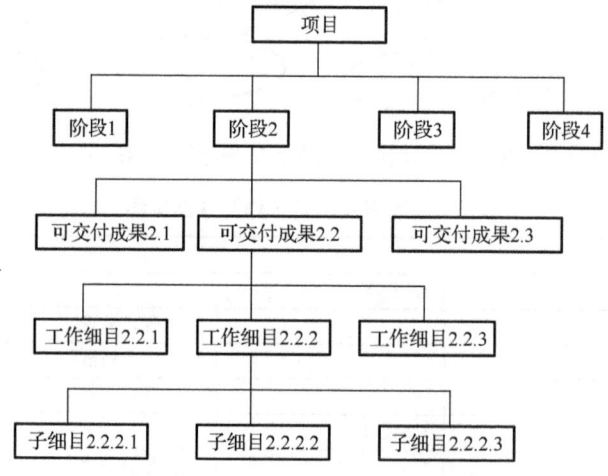

图 3-5　项目工作分解结构编码

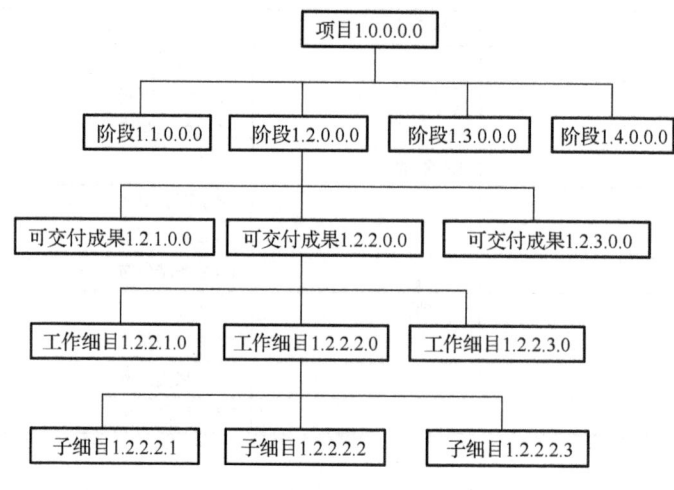

图 3-6　项目工作分解结构编码

5. 工作分解结构词典

工作分解结构词典是在项目进行工作分解并编码之后，对工作分解结构中的每项工作进行定义、描述其包含的全部工作内容的文件。工作分解结构词典提供了有关工作包和包含工作包的控制账户的详细信息，有助于项目组成员明确自己在相关工作中所应承担的具体内容及所负责工作的前后链接，具体内容如表 3-6 模板显示。

对一个项目进行工作分解，一般按照以下步骤进行：
(1)确定项目的最终可交付成果；
(2)识别和分析项目的主要可交付成果及相关工作；

(3)确定工作分解结构的类型和方法;
(4)按照已确定的工作分解结构的类型和方法进行分解;
(5)核实工作分解结构的正确性;
(6)核实工作分解结构层次的恰当性;
(7)为工作分解结构组成部分制定和分配标志编码,制作 WBS 词典;
(8)给项目的相关利益者审阅和评估,获得他们的认可和签字。

工作分解结构和工作分解结构词典往往是同时存在的,两者相辅相成,并与项目范围说明书共同组成了项目管理的范围基准。

表 3-6　项目工作分解结构词典

项目名称:			项目负责人:				
单位名称:			制表日期:				
工作分解结构							
任务编码	任务名称	活动描述	负责人	进度计划	成本预算		
					数量	单价	合计
质量标准:							
技术信息:							
合同信息:							
项目负责人意见:							
					签名:　　　　　日期:		

【练习】

设计一次关于大学生手机品牌忠诚度调研项目的工作分解结构。

实 践 任 务

任务步骤及要求:

1. 每个任务项目中的一组得出该项目的工作分解结构,其他两组观察、记录过程及结果;

2. 要求行动组中每位成员利用 10 分钟的时间独立得出一份 WBS,然后小组成员根据每人的结果进行汇总讨论分析,利用 10 分钟的时间得出小组最终 WBS,观察与记录的两组利用 3 分钟时间讨论并整理过程资料;

3. 每个任务项目利用 8 分钟的时间进行汇报总结,观察与记录组和实施组分别进行汇报,老师和其他项目任务组参与点评,最终达成一致,并得出最终的 WBS。

实践目标:

1. 了解制定工作分解结构的步骤;
2. 掌握制定工作分解结构的方法;
3. 学会判断工作分解结构的正确性和工作包的恰当性。

3.3 进度管理计划

在项目管理中，人们通常寄希望于人力、物料、资金、物资等资源可以随时获取并且无限充分使用，从而发挥其最大的功效。然而现实的情况往往并非如此：一是由于资金流动、员工熟练水平、资源相互竞争等因素导致几乎所有项目在实施过程中都面临过资源短缺的问题；二是在项目管理过程中由于项目规划的前置性，对于资源的分配不合理导致项目在实施过程中时间延误也常常发生，从而导致项目进度的推迟、各项成本支出的增加。在项目管理中，项目是否成功的标准之一就是其能否在要求的进度计划内完成相关的工作，实现项目的目标。而要想成功实现项目的进度目标，制定恰当的进度管理计划是至关重要的前提条件。

通常来说，项目进度计划的制定涉及项目活动定义、活动排序、活动工期估算、网络图绘制与网络计划时间参数计算等相关内容。

3.3.1 活动定义

活动定义是指通过对项目工作分解结构的进一步分解和细化，识别和界定为实现项目目标所必须开展的各种具体活动，并定义那些为生成项目产出物及其各组成部分而必须完成的具体任务或必须开展的关于项目时间管理的特定工作。

活动定义的信息来源主要是项目工作分解结构所定义出的具体工作，它给出了项目所需完成工作的整体范围和具体定义。此外，在项目活动定义中还要注意参考开展活动所需的相关历史信息及前期工作当中收集积累的信息，以确保活动定义的准确性。

项目活动定义的成果是进行下一步时间管理工作的基础，通常包含以下信息文件。

（1）项目活动清单

项目活动定义的最直接成果就是项目活动清单，它列出了完成项目所需要完成的全部活动，界定出了项目活动所需要的最主要信息，如表3-7所示。项目活动清单是对项目工作分解结构的进一步扩展和延伸，相比于工作包的概述性描述，活动清单显得更加具体详细且具备操作性。

表3-7 项目活动清单

活动编号	活动名称	输入	输出	活动内容	负责单位	协作单位

（2）相关的支持细节

支持和说明项目活动清单的各种具体细节文件与信息，主要包括对项目活动清单的各项工作的解释和说明细节信息及文件。

（3）更新的工作分解结构

在活动定义的过程中，管理人员会针对在项目前期管理中所界定出的工作分解结构出现的遗漏、不切实际的部分进行进一步的细化和修订，从而产生一份更新后的工作分解结构，是进一步的项目范围确认和细化。

3.3.2 活动排序

为了制定项目时间计划，项目管理人员必须准确、合理地安排项目各项活动的顺序，依据这些活动顺序确定活动路径，并连接各条活动路径从而绘制出项目进度网络图。

对于活动的排序主要依据以下三种原则。

(1) 强制依存关系

项目活动之间的强制依存关系是指项目活动之间客观需要和不可缺少的关联关系。这种关系一般是由于物质与环境条件和客观规律方面的限制造成的。例如，一个建筑项目只有地基建好之后才能建造上部构造，因为这是事物本身客观规律的要求。因此，项目活动之间的强制依存关系也被称为项目活动的"硬逻辑"关系，这是一种不可违背的逻辑关系。所以它也是项目活动排序的重要依据之一。

(2) 人为依存关系

项目活动之间的人为依存关系是由项目管理人员规定的项目活动之间的关系。这种关系是人为的、主观确定的，所以它们也被称为"软逻辑"关系，这是一种可以由人们根据主观意志去调整和安排的项目活动之间的关系。这种关系同样会限制项目活动顺序的安排，所以项目的管理者必须科学合理地确定这种人为依存关系。

(3) 外部依存关系

项目活动的外部依存关系是指项目活动之间的关系受到外部组织或者其他活动的影响和制约。例如，在体育馆项目建设启动阶段，选址问题需要由政府结合相关部门进行商讨并获得主管部门的审批才能够进行下一步活动，这就是一种典型的由外部组织（政府）活动形成的外部依存关系。

3.3.3 活动工期估算

活动工期估算是在确定相关工作范围、资源类型与需求之后，根据可利用资源的多寡及项目资源日历的安排对工期进行相关分析和估算。需要注意的是，活动工期不仅仅是该项活动工作所持续的时间，还应当包括必要的停歇时间。工期估算时间过短会造成项目进度紧张而需要赶工，估算时间过长则会造成资源的浪费，因此客观科学地估算工期对于项目的管理具有十分重要的作用。

活动工期估算的方法主要有以下几种。

(1) 专家判断

专家判断主要依赖于相关专家历史的经验和搜集的信息，优势在于节约时间、估算效率高，但这种时间估算的结果也具有一定的不确定性和风险。

(2) 参数计算法

在确定了工作量和可用资源的基础上，根据资源的使用效率推断持续时间的方法，该方法估算时间较为准确但需要对工作量和资源把握精准，能正确推断工作效率。

例如，已知工作量和工作效率，则工作持续时间=工作量/工作效率；已知工作量，工作人数和每人每日的工作时间，则工作持续时间=工作量/(人数×每日工作时间)。如表3-8所示，该项目中总体框架需要完成的工作量为1600工时，共有20个工程师参与该工作，而其每天的工作时间是8个工时，则该工作的工期为10天(1600/(20×8))。

表 3-8 电动自行车项目所耗用的部分人天数量

任务名称	资源名称	工作量（工时）	资源数量（人）	工期（天）
100 电动自行车				
110 总体方案				
111 总体框架	工程师	1600	20	10
112 单元定义	工程师	800	10	10
120 车体				

(3) 类比估算法

类比估算法是指在以往有类似项目的基础上，以类似项目的工作时间来推测估计当前项目各工作的时间。在项目的一些详细信息获取有限的情况下，这是一种较常被使用的方法，类比估算法可以说是专家判断的一种特殊形式。

(4) 三点估算法

当项目活动的工作持续时间不能准确估算时，可以采取此方法进行计算；该方法是通过估算活动执行的三个可能性时间，即乐观时间、悲观时间、最可能时间，然后对三者进行运算从而得出项目的期望持续时间。

已知：乐观时间（Optimistic Time）是在最佳条件下完成某项目的工期时间；最可能时间（Most likely Time）是在正常情况下完成某项活动最可能出现的工期时间；悲观时间（Pessimistic Time）是在不利条件下完成某项活动的工期时间。

则：期望时间=(乐观时间+悲观时间+4×最可能时间)/6。

3.3.4 进度计划的表现形式

当活动定义、活动排序及活动工期估算等工作完成后，即可确定出项目活动的起始和完成日期，得出项目进度计划，为项目管理提供进度基准。项目进度计划的得出方式有很多种，也有多种表达形式。具体来说，项目进度计划的表现形式有里程碑图、表格形式、甘特图、网络计划图。

(1) 里程碑图

这种方法在管理层中用的最多，它主要是列出项目关键节点以及这些节点的完成或开始时间（以完成时间为主，若为开始时间最好予以说明），用以对项目整体进度计划的管理。

(2) 表格形式

表格形式也是一种简单易用的方法，其特点是篇幅不受限制，任何水平的人都能看懂，但其不够形象直观。如表 3-9 所示。

表 3-9 表格形式的进度计划

序号	工作名称	工期（工作日）	开始时间	结束时间	紧前工作
1	编制项目任务书	20	2017年7月2日	2017年7月27日	
2	制定工作计划书	20	2017年7月30日	2017年8月24日	1
3	总体设计	80	2017年8月27日	2017年12月14日	2
4	详细设计	140	2017年9月24日	2018年4月5日	3
5	工艺设计	40	2017年9月24日	2017年11月16日	3

(3) 甘特图

甘特图又叫横道图或条线图(条形图)，项目进度或活动时间在横轴上列出，项目活动(工作包)在纵轴上列出。图中的横道线表示某项工作从开始到结束跨越的时间段，此外，还可用不同的横道线将关键活动与非关键活动区分开来，如表 3-10 所示，中空的为非关键工作。

甘特图直观、简单、容易制作，能够简单明了地体现项目各项活动的进度计划，是一种较为普遍使用的项目进度计划的表示方法。但是甘特图无法明确表示工作之间如何相互关联、联系，不能系统地表达一个项目所包含的各项工作之间的逻辑关系，也不能反映出工作最终如何对总工期产生影响，所以使得管理人员无法对进度计划进行合理有效的优化控制。

表 3-10 甘特图

任务序号	任务名称	持续时间	进度(天)											
			1	2	3	4	5	6	7	8	9	10	11	12
1	软件设计	2	■	■										
2	软件开发	4			■	■	■	■						
3	软件调试	4				■	■	■	■					
4	软件安装	5							■	■	■	■	■	

(4) 网络计划图

网络图是描述进度计划最主要的方式，其可以充分反映各工作间的相互关系等各种信息。基本的网络图有两类(具体绘制方法见 3.3.5 节)：一类是单代号网络图，如图 3-7 所示；另一类是双代号网络图，如图 3-8 所示。另外，还可以将各工作的日历信息标注在网络图上(在传统网络图上标注上开始时间和结束时间，便于进度的执行和控制)，如图 3-9 所示。还可以将时间坐标与网络图结合起来，如图 3-10 所示。

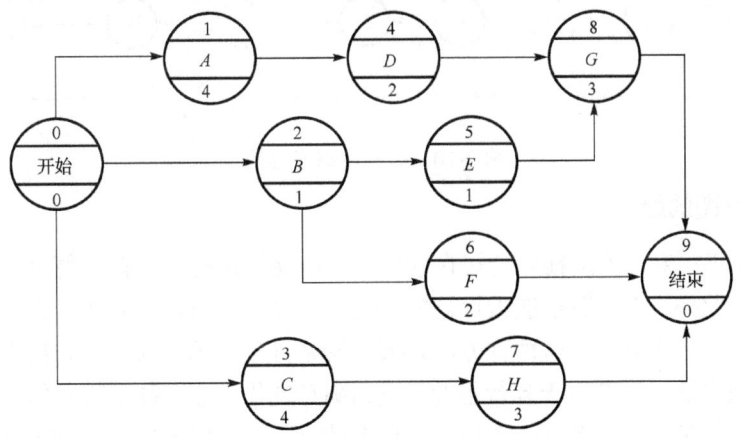

图 3-7 单代号网络图

其中，时间网络坐标图中箭线的长短和位置表示工作的时间长短和进程安排，其箭线宜用水平箭线和由水平线与垂直线组成的箭线，不宜采用斜箭线。波形线表示本工作与其紧后工作的时间间隔或者是虚工作。时间坐标单位可分为小时、天、周、旬、月、季、年等，应根据需要选定。

第 3 章 项目规划 79

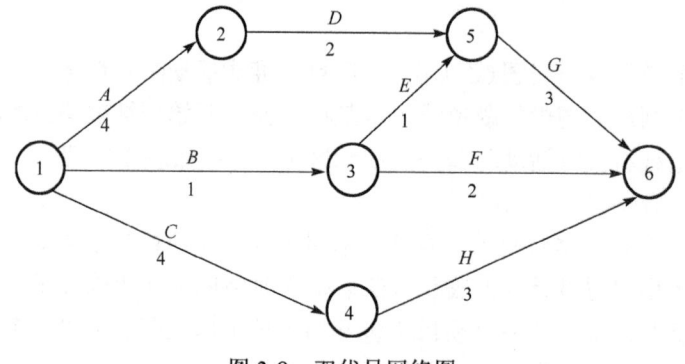

图 3-8 双代号网络图

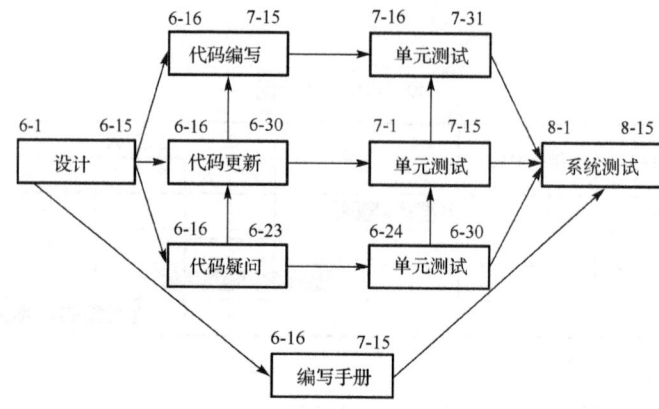

图 3-9 日历项目网络图

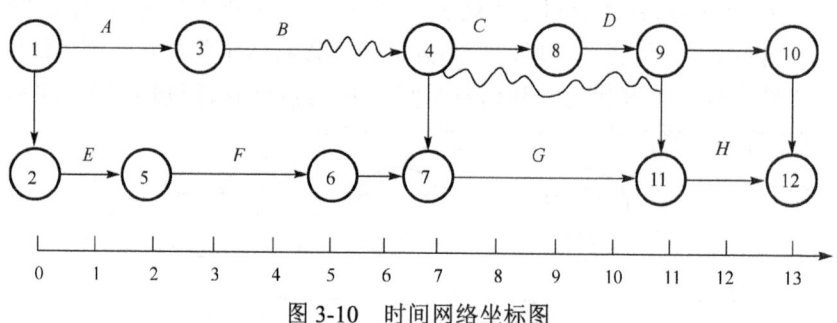

图 3-10 时间网络坐标图

3.3.5 网络图的绘制

20 世纪 50 年代末,美国杜邦公司在新化工厂的建设过程中,在兰德公司的帮助下开发出关键路径法。此外,美国航空航天计划局在北极星导弹的研制过程中,在洛克菲勒公司的协助下提出了计划评审技术。这两种方法都属于网络计划技术,网络计划技术是现代对进度进行管理的有效方法,被应用于各行各业,成为满足现代工业、技术需要的重要科学管理方法。这种方法不仅能完整地揭示一个项目所包含的全部工作以及它们之间的关系,而且还能根据数学原理,应用最优化技术,揭示整个项目的关键工作,并合理地安排计划中的各项工作。对于项目进展过程中可能出现的工期延误等问题能防患于未然,并进行合理的处置。

网络计划技术主要有以下几种类型。

(1)关键线路法

关键线路法(Critical Path Method,CPM)的主要目的就是确定项目中的关键工作,以保证实施过程中能重点关照，保证项目按期完成。关键线路法通过对时间参数的计算，分析每一工作相对时间紧迫程度及工作的重要程度，并将机动时间为零的工作通常称为关键工作。关键线路法的特点是：所有工作都必须按既定的逻辑关系全部完成，且对每项工作只估算一个肯定的持续时间的网络计划技术。

(2) 计划评审技术

计划评审技术（Program Evaluation and Review Technique，PERT）中工作的持续时间不肯定，每个工作需要采用三个时间估算，包括最短时间 a、最可能时间 m 及最长时间 b，然后按照 β 分布计算工作的期望时间 t，并对按期完成任务的可能性做出评价的网络计划技术的形式。

PERT法的重点是研究项目所包含的各项工作的持续时间，而 CPM 法除了具有与 PERT 法相同的作用外，还可以调整项目的费用和工期，以研究整个项目的费用与工期的相互关系，争取以最低的费用、最佳的工期完成项目。关键线路法是一种确定型的网络分析技术，计划评审技术则属于非确定型的网络分析技术。

(3) 图形评审技术

图形评审技术（Graphical Evaluation and Review Technique，GERT）中工作和工作之间的逻辑关系都具有不肯定性质，且工作持续时间也不肯定，而按随机变量进行分析的网络计划技术。

(4) 风险评审技术

风险评审技术（Venture Evaluation and Review Technique，VERT）是对工作、工作之间的逻辑关系和工作持续时间都不肯定的计划，可同时就费用、时间、效能三方面做综合分析，并对可能发生的风险做概率估算的网络计划技术。

网络计划技术是用网络计划对任务的工作进度进行安排和控制，以保证实现预定目标的科学的计划管理技术。网络计划是在网络图上加注工作的时间参数等而编制成的进度计划，所以网络计划主要由两大部分组成，即网络图和网络参数。关键线路法是网络计划技术中最简单也是最基本的一种类型，本书主要介绍该方法的使用。

1. 单代号网络图的绘制

单代号网络计划技术具有易画易读、便于检查修改等优点，所以单代号网络已在项目管理中获得成功应用，特别在国外，网络计划的应用主要是单代号网络计划。

(1) 单代号网络图的组成

单代号网络图主要由节点、箭线、线路所组成。在单代号网络图中，节点代表需要消耗时间和资源的工作，宜用圆圈或矩形表示（如图 3-11 所示）；箭线用来表示相邻工作之间的逻辑关系，可以画成直线、折线，方向应自左向右表示工作的进展方向。

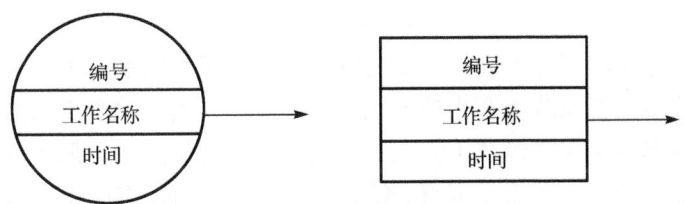

图 3-11　单代号工作节点的表述方式

(2)单代号网络图的逻辑关系表达

单代号网络图中,箭尾节点标识的工作是箭头节点的紧前工作,箭头节点所表示的工作是箭尾节点的紧后工作,主要的逻辑关系有以下三种。

① 前置活动:一个活动开始前必须完成的活动。如图 3-12 所示,活动 A 为活动 B 的前置活动,活动 B 为活动 C 的前置活动。

图 3-12 前置活动示意图

② 后续活动:前置活动结束后马上开始的活动。如图 3-13 所示,活动 D 为活动 A、B、C 的后续活动。

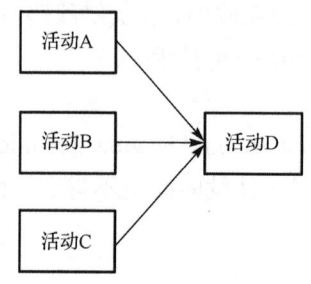

图 3-13 后续活动示意图

③ 平行活动:两个活动同时并行开始,即图 3-14 中的活动 D 与活动 C,在活动 A、B 完成后共同开始。

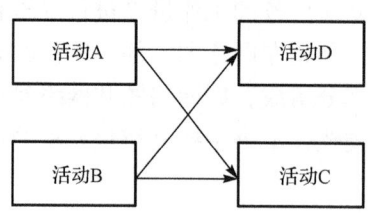

图 3-14 平行活动示意图

(3)单代号网络图的绘制规则

绘图时应尽量按照从左向右的顺序逐个处理项目工作列表中的各项活动,只有当本工作的前置工作都绘制完成后,才能绘制本工作,使本工作与前置工作相连。当出现多个起始节点或多个终止节点时,增加虚拟的起始节点或终止节点,并使之与多个起始节点或终止节点相连,形成符合绘图规则的完整图形。绘制完成后,应进行检查、调整,使之进一步完善。

具体的绘图注意事项有如下几点:①必须正确表达工作的逻辑关系;②严禁出现循环回路;③不能出现双向箭头或无箭头的连线;④不能出现无箭尾节点的箭线或无箭头节点的箭线;⑤在绘制网络图时,箭线不宜交叉;若交叉不可避免,可采用过桥法或指向法;⑥只能有一个起始节点和一个终止节点;⑦两个节点之间只能有一条箭线。

该绘制规则同样适用于双代号网络图。

(4)单代号网络图的绘图示例

某仪表检测项目工作关系列表如表 3-11 所示，按照单代号网络图的绘图规则绘制如图 3-15 的单代号网络图，为简化起见，图中未标注工作序号及持续时间。

表 3-11 某项目各工作关系

序号	工作代号	工作名称	紧前工作	延续时间
1	A	拆开	——	2
2	B	准备清洗材料	——	1
3	C	电器检查	A	2
4	D	仪表检查	A	2
5	E	机械检查	A	2
6	F	机械清洗组装	B、E	4
7	G	总装	C、D、F	2
8	H	仪表校准	D	1

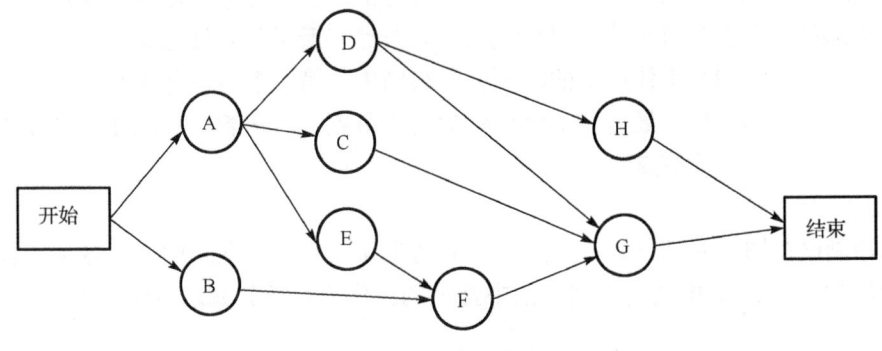

图 3-15 单代号网络图

【练习】

请根据下表信息绘制单代号网络图

工作	持续时间	紧后工作
A	3	C、D
B	4	D、E
C	7	F
D	2	F
E	9	F、G
F	5	——
G	2	——

2. 双代号网络图的绘制

双代号网络计划技术可以明确地表示工作之间的逻辑关系，便于进行动态管理和网络优化,可以编制成时间坐标网络。因此我国自推广应用网络计划技术以来,用得较多的是双代号网络计划技术。

(1) 双代号网络图的组成

与单代号网络图类似,双代号网络图也是由节点、箭线与线路三个基本要素组成的,但其所表示的含义与单代号网络图有本质区别。

① 箭线。在双代号网络图中,用箭线表示工作,箭线所指方向表示工作的前进方向,箭线的尾端表示工作的开始,箭头表示工作的结束,从箭尾到箭头表示一项工作的作业过程。如图 3-16 所示,网络图中的工作通常可以分为以下两种类型:需要消耗时间和资源的工作,这被称为实工作,在网络图中用实箭线表示;既不消耗时间,也不消耗资源的工作被称为虚工作,在网络图中用虚箭线表示。虚工作是虚设的,只表示相邻工作之间的逻辑关系,由于不需要时间,所以虚工作的持续时间为零。

图 3-16 实工作与虚工作

② 节点。节点的主要作用是连接箭线,箭线尾部的节点称为箭尾节点或箭线的开始节点,箭线头部的节点称为箭头节点或箭线的结束节点。箭尾节点标志着相应工作的开始时刻,箭头节点标志着相应工作结束的时刻。网络图中的第一个节点称为起始节点,它意味着一个项目或任务的开始;最后一个节点称为终止节点,意味着项目或任务的完成。网络图中的其他节点称为中间节点。

(2) 工作关系的表达

正确绘制网络图的基础是确定各工作之间的工作关系。在网络图中,各项工作之间的关系是变化的,表 3-12 中列出了网络图中常见的工作关系及其表示方法。

表 3-12 双代号网络图中常见的工作关系及其表示方法

序号	工作之间逻辑关系	网络图表示方法	
1	A、B 两项工作依次施工	○—A→○—B→○	A 制约 B 的开始,B 依赖 A 的结束
2	A、B 两项工作同时开始施工	○ 分出 A、B 两箭线至两节点	A、B 两项工作为平行施工方式
3	A、B 两项工作同时结束	A、B 两箭线汇入同一节点	A、B 两项工作为平行施工方式
4	A、B、C 三项工作,A 工作结束以后 B、C 工作才能开始	○—A→○ 分出 B、C 两箭线	A 制约 B、C 的开始,B、C 依赖 A 的结束,B、C 为平行施工

序号	工作之间逻辑关系	网络图表示方法	
5	A、B、C 三项工作，A、B 工作结束以后 C 工作才能开始		A、B 平行施工，A、B 制约 C 的开始，C 依赖 A、B 的结束
6	A、B、C、D 四项工作，A、B 结束后 C、D 才能开始		A、B、C、D 平行施工，A、B 制约 C、D 的开始，C、D 依赖 A、B 的结束

(3) 双代号网络图的绘图示例

某仪表检测项目工作关系如表 3-13 所示，据此绘制出的双代号网络图如图 3-17 所示，为简化起见，图中未标注工作持续时间。

表 3-13　某仪表检测项目工作关系

序号	工作代号	工作名称	紧前工作	延续时间
1	A	拆开	——	2
2	B	准备清洗材料	——	1
3	C	电器检查	A	2
4	D	仪表检查	A	2
5	E	机械检查	A	2
6	F	机械清洗组装	B、E	4
7	G	总装	C、D、F	2
8	H	仪表校准	D	1

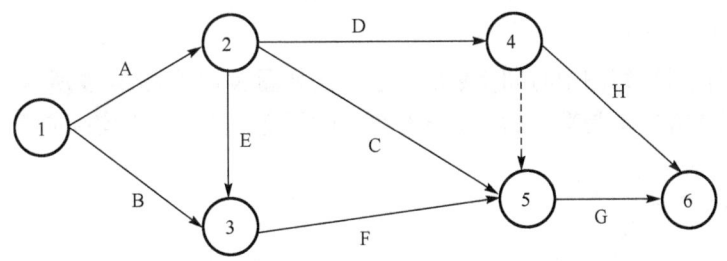

图 3-17　双代号网络图

【练习】

请根据下表信息绘制双代号网络图。

工作	A	B	C	D	E	G	H	I
紧前工作	—	—	A	A、B	B	C、D	D、E	G、H
持续时间	2	4	10	4	6	3	4	2

3.3.6 网络计划时间参数的计算

1. 时间参数的内容

计算网络计划的时间主要涉及以下内容。

(1) 工作持续时间 D (Duration)

网络图中每项工作所需的完成时间。

(2) 工期 T (Project duration)

整个项目完成所需的时间。

(3) 最早开始时间和最早结束时间

最早开始时间 (Earliest Start time, ES) 是指某项活动能够开始的最早时间。

最早结束时间 (Earliest Finish time, EF) 是指某项活动能够完成的最早时间。

(4) 最迟开始时间和最迟结束时间

最迟开始时间 (Latest Start time, LS) 是指为了使项目在要求的工期内完成，某项活动必须开始的最迟时间。

最迟结束时间 (Latest Finish time, LF) 是指为了使项目在要求工期内完成，某项活动必须完成的最迟时间。

(5) 总时差

总时差 (Total Slack/Float, TF) 是指在不影响项目总工期的情况下，项目中每项工作所具有的机动时间，即每项工作的最迟开始时间与最早开始时间或最迟结束时间与最早结束时间的差额。

(6) 自由时差

自由时差 (Free Float/slack, FF) 是指某项工作在不影响其紧后工作最早开始时间的情况下所具有的机动时间，即紧后工作的最早开始时间与本工作的最早结束时间的差额。

2. 时间参数的计算方法

(1) 时间参数的标注方式

双代号和单代号网络图中时间参数的标注方法如图 3-18 和图 3-19 所示。需要注意的是，该时间参数的标注方式不是唯一的，也没有统一的规定，所以，在实际应用时应做好图示。

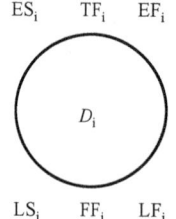

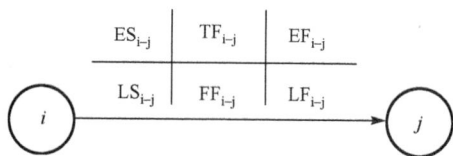

图 3-18 单代号网络图时间参数标注方式　　图 3-19 双代号网络图时间参数标注方法

(2) 时间参数的计算过程

① 计算活动的最早时间。

计算方向：正向计算，从网络图开始端向终端计算。

计算方法：根据逻辑关系首先计算活动的最早开始时间 ES，当一个活动有多个紧前任务时，该活动的 ES=max{紧前活动的 EF}，然后计算最早结束时间 EF，该活动的 EF=该任务的 ES+工作持续时间 D。

② 确定网络计划的计划总工期 T。T=max{EF}，其中 EF 为最后一项工作的最早完成时间。

③ 计算活动的最迟时间。

计算方向：反向计算，从网络图终端向开始端计算。

计算方法：首先计算活动的最迟结束时间 LF，当有多个后续任务存在时，该活动的最迟结束时间 LF=min{紧后活动的 LS}，然后计算最迟开始时间 LS，该活动的 LS=该活动的 LF-工作持续时间 D。

④ 计算各项活动的总时差 TF。活动的总时差 TF=LS−ES=LF−EF。

⑤ 计算各项活动的自由时差 FF。当有多个后续任务存在时，活动的自由时差 FF=min{紧后活动的 ES}−该活动的 EF。

(3)时间参数的计算示例

表 3-14　某工程的活动时序表

工作名称	A	B	C	D	E	F	G	H	I
紧前工作	B、C	D、E、F	E、F	G、H	G、H	H	I	I	—
工作时间	5	4	3	7	5	6	2	8	4

根据单代号网络图可得到各工作的序号，如表 3-15 所示。

表 3-15　各工作的工作序号

工作序号	1	2	3	4	5	6	7	8	9
工作名称	I	G	H	D	E	F	B	C	A

根据网络图和表中信息计算其时间参数如下。

① 计算各项工作最早开始时间 ES_i 和最早完成时间 EF_i。

ES_1=0，EF_1=ES_1+4=4；

ES_2=EF_1=4，EF_2=ES_2+2=6；

ES_3=EF_1=4，EF_3=ES_3+8=12；

ES_4=max[EF_2，EF_3]=max[6，12]=12，EF_4=ES_4+7=19；

ES_5=max[EF_2，EF_3]=max[6，12]=12，EF_5=ES_5+5=17；

ES_6=EF_3=12，EF_6=ES_6+6=18；

ES_7=max[EF_4，EF_5，EF_6]=max[19，17，18]=19，EF_7=ES_7+4=23；

ES_8=max[EF_5，EF_6]=max[17，18]=18，EF_8=ES_8+3=21；

ES_9=max[EF_7，EF_8]=max[23，21]=23，EF_9=ES_9+5=28。

② 确定网络计划的计划工期 T。该网络计划的计算工期 T=EF_9=28。

③ 计算各项工作的最迟完成时间 LF_i 和最迟开始时间 LS_i。

LF_9=T_p=28，LS_9=LF_9−5=23；

LF_8=LS_9=23，LS_8=LF_8−3=20；

$LF_7=LS_9=23$，$LS_7=LF_7-4=19$；

$LF_6= \min [LS_7, LS_8]=\min[19, 20]=19$，$LS_6=LF_6-6=13$；

$LF_5= \min [LS_7, LS_8]=\min[19, 20]=19$，$LS_5=LF_5-5=14$；

$LF_4=LS_7=19$，$LS_4=LF_4-7=12$；

$LF_3= \min [LS_4, LS_5, LS_6]=\min[12, 14, 13]=12$，$LS_3=LF_3-8=4$；

$LF_2= \min [LS_4, LS_5]=\min[12, 14]=12$，$LS_2=LF_2-2=10$；

$LF_1= \min [LS_2, LS_3]=\min[10, 4]=4$，$LS_1=LF_1-4=0$。

④ 计算各项工作总时差 TF_i。

$TF_1=LS_1-ES_1=LF_1-EF_1=0-0=0$；

$TF_2=LS_2-ES_2=10-4=6$；

$TF_3=LS_3-ES_3=4-4=0$；

$TF_4=LS_4-ES_4=12-12=0$；

$TF_5=LS_5-ES_5=14-12=2$；

$TF_6=LS_6-ES_6=13-12=1$；

$TF_7=LS_7-ES_7=19-19=0$；

$TF_8=LS_8-ES_8=20-18=2$；

$TF_9=LS_9-ES_9=23-23=0$。

⑤ 计算各项工作自由时差 FF_i。

$FF_1= \min [ES_2, ES_3]-EF_1= \min [4, 4]-4=0$；

$FF_2= \min [ES_4, ES_5]-EF_2= \min [12, 12]-6=6$；

$FF_3= \min [ES_4, ES_5, ES_6]-EF_3= \min [12, 12, 12]-12=0$；

$FF_4=ES_7-EF_4=19-19=0$；

$FF_5= \min [ES_7, ES_8]-EF_5= \min [19, 18]-17=1$；

$FF_6= \min [ES_7, ES_8]-EF_6= \min [19, 18]-18=0$；

$FF_7=ES_9-EF_7=23-23=0$；

$FF_8=ES_9-EF_8=23-21=2$；

$FF_9=T-EF_9=28-28=0$。

⑥ 确定关键线路。时间参数的计算有一个很重要的作用，就是可以根据总时差为 0 的工作确定出项目的关键工作和关键路线。本项目总时差为 0 的关键工作为 I、H、D、B、A，故关键线路为 IHDBA，也可表示为①→③→④→⑦→⑨。

(4) 项目关键路径

关键路径也称关键线路，是网络图中由一系列活动构成的活动工期最长的那条路径，它决定了项目的总工期。如果关键路径上的某项活动未如期完成，所有处于其后的工作都要往后拖延，最终的结果是项目无法按期完成。反之，如果关键路径上的某项活动可以提前完工，整个项目也有可能提前完成。关键路径上的活动称为关键活动或关键工作，关键路径上的节点称为关键节点。

关键路径的计算方法有两种：一种是根据其定义，找出从开始到结束的路径当中用时最长的那一条，即为项目的关键路径；另外一种计算方式是找出总时差为 0 的关键工作，将这些关键工作从项目起始依次串联起来直至项目结束所形成的路径，即为关键路径。

需要注意的是，项目的关键工作可能存在多条，这时需要同时考虑多条关键路径。

【练习】

1. 某网络计划的有关资料如表所示，试绘制单代号网络图，并计算各项工作的时间参数，判定关键线路。

工作	A	B	C	D	E	F	G	H	I	J
持续时间	2	3	5	2	3	3	2	3	6	2
紧前工作	—	A	A	B	B	D	F	E、F	C、E、F	G、H

2. 某工程有九项工作组成，它们之间的网络逻辑关系如下表所示，试绘制双代号网络图，并计算各项工作的时间参数，判定关键线路。

工作名称	前导工作	后续工作	持续时间
A	—	B、C	3
B	A	D、E	4
C	A	F、D	6
D	B、C	G、H	8
E	B	G	5
F	C	H	4
G	D、E	I	6
H	D、F	I	4
I	G、H	—	5

3.3.7 搭接关系的计算

1. 搭接关系的表示方式

通常工作之间的关系是一种衔接关系，即前项工作完成之后后续工作就可以开始，前项工作的完成为后续工作的开始创造条件。但实际上，可能会出现另外一种情况，即后续工作的开始并不以前项工作的完成为前提，只要前项工作开始一段时间能为后续工作提供一定的开始工作的条件之后，后续工作就可以与前项工作平行进行。这种关系称之为搭接关系，共有四种模式。

(1) FTS，即结束——开始(Finish To Start)关系

例如，油漆地板之后，至少要养护7天才能摆放家具，如图3-20所示，油漆地板称为摆放家具的紧前活动，摆放家具称为油漆地板的紧后活动。

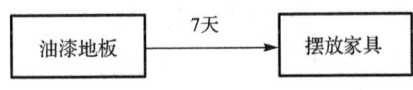

图3-20　FTS关系图

(2) STS，即开始——开始(Start To Start)关系

紧前活动开始后一段时间，紧后活动才能开始，即紧后活动的开始时间受紧前活动的开始时间的制约。如图3-21所示，某基础工程采用井点降水，按规定抽水设备安装完成，开始抽水一天后，即可开挖基坑。

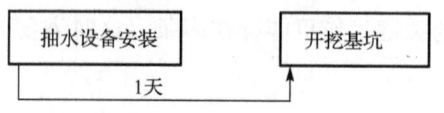

图 3-21 STS 关系图

(3) FTF，即结束——结束 (Finish To Finish) 关系

紧前活动结束后一段时间，紧后活动才能结束，即紧后活动的结束时间受紧前活动结束时间的制约。如图 3-22 所示，运动员比赛结束后 1 小时后勤服务的工作才可以结束。

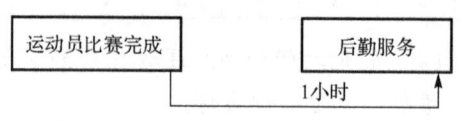

图 3-22 FTF 关系图

(4) STF，即开始——结束 (Start To Finish) 关系

紧前活动开始后一段时间，紧后活动才能结束，即紧后活动的结束时间受紧前活动开始时间的制约。如图 3-23 所示，考试开始半小时后，考生核对工作方可结束。

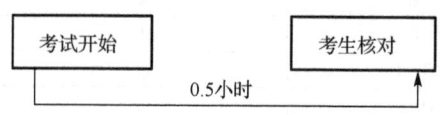

图 3-23 STF 关系图

2. 搭接关系的计算规则

(1) FTS，即结束——开始 (Finish To Start) 关系

最早时间：$ES_j = EF_i + FTS$　　$EF_j = ES_j + D_j$

最迟时间：$LF_i = LS_j - FTS$　　$LS_i = LF_i - D_i$

自由时差：$FF_i = ES_j - FTS - EF_i$

(2) STS，即开始——开始 (Start To Start) 关系

最早时间：$ES_j = ES_i + STS$　　$EF_j = ES_j + D_j$

最迟时间：$LS_i = LS_j - STS$　　$LF_i = LS_i + D_i$

自由时差：$FF_i = ES_j - STS - ES_i$

(3) FTF，即结束——结束 (Finish To Finish) 关系

最早时间：$EF_j = EF_i + FTF$　　$ES_j = EF_j - D_j$

最迟时间：$LF_i = LF_j - FTF$　　$LS_i = LF_i - D_i$

自由时差：$FF_i = EF_j - FTF - EF_i$

(4) STF，即开始——结束 (Start To Finish) 关系

最早时间：$EF_j = ES_i + STF$　　$ES_j = EF_j - D_j$

最迟时间：$LS_i = LF_j - STF$　　$LF_i = LS_i + D_i$

自由时差：$FF_i = EF_j - STF - ES_i$

3.3.8 进度的优化

进度的优化就是利用工作的总时差不断改善网络计划的最初方案，使之获得最佳工期、最低费用及最有效地利用资源。进度优化的具体方法有工期的压缩、资源的优化和关键链法三种。

1. 工期的压缩

工期的压缩通常是通过缩短关键工作的持续时间来实现的，而工作的完成时间又与资源的供给密不可分，工作时间的缩短常常需要增加资源的供给，这就会带来成本的增加。但是，项目总成本包括直接成本和间接成本两部分，工期的缩短还会使得间接费用降低，所以可能会出现项目总工期缩短、项目总成本减少的情况，即赶工。

(1) 项目总成本与工期的关系

项目的总成本可分为直接费用与间接费用两大类。直接费用是指能够直接计入成本的费用，包括材料费、人工费、设备购置与使用费等。间接费用是指与维持项目正常进行有关的费用，包括日常管理费用。

一般情况下，项目间接费用与项目工期大致成正比关系，它随工期的延长而递增；项目直接费用与工期呈反比关系，通常情况下，它会随工期的缩短而增加（但工期不正常延长时，其费用也会增加）。因此，不能一概认为缩短工期必然增加成本，或延长工期必然降低成本。实际上，它们之间存在着一个总费用最少的最优工期（最优进度），即最佳工期——费用组合。

网络计划的费用优化就是根据这种工期与费用的关系，寻求以最少的直接费用去缩短工期，以求出总费用最少的最优工期的方法。

(2) 赶工——费用最少工期最优

赶工就是如何以最小的直接成本的提高取得最大的持续时间压缩。赶工常导致直接成本的增加，只有对关键路径的工作进行赶工才能压缩项目工期。

赶工的步骤主要有以下几个。

① 确定关键线路并计算总工期。

② 求出正常工作时间条件下的总费用，并计算各项工作的费用率。总费用包括项目总直接费用和间接费用。费用率是直接费用率的简称，它是指一项工作每缩短一个单位时间所增加的直接费用。可表示为：费用率=（赶工费用−正常费用）/（正常时间−赶工时间）。

③ 确定缩短持续时间的关键工作。取费用率（或组合费用率）最低的一项关键工作（或一组关键工作）作为缩短持续时间的对象。

④ 确定持续时间的缩短值。在缩短时间后该工作不得变为非关键工作，其持续时间也不得小于最短持续时间（赶工时间）。

⑤ 计算缩短持续时间的费用增加值。

⑥ 计算总费用。

⑦ 缩短新的关键工作并计算其费用。确定新的应缩短持续时间的关键工作（或一组关键工作），并按上述④⑤⑥的步骤计算新的总费用。如此重复，直至总费用不再降低为止。

例：某产品各工作的时间及费用数据如表 3-16 所示，间接费用为每缩短一天节约 1000 元，求工程总费用最小的工程总工期。

表 3-16　某产品各工作的时间及费用

活动代号	紧前工作	工时（天）		直接费用（元）		赶工成本（元）	可压缩工期（天）	直接费用增加率（元/天）
		正常	赶工	正常	赶工			
A	——	8	6	4000	5000	1000	2	500
B	A	4	3	2000	2800	800	1	800
C	A	10	6	6000	6600	600	4	150
D	C	2	2	500	500	0	0	0
E	B	6	5	5000	5200	200	1	200
F	C	4	2	3000	3200	200	2	100
G	D	4	3	1000	1700	700	1	700
H	E、F	7	4	8000	11 600	3600	3	1200
I	G、H	5	4	5000	5800	800	1	800

解：第一步：绘出图 3-24 的网络图，按正常工作时间计算网络时间，确定关键路线和总工期。总工期为 34 天。

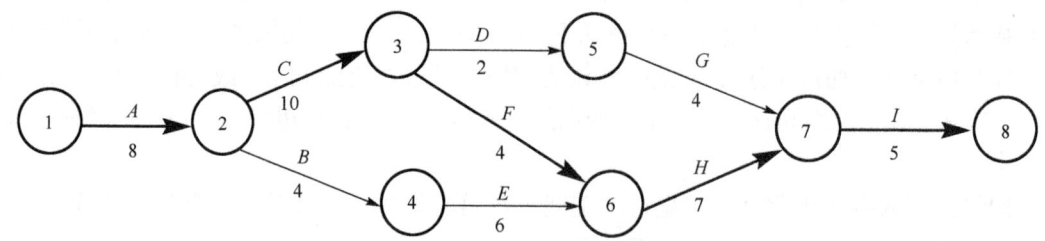

图 3-24　双代号网络图

第二步：求出正常工作时间条件下的总费用，并计算各项工作的费用率。
总费用=Σ各项工作直接费用+间接费用
总成本=3.45+34×0.1=6.85（万元）
第三步：选择被压缩的工作，计算压缩后的工期及成本节约额。
进行此步时，要注意以下事项。

● 压缩工期的工作必须是关键工作。
● 被压缩对象的顺序是从费用率最低的工作开始。
● 当有多条关键路线时，应优先考虑缩短它们的共同活动的工作时间。

① 先压缩费用率最低的 F 活动 2 天，依费用率高低再压缩 C 活动 2 天、A 活动 2 天、I 活动 1 天。此时，总工期缩短 7 天（2+2+2+1），引起费用的节约额为：1000×7−(100×2+150×2+500×2+800×1)=4700（元）。

② A、I 活动已不能压缩，考虑成对关键线路②③⑥和②④⑥。②③⑥线路图中，F 活动费用最低，不能再压缩，只能压缩 C 活动。C 活动的费用率为 150 元/天。②④⑥线路中，E 活动的费用率比 B 活动费用率低，C 和 E 两活动费用率之和为 350 元，比工程每天的间接费用 1000 元低。因此，成对地压缩 C 和 E 活动各 1 天，此时工程总工期缩短 1 天，工程费用节约额为：1×1000−(150+200)×1=650（元）。

③ C 活动还有 1 天可以压缩，B 活动也可压缩 1 天，成对压缩 C 和 B 活动的费用率之和为 950 元(150+800)，低于工程的间接费用，因此，成对压缩 C 和 B 活动各 1 天，工程总工期又缩短 1 天，工程费用又可节约，节约额为：1×1000−(150+800)×1=50(元)。

由于工程项目中，进一步成对压缩关键活动的费用率均大于 1000 元，即总工程压缩 1 天，直接费用的增加额将大于工程提前 1 天完工间接费用的节约额，因此，优化过程到此结束。

所以，最佳工期为：34−(7+1+1)=25(天)，总工期压缩后的工程总费为：工程总费用=赶工前的工程总费用−工程费用节约额=68 500−(4700+650+50)=63 100(元)。

2. 资源优化

资源优化就是解决网络计划中资源的供需矛盾或实现资源均衡利用的有效方法。

资源优化通常包括以下两类。

(1)"资源有限——工期最短"优化

该方法又叫"资源计划安排法"，其核心是资源有限，不能满足需要而只能以牺牲项目工期为代价来完成项目，其优化过程就是不断调整进度计划安排，使得在工期延长最短的条件下，逐步达到满足资源限量的目的。

具体的优化步骤主要有以下几个。

① 计算网络计划每天的资源需用量 Q。

② 资源需用量是否超过资源限量。检查应从网络计划的开始之日起，逐日进行。

③ 调整超出资源限量时段的工作安排。对于超过资源限量的时段，必须逐段进行调整以满足资源限量要求。调整方法是在该时段内同时进行的几项工作中，拿出一项安排在另一项完成后进行，即使这两项工作从平行作业关系变为依次作业关系，从而减少该时段的资源需用量。此时，项目进度计划的工期将相应延长，其延长的工期为 $\Delta D_{mn,ij}=EF_{mn}-LS_{ij}$。式中，$\Delta D_{mn,ij}$ 表示将工作 i-j 安排在工作 m-n 之后进行时，项目进度计划工期延长的时间；EF_{mn} 表示 m-n 工作的最早完成时间；LS_{ij} 表示工作 i-j 的最迟开始时间。

④ 确定有效调整方案。当一个时段有好几项同时进行的工作时，其中任何一项工作都可安排到其他任何一项工作后进行，所以其调整的方案是很多的。但在这些调整方案中，只有能使该时段资源需用量减少到满足资源限量的要求，此方案即为有效调整方案。一个时段可有一个或多个有效调整方案。进行优化时，应将所有有效调整方案都寻找到并确定下来。

⑤ 调整其他超出资源限量时段。以上一时段每一个有效调整方案为基础，对下一超过资源限量的时段进行调整。如此不断调整，直至全部时段的资源需用量等于或小于资源限量为止。

⑥ 确定最优方案。

(2)"工期固定——资源均衡"优化

该优化方法是在可用资源数量不受限制和保持工期不变的情况下，利用非关键工作的机动时间调整其实际工作时间，使资源的需要量随时间的变化趋于平整的过程，即"削峰填谷"的过程，这是一种启发式的优化方法。

对于一项工程计划，如果安排得不合理，就会在计划工期内的某些时段出现资源需求的"高峰"，而在另一些时段，则会出现资源要求的"低谷"。这样，在资源限制的情况下，当计划的某些时段内资源需求量超过最大可供应量时，势必造成资源的突击供应或推迟工作开工时间；而在出现资源需求低谷时，又会造成资源的大量积压。

例：某项目的各工作所需工作天数及人员数如表 3-17 所示。

表 3-17 某项目的各工作所需工作天数及人员数

作业名称	A	B	C	D	E	F	G	H
紧后作业	D	E、F	H	G	G	—	—	—
作业时间(天)	4	1	4	2	1	2	3	3
需要人数(人)	12	8	8	4	8	8	7	13

解：第一步：绘制出其双代号网络图，如图 3-25 所示。

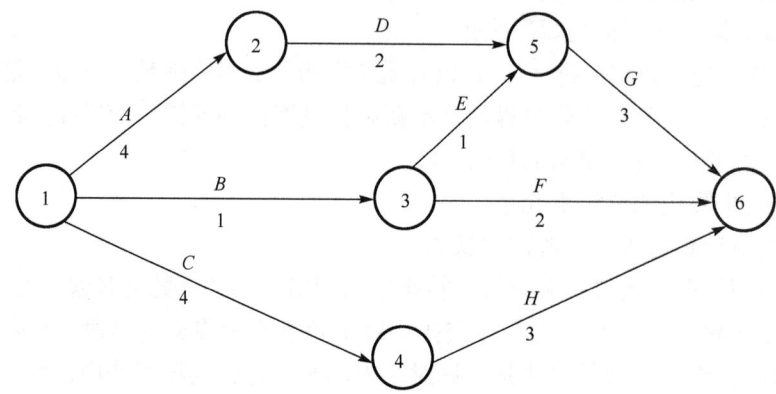

图 3-25 双代号网络图

第二步：按最早开始时间列出日程，并根据各工作所需资源计算出相应时间所需人数，如图 3-26 所示。

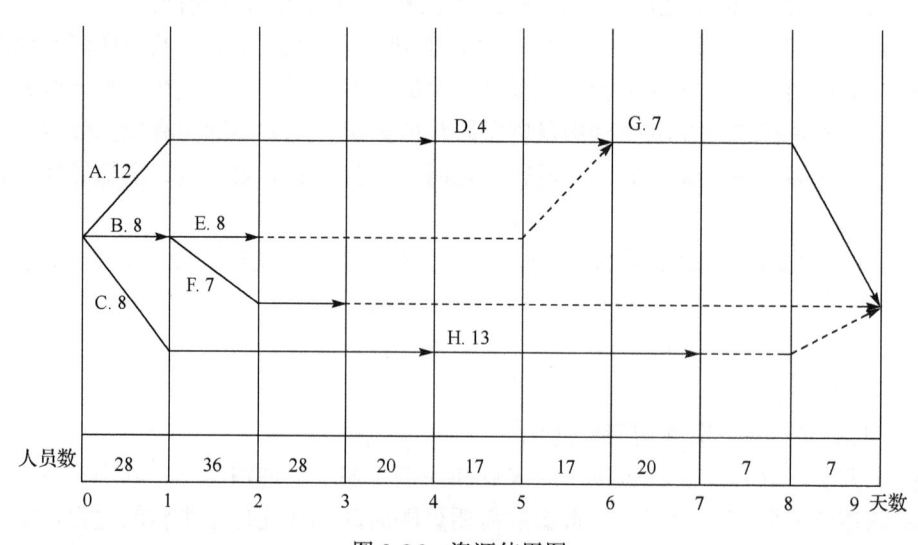

图 3-26 资源使用图

第三步：调整非关键工作开始时间，使资源达到均衡使用（两种优化方案均正确），如图 3-27 和图 3-28 所示。

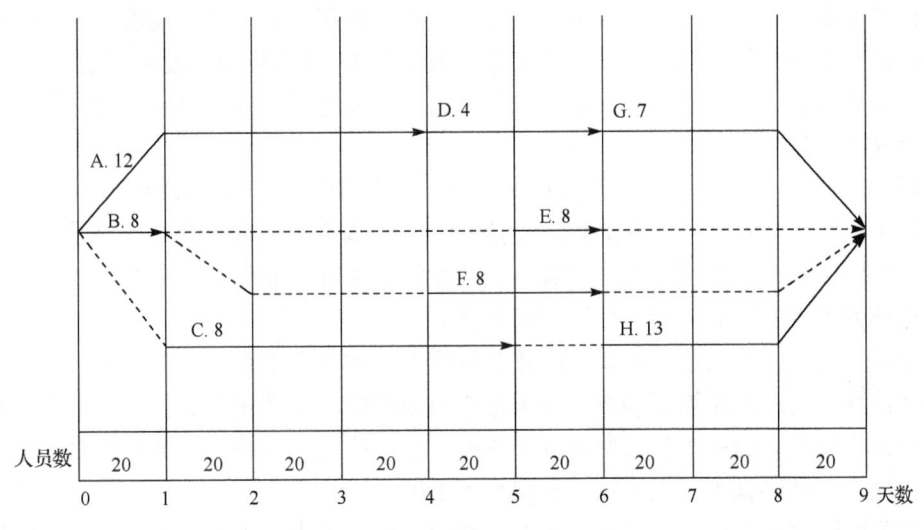

图 3-27　优化后的资源使用图

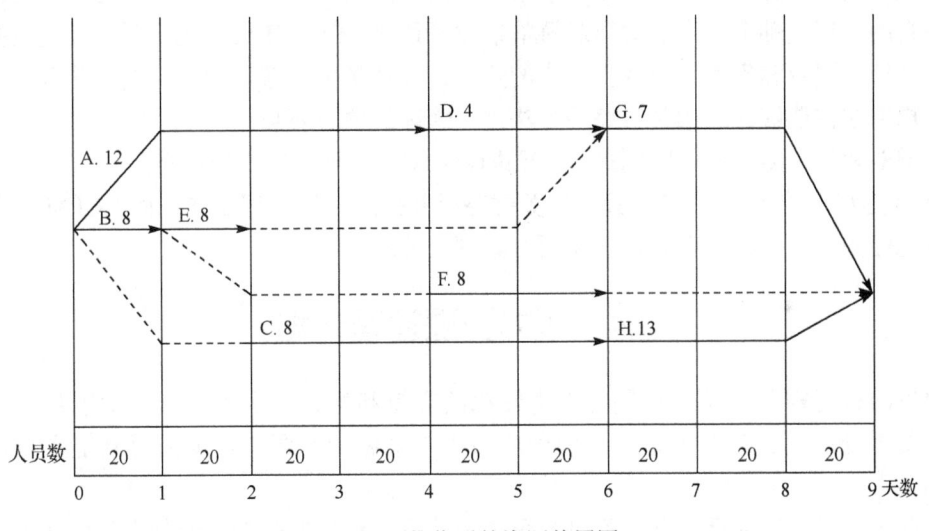

图 3-28　优化后的资源使用图

本题的优化结果是最理想的一种状态，但并不是所有项目都可以实现完全的资源均衡，所以，只要能尽最大能力使得资源均衡即可。另外，资源使用及分配图表可以有多种表达形式，本书中所用的只是一种方便理解资源优化过程的形式，在具体应用过程中可根据需要自行设计。

3. 关键链法

20 世纪末，项目管理实践者开始将基于约束理论（Theory of Constraints，TOC）与项目管理联系起来，提出了一种新的项目进度管理方法——关键链项目管理（Critical Chain Project Management，CCPM）。

关键链的提出主要基于以下两方面的考虑。

(1) 如果一项工作尽早开始，往往存在着一定的松弛量、时间浮动和安全裕量，那么这个工作往往推迟到它最后所允许的那一天为止。这一期间，整个工作就没有充分发挥它的效率，造成了人力、物力的浪费。如果按照最迟的时间开始做安排，没有浮动和安全裕量，无形当中对从事这个项目的工作人员施加了压力，他没有任何选择余地，只有尽可能努力地按时完成既定任务。

(2) 在进行项目估算的时候，需要设法把个人估算当中的一些隐藏的裕量剔除。经验表明，人们在进行估算的时候，往往是按照能够100%所需要的时间来进行时间估算。在这种情况下，如果按照50%的可能性，只有一半的可能性能够完成任务，有50%的可能性又要延期，这样就大大缩短原来对工作的时间估算。

按照平均规律，把项目中所有的任务都按照50%的概率进行项目的时间估算，结果使项目整个估算时间总体压缩了50%，如果把它富余的时间压缩出来，作为一个统一的安全备用，作为项目管理的一个公共资源统一调度、统一使用，使备用的资源有效运用到真正需要它的地方，这样就可以大大缩短原项目的工期。

所谓关键链就是指在充分考虑任务的依赖性与资源约束等因素的前提下，工期最长的路径。关键路径是整个项目中持续工期最长的网络图路径，它是在仅仅考虑活动的依赖关系与各自的工期基础上，将活动周期简单累加得到的。但 CCPM 认为，项目经理应关注的是结合了任务限定和资源约束双重因素的路径，也就是关键链。利用关键链管理实际产生的项目周期往往能够比利用关键路径方法进行管理的项目要短。

关键链和关键路径法的区别是：关键路径法（CPM）是工作安排尽早开始，尽可能提前，而 CCPM 是尽可能推迟；CPM 只关注关键路径并据此开展管理工作，而 CCPM 更关注资源约束的任务链，并根据资源最佳使用方案进行管理。

3.4　人力资源管理计划

项目的进行需要资源，特别是人力资源的支持和配合，因此，当明确项目具体什么时候需要做什么后，就需要进一步明确应该由谁来做的问题，这就需要制定人力资源管理计划。

规划人力资源管理是建立项目组织图、安排项目角色与职责、编制人员配备管理计划的过程。

3.4.1　项目组织图

项目组织图是用图形的方式展示项目团队成员间职权和报告关系的一种工具，如图 3-29 所示。[1]

每个项目的项目组织图都各不相同，但一般都是职权自上而下减少，报告关系则是自下而上汇报。项目组织图可以是正式或非正式的，也可以是非常详细或高度概括的，具体视项目的需要而定。

---

[1] 张立友，汪晓，金林. 项目管理实战剖析与 PMP 攻略. 北京：机械工业出版社，2007.

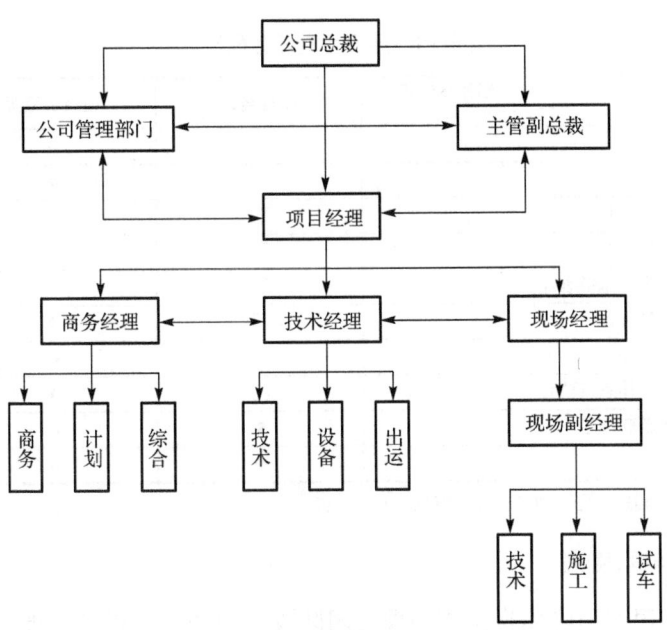

图 3-29 某项目组织图

3.4.2 项目角色与职责

要想项目能如期完成，就需要项目团队成员的积极参与。项目团队成员要想做好自己的工作仅凭一腔热血是不够的，还需要项目管理者能够使其明确各自在项目中的角色地位及应负责的工作和具有的职责。

1. 责任分配矩阵

责任分配矩阵（Responsibility Assignment Matrix，RAM）是用来显示项目中工作包或活动与项目团队成员间关系的矩阵。矩阵的行通常显示项目团队部门或成员，列通常显示项目工作包或活动，中间单元格填写的是各部门或个人对某工作应负的责任。责任分配矩阵既能反映与每个团队成员相关的所有活动，又能反映与每项活动相关的所有人员，而且还可以反映两者间的相互关系。

责任分配矩阵可以明确任何一项任务或活动与哪些团队成员有关，以及各成员应负担什么责任。责任分配矩阵常用的术语有很多，如负责、执行、咨询、知情、通知、审批等，不同的项目可能对术语的理解和应用也不完全相同，所以在具体应用时最好能配以相应的术语说明。例如，咨询是指可以给项目提供专业知识信息输入的人，如行业专家；知情是指应该被告知项目相关信息的人，如高级管理者等。某项目的责任分配矩阵如表 3-18 所示。

责任分配矩阵根据层次的高低不同而详略程度也不同，一般来说，高层次责任分配矩阵可以定义项目团队中的各部门或小组分别负责 WBS 中的哪部分工作，而低层次责任分配矩阵则可以在各小组内为具体活动分配角色、职责和职权。对于大型项目可以制定多个不同层次的责任分配矩阵，对于小型项目可直接使用低层次的责任分配矩阵，具体视项目需要而定。

表 3-18 某项目责任分配矩阵

WBS		组织责任者 项目经理	项目工程师	程序员
确定需求		○	▲	
设计		○	▲	
开发	修改外购软件包	□	○	▲
	修改内部程序	□	○	▲
	修改手工操作系统程序	□	○	▲
测试	测试外购软件包	□	●	▲
	测试内部程序	□	●	▲
	测试手工操作系统流程	□	●	▲
安装完成	安装完成新软件包	●	▲	
	培训工人	●	▲	

注：▲—负责；●—辅助；□—通知；○—审批；△—承包

2. 项目角色与职责表

责任分配矩阵很好地将项目工作和项目团队成员间的关系进行了展示，但是它不能反映相关的详细信息，要想详细描述团队成员的角色与职责等信息，可以采用利于详述的文本形式，如表格等。

项目角色是指在项目中某人承担的职务或分配给某人的职务，如图 3-29 中的商务经理、技术经理等。

职责是指为完成项目活动或工作某项目团队成员必须履行的职责和应完成的工作。如某项目中设备工程师的职责包括：对项目的设备供应管理负责，包括编制项目的设备采购计划；对设备供应的投资、进度和质量进行监督、控制和管理；对设备订货合同的管理，严格审查控制设备各种款项的支付；参加项目关键设备采购的全过程工作；参与编制设备及材料的出运计划；积累相关设备供应和管理的经验等。

职权是指项目团队成员在履行职责过程中为完成工作而具有的相应的权利，如使用项目资源的权利、作出决策的权利、验收可交付成果的权利、签字批准的权利等。某项目中设备工程师要完成上述职责则应拥有以下职权：制定设备采购计划的决策权，对设备采购过程的管理权，对设备采购经费的使用权等。

能力是指项目团队成员为完成自己负责的工作、履行职责而需要具备的技能和才干。仍以设备工程师为例，其应具备的能力可能包括：大学本科以上学历，某行业设备专业知识，相关行业从业经验，较强的组织协调能力，优秀的口头和书面表达能力等。

3.4.3 人员配备管理计划

人员配备管理计划是具体描述项目对人力资源需求及管理的文档，如项目需要哪些团队成员、这些团队成员该如何获得、他们需要在什么时候参与项目、参与多长时间、工作过程中如何培训他们、如何奖励和认可他们、工作结束后如何安置他们等一系列相关问题。

人员配备管理计划可以是正式或非正式的，也可以是非常详细或高度概括的，具体视项目需要而定。人员配备管理计划的具体内容因应用领域和项目规模的不同而不完全相同，总的来说会涉及以下方面。

(1) 人员招聘。包括人员招聘的一系列相关问题，如需求数量、招聘来源、招聘方式、后期的工作形式等。

(2) 资源日历。主要是指招聘来的团队成员的工作时间，如工作日是几天、工作日中具体的工作时间段、法定节假日如何安排、招聘开始时间等。还需要注意，团队成员包括很多，其参与项目的工作内容不相同，工作时间也不相同，如全职和专职人员的工作时间是不同的，因此需要区别对待。

(3) 人员遣散计划。虽然项目管理中对项目完成后团队成员的后续工作问题不负有责任，但是事先确定和明确团队的解散方式有利于项目的管理，可以减轻项目过程中或项目结束时可能发生的人力资源风险。若有可能为员工安排好向新项目的平滑过渡会提高士气，有利于项目的顺利完成，若能力达不到也应做好遣散计划和安排，使员工心中有数。

(4) 培训需要。虽然进行成员招聘时有需求计划，但并不能保证完全按计划招聘到所需团队成员，而且招聘到的符合条件的团队成员可能具备相应的专业技能，但不一定对项目及项目的管理了解，所以在必要的情况下需要对团队成员进行有针对性的培训，制定相关培训计划。具体培训的方式和内容可根据具体情况来定，形式可以多种多样、内容可简可繁、时间可短可长。

(5) 认可与奖励。对团队成员及时的认可和奖励可以起到有效的激励作用，在规划阶段就需要明确奖励标准和奖励制度。奖励标准的制定要符合实际情况能得到团队成员的认可，奖励制度多种多样，要选择确实能起到激励作用的。

(6) 合规性和安全性。人员配备管理计划中还可包含项目需遵循的相关法规、政策、程序、合同、人力资源政策等，以使项目符合规定和远离安全隐患。

实 践 任 务

任务步骤及要求：

1. 每个任务项目中的一组利用本节所学知识点课下完成本团队的项目组织图、责任分配矩阵、角色与职责表，根据项目需要选择性完成人员配备管理计划，其他两组观察、记录其过程及结果；

2. 每个任务项目利用 8 分钟时间进行汇报总结，观察与记录组和实施组分别汇报过程和结果，老师和其他任务项目组参与点评，最终达成一致，并得出最终的结果。

实践目标：

1. 了解人力资源管理计划的内容；
2. 掌握项目组织、责任分配、角色职责定位和人员配备计划等内容的含义和应用。

3.5 成本管理计划

3.5.1 项目成本管理概念

1. 项目成本及分类

《企业会计准则介绍》中对成本定义为企业在交易过程中，为取得一项财物或服务所达成的协议价格的总和。在完成项目的过程中，发生的各种资源和劳动的消耗，用货币形式表现，就是所谓的项目成本。对于项目成本的分类，可以从以下两个角度进行。

(1)项目成本的要素角度划分

① 项目人工成本：这是给各类项目实施工作人员的报酬，其包括项目施工、监督管理和其他方面人员(但不包括项目业主/客户)的工资、津贴、奖金等全部发生在项目工作上的成本。

② 项目物料成本：这部分是项目组织或项目团队为项目实施需要所购买的各种原料、材料的成本。如油漆、木料、墙纸、灌木、毛毯、纸、艺术品、食品、计算机或软件等。

③ 项目顾问成本：当项目组织或团队因缺少某项专门技术或完成某个项目任务的人力资源时，他们可以雇用分包商或专业顾问去完成这些任务，为此项目就要付出相应的顾问费用。

④ 项目设备成本：项目组织为实施项目会使用到某种专用仪器、工具，不管是购买这些仪器或设备，还是租用仪器和设备，所发生的成本都属于设备费用的范畴。

⑤ 项目其他成本：如项目期间有关人员出差所需的差旅费、住宿费、必要的出差补贴、各种项目所需的临时设施费等。

⑥ 项目不可预见费：项目组织还必须准备一定数量的不可预见费(意外开支的准备金或储备)，以便在项目发生意外事件或风险时使用。如赶工加班而增加的成本等。

(2)项目生命周期角度划分

① 项目决策和定义成本：在项目启动过程中，由于信息收集、可行性研究、项目选择以及项目目标确定等一系列的决策分析活动所消耗的成本费用。

② 项目设计成本：用于项目设计工作所花费的成本费用，如项目施工图设计费用、新产品设计费用等。

③ 项目资源获取成本：为了获取项目的各种资源所需花费的成本费用，如用于项目所需的物资设备询价、供应商选择、合同谈判与合同履约等管理所需的费用。

④ 项目实施及监控成本：为完成项目的目标而耗用的各种资源所发生的费用，也是项目成本的主要构成因素，项目的实施成本具体包括人力资源成本、物料成本、设备费用、顾问费用、其他费用，以及不可预见费用等。

⑤ 项目收尾成本：在项目收尾阶段，为了保证项目顺利达成并成功交接而发生的测试费用、培训费用、竣工验收费用等。

2. 成本管理概述

根据《项目管理知识体系指南》(PMBOK)第五版的定义，项目成本管理包含为使项目在批准的预算内完成而对成本进行规划、估算、预算、融资、筹资、管理和控制的各个过程，从而确保项目在批准的预算内完工。需要注意的是，这几项工作之间的界限并不明确，相互还可能存在重叠，以一些中小型项目为甚。

3.5.2 项目成本估算

1. 项目成本估算的含义

成本估算是指为了实现项目目标，项目组织根据项目总目标、项目范围基准和项目进度基准等所确定的项目资源需求信息，并根据这些资源的市场价格估算项目的所需成本的过程。

成本估算所覆盖的资源内容应当包括但不局限与直接人工、材料、设备、服务、设施以及一些特殊的成本种类，如汇率变动、通货膨胀、应急储备等，还可能包括与项目相关的间接成本。

由于资源价格的市场行情存在着不确定性，项目对资源的需求也会随着项目进展产生变动，因此项目成本估算也在不断优化。一般来说，项目生命周期中，项目估算的精准度会随着项目的推进程度而逐步提高。

2. 项目成本估算的方法

(1) 参数估算法

参数估算法是将项目的相关要素成本作为参数，通过建立数学模型来估算整个项目的成本，从而将项目特性与项目成本结合起来。用于估算的模型可以是简单的，如商业住宅以居住空间的平方米的金额估算；也可以是复杂的，如软件开发费用模型一般要用十几个参数，每个参数可能包括 5~6 个方面。参数估算法可以很容易地适应在设计、性能和计划特性方面的更改，应用因而较为广泛。

(2) 自上而下估算法

自上而下估算法主要是项目中高层管理人员依据类似项目的历史数据，结合自身经验判断对项目作出成本估算，下层管理人员在此基础上作出进一步细分的子项目成本估算，层层向下传递直到项目最基层。

这种办法的好处是简单、高效，有利于管理人员对项目的成本控制。对于有相关经验作为参照的项目，这是一种相对准确的估算方法。这种方式的不足在于项目高层管理人员有可能因为对项目的了解不够深入或自身经验的不足作出错误判断，下层人员并不一定会提出更改意见，这就有可能使成本估算形成重大偏差。因此，自上而下估算一般适用于项目的概念阶段或是重复性较高的项目，且对估算人员的经验能力提出了重大要求。

(3) 自下而上估算法

自下而上的估算方式主要采用先把项目任务进行分解到可以确认的程度，如具体某种材料、某种设备、某一活动单元等，然后估算每个单元成本的费用，再逐层向上进行归集，并由此确定整个项目的估算费用。这种估算方法需要保证所有涉及的任务都被考虑到，因此要求项目人员能对项目的工作逻辑、任务层次、相关要素有清晰的识别。

自下而上方法的优点在于相比于高层管理者，项目的直接参与人员可能对项目的了解更加深透，对于成本的估算可能就更加准确，并且在成本管理中不容易发生扯皮现象。缺点在于基础人员在向上汇报成本过程中可能发生夸张、谎报成本的事件，且这种方式所消耗的时间较长、工作量较大。

3. 成本估算结果

成本估算的基本结果有以下两个方面。

(1) 项目的成本估算

描述完成项目所需的各种资源，如原材料、设备、库存等，所需要的成本。其常常涉及到劳动工时、工日、材料消耗量等。

(2) 详细说明

费用的详细说明应包括工作估算、范围描述、对于估算的基本说明(如费用估算是如何实施的)、所做各种假设的说明、费用估算结果的有效范围等。

表 3-19 成本估算表

WBS＼成本		资源种类	资源数量	资源单价	总成本
活动 1		资源 1			
		资源 2			
		资源 3			
		……			
活动 2		资源种类	资源数量	资源单价	总成本
		资源 1			
		……			
……					
成本总计					XXX

3.5.3 项目成本预算

1. 项目成本预算的含义

项目成本预算是进行项目成本控制的基础，它是在成本估算的基础上进行的。具体来说，项目成本预算是将项目成本估算的结果在各个具体的活动上进行分配的过程，其目的是确定项目各活动的成本定额，并确定项目意外开支准备金的标准和使用规则以及为测量项目实际绩效提供标准和依据。项目成本预算的中心任务是将成本预算分配到项目各个活动上，估计项目各活动的资源需要量。

成本预算在整个计划和实施过程中起到重要的作用。预算和项目进展中资源的使用相联系，根据预算，管理者可以实时监控项目的进度。如果预算和项目进度没有联系，那么管理者就可能会忽视一些危险情况，如费用已经超过了项目进度所对应的预算但没有突破总预算约束的情形。在项目的实施过程中，应该不断收集和报告有关进度和费用的数据，对未来可能产生的问题和相应措施进行预算，来实现预算对比控制，必要时对预算进行修正。

2. 项目成本预算的特征

（1）计划性

在项目计划过程中，项目首先被逐步分解为各项可执行的、独立的工作或任务，然后对每项独立的工作或任务进行费用估算，最后根据费用估算和进度计划要求对各项工作或任务的费用进行批准、确认和汇总就可以形成项目的费用预算了。可以说，费用预算是另一种形式的项目计划。

（2）约束性

预算又可以看成一种分配资源的计划，预算分配的结果可能并不能完全满足所涉及的管理人员的利益要求，而表现为一种约束，所涉及人员只能在这种约束的范围内行动。因此从某种程度上讲，预算既体现了组织的政策和倾向，又表达了对项目各项活动的重要性的认识和支持力度。合理的预算应尽可能"正确"地为相关工作和活动确定必要的资源数量，既不过分慷慨，以避免浪费和管理松散，也不过于吝啬，以避免无法在既定的工期下确保质量。

(3) 控制性

在项目执行过程中，预算可以作为一种执行标准而使用。因此，预算的制定一方面应体现项目对效率和效益的追求，强调管理者必须有效地控制资源的使用。另一方面，由于进行预算时不可能完全预计到实际工作中所遇到的问题和环境的变化，所以对项目计划的偏离的情况常常可能出现，这就需要依据项目预算所提供的基准对项目的执行进行监控，及时发现偏离，并采取有效的措施修正偏离，确保项目目标的实现。

3. 成本预算与成本估算的区别

项目成本预算与项目成本估算都是对项目所花成本所做的工作，得到的都是项目成本的信息，但是，两者是完全不同的工作，存在很大区别，具体来说，两者的区别有以下几个方面。

(1) 成本估算是成本预算的输入信息，而成本预算信息是会计账目的输入信息。在进行项目成本管理时，首先要进行项目成本的估算，然后根据估算的信息进行项目成本的预算，项目成本预算结果即是项目的成本基准，是项目执行过程中每项工作实际可支配使用的成本，项目管理中进行会计记账时是以此为依据的。

(2) 成本估算信息由战术和运营管理层的经理使用，而成本预算信息由战略经理使用。成本估算需要考虑具体活动或工作所需要的成本，需要比较具体的一些信息，所以通常由战术或运营管理层的经理使用；而成本的预算需要综合考虑项目成本总目标、项目可获得的实际使用资金等战略层面的问题，所以通常由战略经理使用。

(3) 成本估算是工作，而预算是一个要遵守的计划。成本估算是战术和运营管理层应该去完成的一项工作，它是成本预算的基础，而成本预算是项目成本管理的基准，是项目在具体实施过程当中应该遵守的成本管理计划。

(4) 成本估算可以看成是预算的一个组成部分。成本的预算是在成本估算的基础上进行的，由于成本估算过程中会有很多高于实际需求的成本信息，所以需要在成本估算的基础上综合考虑项目总成本目标和项目实际可获取的资金，来最终确定预算成本，所以，成本估算的结果是进行成本预算的输入信息。

(5) 成本估算是通过分析得来的，而成本预算是通过计划得来的。成本的估算需要分析每项具体的活动或工作所需要的资源种类和数量，所以成本的估算是通过分析得出的；而进行成本预算时，需要考虑项目总成本目标等计划信息，所以成本预算是根据计划得出的。

(6) 成本估算关注于个别活动或相关活动组，而预算关注于整个项目。成本估算更多的是关注具体的活动或工作，对项目整体考虑偏少；而项目成本的预算主要从项目整体角度考虑对成本的需要和供给，在此基础上分配具体的实际可使用成本，所以成本估算更关注于具体活动，而成本的预算则关注于项目的整体。

4. 成本预算的表现形式

成本预算的主要形式包括项目成本预算表、成本负荷图和成本基线等。

在成本预算表中，应列出项目所有工作或任务的名称、成本预算值、需要时间等，如表 3-20 所示。

表 3-20 包装机安装费用预算表(千美元)

时间 WBS	合计	周											
		1	2	3	4	5	6	7	8	9	10	11	12
设计	24	4	4	8	8								
建造	54					4	4	4	12	15	15		
安装调试	16											8	8
合计	94	4	4	8	8	4	4	4	12	15	15	8	8
累计		4	8	16	24	28	32	36	48	63	78	86	94

成本负荷曲线图也称为成本直方图,是费用预算表的一种图形表达形式,如图 3-30 所示。

成本基线一般是指项目成本累积负荷曲线,它是项目成本预算的基准线,通常作为度量和监控项目实施过程中费用支出的依据,如图 3-31 所示。通常,成本基线随时间的关系是一个 S 形曲线,所以也称为 S 型曲线。

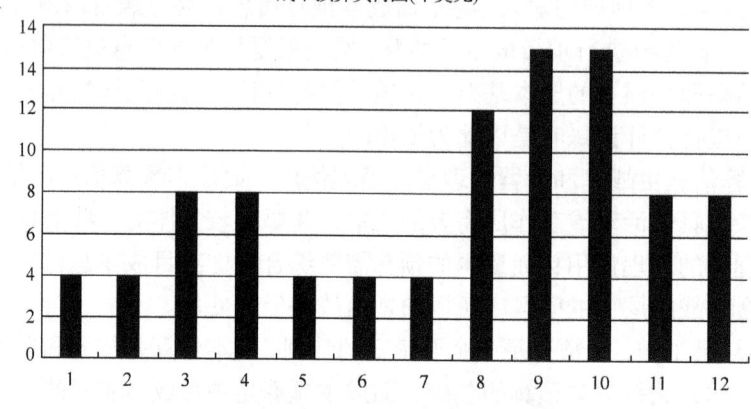

图 3-30 包装机安装成本预算负荷图

例：某工厂制造专门的自动包装机并负责安装到客户工厂的项目网络。这部机器将客户的产品装入盒子里,再通过高速传送带传送。假设整个项目需要耗时 12 周,其中设计耗时 4 周,花费 24 000 美元；建造耗时 6 周,花费 54 000 美元；安装与调试花费 2 周,并花费 16 000 美元。此项目的费用预算表如表 3-20 所示,成本预算负荷图如图 3-30 所示,成本基线如图 3-31 所示。

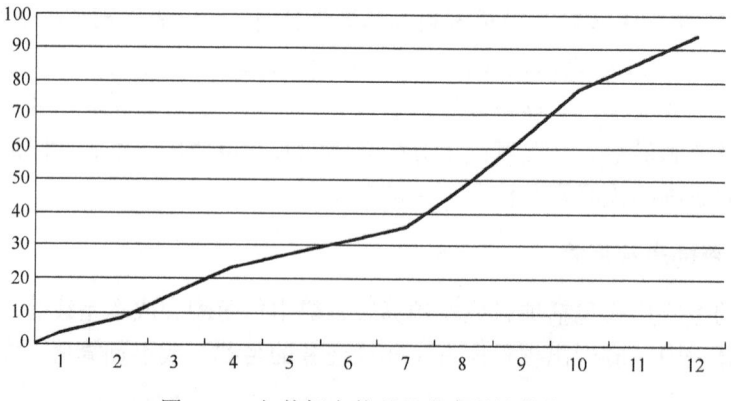

图 3-31 包装机安装项目成本累计曲线

把每个时间段的项目成本累加起来，就可以得到图 3-31 所示的项目累计成本曲线，通常称为 S 型曲线，也就是成本基准曲线。在这个图上，可以直观地看出，截止到某个时点，项目的累计成本应该是多少。成本累计曲线给我们提供了监控项目成本和进度绩效的良好基础。在项目执行中，我们可以把实际的 S 曲线和计划的 S 曲线做比较，来了解实际成本与计划成本之间的偏离。

5. 储备金分析

储备金是由项目经理或项目团队自由支配的成本，可用来处理项目不确定的事件，是项目范围和成本基准的一部分。

储备金一般分为实施应急储备金和价格保护应急储备金两类。实施应急储备金用于补偿估算和实施过程中的不确定事件；价格保护应急储备金用于预防通货膨胀和价格波动所造成的不确定事件。

实 践 任 务

任务步骤及要求：

1. 每个任务项目中的一组利用本节所学知识点课下完成项目的估算、项目的预算，要求得出项目估算表、项目预算表、直方图和 S 型曲线，其他两组观察、记录其过程及结果；

2. 每个任务项目利用 5 分钟时间进行汇报总结，观察与记录组和实施组分别汇报过程和结果，老师和其他任务项目组参与点评。

实践目标：

1. 了解项目成本管理计划的内容；
2. 理解项目估算、项目预算的含义和区别；
3. 掌握估算表、预算表、直方图、S 型曲线的使用。

3.6 质量管理计划

项目质量管理是项目管理的一项必不可少的内容。优质的产品或服务无论是对企业，还是对国家来说都具有战略性的重要意义，项目质量更是如此。

3.6.1 质量概述

1. 质量含义

根据国际标准化组织在 ISO 9000:2005《质量管理体系、基础和术语》所提出的定义，质量是一组固有特性满足要求的程度。其中"固有的"是指物品本来就有的，尤其是那种永久的特性，"要求"则是明示的、隐含的或必须履行的需求或期望。

一般情况下，为了满足客户的需求，质量会具有以下几层含义。

（1）质量的整体性。在实际生活中，顾客对于质量的期望和需求往往是一个整体的概念，既包括对所获得的产品或服务的质量满足，还对实现产品质量的工作流程提出要求，因此，质量需要上升到包含实体、工作流程、体系的一系列整体内容。

(2)质量的适用性。从顾客的角度出发，对于质量的考察主要在于对自身需求的满足程度。但由于满足程度是一种主观知觉，不同的顾客对于同类产品的需求和感受不尽相同。因此，著名质量管理学家朱兰就将质量定义为"适用性"，认为这是实现产品或服务质量的通用标准。

(3)质量的时效性。由于顾客对于产品或服务的需求不是一成不变的，这就要求组织能够随着动态环境和顾客品位的变化及时调整所提供的产品的服务质量。

2. 质量特性

质量特性是产品或服务用于直接满足客户需求的功能特征。根据产品种类、服务人群、适用特征的不同，质量特性也会存在很大区别。以一般产品为例，质量特性可以分为内在质量特性、外在质量特性、经济质量特性、商业质量特性和环保质量特性等多种特性，这些不同质量特性的具体含义如下。

(1)内在质量特性：这主要是指产品的内在性能特性，包括结构特性、强度特性、耐力特性等，这些质量特性主要是在产品或服务的持续使用中体现出来。

(2)外在质量特性：这主要是指产品的外部形态给客户带来的感受，包括包装、装潢、视觉、嗅觉刺激等方面的特性，这些质量特性都是产品或服务外在表现方面的属性和特性。

(3)经济质量特性：这主要是指产品在使用过程中的寿命、配件价格、后期运营维护费用等方面的特性，这些特性是与产品或服务购买和使用成本有关的经济指标。

(4)商业质量特性：通常是指产品或服务的口碑、信誉等品牌形象相关的内容，通过保质期、保修期、售后服务水平等方面的特性体现出来，这些特性是产品生产或服务提供企业承担的商业责任有关的特性。

(5)环保质量特性：这主要是指产品或服务对于环境保护的贡献或对于环境造成的污染等方面的特性，这些是产品或服务对环境的影响有关的特性。

3. 质量与等级的区别

在日常生活中，人们常将质量与等级两个概念混淆。但是，质量不同于等级，等级是作为设计意图，是对用途相同但技术特性不同的可交付成果的级别分类[①]。低质量是必须解决的，低等级则不一定。例如，高级酒店的住宿和服务质量普遍都较高，但仍有对房间等级的区分，从高等级的总统套房到低等级的标准间。

4. 项目质量的含义

项目质量是指在满足相关法律法规及行业技术标准的条件下，项目方所提供的交付物满足客户需求的程度。这里的交付物既包括合同规定的产品或服务，也包括为了实现产品或服务的管理体系、工作流程等。

3.6.2 质量管理计划的工具与技术

1. 质量成本收益分析

成本收益分析也称项目质量的经济分析，就是通过项目质量与投入产出之间的关系，

---

① 项目管理协会著，许江林等译. 项目管理知识体系指南(PMBOK 指南：第 5 版). 北京：电子工业出版社，2013.

探求最适宜的质量水平，使项目、项目相关方和社会的效益达到最佳，其中适宜的质量水平就是用合适的成本追求合适的质量，既要防止出现质量事故，又要防止追求质量过剩，质量管理就是要获得质量和成本的平衡。

图 3-32 展示了燃煤锅炉安装的环保除尘设备的性价比曲线。通过对追加的质量成本与质量效果两组相关数据的统计，发现两者之间形成了一个非线性的函数关系。在最初阶段，每追加 100 万元的质量成本，会使产品质量指标提高至少一个百分点，但是这个非线性函数曲线在 400 万元成本和 98%除尘率的交点处出现了拐点。此后，成本效益曲线的升幅突然趋缓，每百万元成本投入所带来的质量效益大幅降低。这个拐点显示，追加 400 万元成本，可达到 98%的除尘率指标，是追加质量成本的边际效益点，即投入最小的成本可获最大质量效果的最佳性价比。需要注意的是，案例所显示的最佳性价比的点并不意味着在实际生活中一定是会被选用的方案。假设国家所规定的除尘率合格标准为 96%，企业就很有可能从自身角度考虑更加经济的方案。

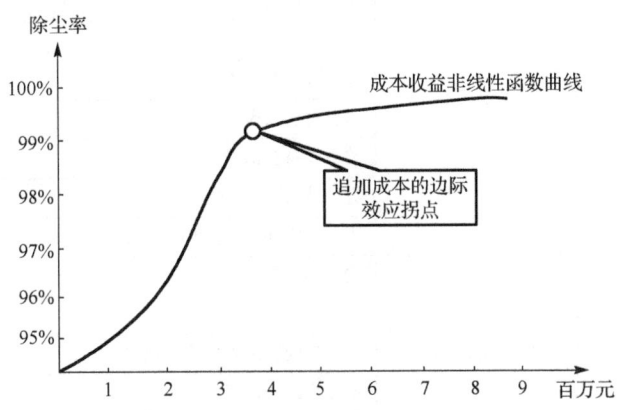

图 3-32　燃煤锅炉安装的环保除尘设备的性价比曲线

成本收益分析法具有很广泛的用途，是增加环保效果、提高食品安全、降低通信误码率、减少加工废品率等相关项目的质量管理计划编制中常用的工具。

2. 质量成本构成

质量成本是指为了实现项目质量达到相关规定要求、实现客户满意而实施项目质量管理活动所需支出的有关费用，如防止质量缺陷的支出、评估及确保产品达到质量标准要求的支出以及出现质量问题后善后工作的各项支出等，具体如表 3-21 所示。

其中，内部损失成本是指项目交付前，因产品或服务的质量特性未能满足应当达到的要求与规定所造成的损失及处理故障所发生的费用之和；外部损失成本是指产品交付后，因产品未能满足质量要求所造成的损失；预防成本是指为确保项目质量而进行预防工作所耗费的费用；鉴定成本是指为评定项目是否符合质量要求所进行的实验、检验和检查费用。在这四类成本当中，内部损失成本和外部损失成本属于质量纠正成本，预防成本和鉴定成本属于质量保证成本。

质量保证成本和质量纠正成本呈反向变动关系，即质量保证成本越高，质量纠正成本就越低；质量保证成本越低，质量纠正成本就越高。质量总成本作为二者的总和，其曲线便呈现出先降低再升高的走势，由此，便能够帮助项目管理者确定出项目总成本的最低点，这也是理想状态下项目的最佳质量成本平衡点，如图 3-33 所示。

表 3-21 质量成本构成

质量成本	质量保证成本	预防成本	质量工作费(企业质量体系中为预防、保证和控制产品质量，开展质量管理所需的费用)
			质量培训费
			质量奖励费
			质量改进措施费
			质量评审费
			工资及附加费
			质量情报信息费
		鉴定成本	进货检验费
			工序检验费
			成品检验费
			试验设备校准维护费
			试验材料及劳务费
			检测设备折旧费
			办公费(检验、试验工作)
			工资及附加费(专职检验、计量人员)
	质量纠正成本	内部损失成本	废品损失费
			返工损失费
			因质量问题发生的停工损失
			质量事故处理费
			质量降等降级损失
		外部损失成本	索赔损失费
			退货损失费
			保修费用
			诉讼费用
			降价损失费

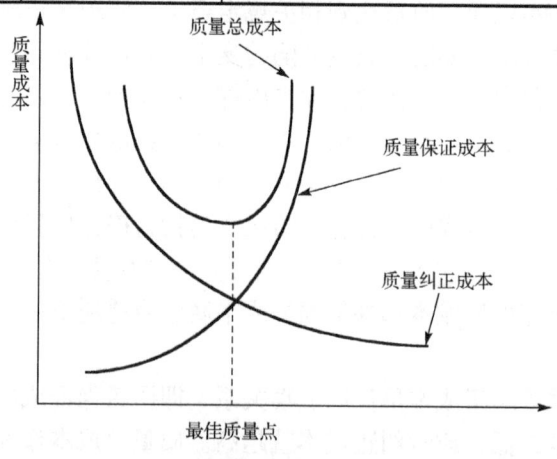

图 3-33 质量成本曲线

3. 类比法

类比法也被称为基准对照法，通过设立类似项目的质量管理过程做参照标准，来评判和管控本项目的质量。在管理的过程中，需要注意参照项目和自身项目之间的联系和区别，不能照搬照抄，必须结合本项目的特点来制定适合的管理计划。同时，针对参照项目已经出现的质量问题和教训、需要采取的防范措施等都要引以为戒，防止类似问题再次发生。

4. 实验设计

实验设计是一种科学的统计分析方法，常用于新产品的研发设计过程中对质量水平的确定。它主要是通过进行大量反复的对比试验，鉴定出对项目质量影响大的关键因素，并通过确定最合适的成分配比来实现合理的质量目标。例如，在发动机的研发过程中，高级发动机能够用较短时间达成工作目标但是其造价成本比低级发动机高。因此，通过科研人员的实验设计，对比高低等级的发动机配置原理、使用寿命、成本构造等，从而确定出合适等级的发动机质量。

3.6.3 项目质量管理计划成果

1. 项目质量管理计划

项目质量管理计划应涵盖项目前期的质量工作，以确保前期决策正确无误。这些工作应该通过独立审查的方式进行，具体工作实施人不得参加，从而实现降低成本，减少因为返工造成的进度延迟。项目质量管理计划可以是正式的，也可以是非正式的，可以非常详细，也可以十分概括，具体根据项目的要求而异。

质量计划应明确指出所开展的质量活动，并直接指出或间接指出如何实施所要求的活动，通常情况下，项目质量管理计划主要包括以下内容：

(1) 项目质量目标及其说明；
(2) 项目质量管理工作，实际运作的过程和步骤；
(3) 项目不同阶段，项目成员的职责、权限和资源的具体分配；
(4) 作业程序和作业指导书；
(5) 为保证项目产品符合要求所要进行的监控测量分析和改进过程及方法。

2. 质量测量指标

质量测量指标用来衡量影响项目质量的相关因素，是项目质量控制活动的重要基准。项目测量相关指标的选取与产品特性、行业特性密切相关，具有极强的专业性。例如，在某地板加工项目中对抛光这一个过程就可能会有包括工序操作指标、材质指标、黑胶印、明显砂光波纹等。具体的质量测量指标可汇总到表 3-22 中。

3. 过程改进计划

过程改进计划（如表 3-23 所示）是项目管理计划的一部分，用于详细说明在项目管理过程和产品开发过程当中进行分析过程的步骤，识别可以实现价值增值的活动，也用于检查在质量运行过程中遇到的问题与制约因素并进行问题的识别、分析、解决，从而对生产质量、项目管理质量、组织运行质量等进行分析改进。

表 3-22　质量测量指标

项目名称：　　　　　　　　　　　　制定日期：

编号	项目	测量指标	测量方法

表 3-23　过程改进计划

项目名称：　　　　　　　　　　　　计划日期：

过程描述

描述过程包括目标和与过程有关的步骤，所有能帮助加深过程理解的相关信息都应该包括在内

过程边界

过程起点(记录过程的起点)	过程终点(记录过程的终点，即过程的最终结果)
输入(列举在过程中发挥作用所需要的要素，包括相关需求、使用的信息及政策、程序、文件等)	输出(过程的结果以及其他输出内容，包括需求的满足、结果信息、文件等)

干系人

过程责任方(维护过程和促进过程成功的责任方)
其他干系人(列举过程可能涉及的干系人)

过程测量指标

测量指标(记录与过程有关的测量指标，包括时间、步骤、交付数量、存在问题等)	控制界限(对于测量指标所设置的控制界限，用来保证过程的顺利达成)
1.	1.
2.	2.
3.	3.

改进的目标

明确说明各个过程改进的目标和预期的测量目标

过程改进的方法
描述，将用于改进过程的技能、过程、方法、工具和技术

附上现在的过程流程图和未来计划的过程流程图。

【思考题】

"伊利畅轻"XX 地区校园推广项目的质量目标和质量测量指标是什么？

4. 质量核对表

质量核对表是一种结构性工具，用于衡量事先制定的相关步骤和结果是否完成，是监测质量管理计划落实执行的重要手段。该表以工作分解结构为基础，由详细的条目组成，常采用询问式或命令式短语（如"完成某项任务"或"某项任务是否已完成？"）。许多组织都有固定格式的核对表，以保证常规任务的执行。

3.7　干系人管理计划

识别出项目干系人有哪些不是目的，将识别出的干系人管理好，以促进项目的完成才是最终目的。要想管理好项目干系人就需要制定干系人管理计划，在分析干系人需求和对项目影响的基础上，制定恰当的管理策略，有效调动干系人参与项目，促进积极干系人对项目的支持，减少甚至消除消极干系人对项目的阻碍。

制定干系人管理计划，可以通过与干系人访谈、召开讨论会议、邀请相关专家提供专业建议等方法进行。这些专家包括组织的高层管理者或他人、具有相关项目工作经验的项目经理、相关行业或领域的专家和组织人员、已识别的关键干系人等。

干系人管理计划是一份详细的实现干系人有效管理的计划，是为有效调动干系人参与而制定的管理策略，其内容包括：干系人登记册中的信息；关键干系人的所需参与程度和当前参与程度；干系人的沟通信息；干系人变更的范围和影响；干系人管理策略等（如表 3-24 所示）。

表 3-24　干系人管理计划

项目名称：　　　　　　编制日期：

(关键)干系人参与评估矩阵

干系人	不知晓	抵制	中立	支持	领导

干系人沟通

干系人	干系人影响者	沟通信息	沟通方法或媒介	沟通时间或频率

干系人变更

续表

干系人管理策略

干系人	利益相关程度*对项目的影响程度	分类	获得支持或减少障碍的策略

1. 干系人参与评估矩阵

干系人的参与对项目的成功起到很重要的影响作用，而且该影响贯穿整个项目生命周期。PMBOK 中将干系人的参与程度分为如下类型[①]：不知晓——对项目和潜在影响不知晓；抵制——知晓项目和潜在影响，但抵制变更；中立——知晓项目，但既不支持，也不反对；支持——知晓项目和潜在影响，并支持变更；领导——知晓项目和潜在影响，并且积极致力于保证项目成功。干系人参与评估矩阵就是用于记录干系人的当前参与程度和所需参与程度等信息的，通常用 C 表示当前参与程度，D 表示所需参与程度。通过干系人参与评估矩阵记录的信息可以明确哪些干系人需要参与到项目中什么程度，以为具体对干系人管理提供参考标准。干系人参与矩阵还可用于记录项目全过程中干系人的实际参与程度，以便与计划中的所需参与程度对比，从而发现问题，及时采取措施，以保证项目干系人的参与。如下表 3-25 所示，干系人 1 已处于所需的参与程度，而干系人 2 和干系人 3 现有的参与程度还没达到所需状态，需要进一步做工作以使他们达到所需的参与程度。

表 3-25　干系人参与评估矩阵

干系人	不知晓	抵制	中立	支持	领导
干系人 1	CD				
干系人 2		C		D	
干系人 3			C		D

2. 干系人沟通

对干系人的管理很大程度上是通过与干系人的沟通实现的，所以在干系人管理计划中需要描述干系人之间的相互影响关系、明确需要与干系人沟通的信息有哪些（包括内容、详细程度、信息发布原因、格式等）、识别沟通信息时所使用的方法或媒介（具体与沟通管理结合）、列举与干系人沟通时信息应在何时发布以及与干系人沟通的频率。

3. 干系人变更

主要用于描述干系人新增、减少及变动的情况，以及其对项目的影响。

4. 干系人管理策略

干系人管理策略主要是在干系人进行分析和分类的基础上，综合考虑干系人对项目的影响程度和项目对干系人的影响程度，在此基础上明确干系人的类别，并制定出促进积极干系人的支持策略和减少消极干系人障碍的管理策略。表 3-26 为某学校闲置品回收再利用项目的部分干系人管理策略表。要特别注意，这些管理策略是指项目团队针对不同的干系人应该如何去做的指导策略，而不是指干系人应该如何去做的具体策略。

---

① 项目管理协会著，许江林等译. 项目管理知识体系指南（PMBOK 指南：第 5 版）. 北京：电子工业出版社，2013.

表 3-26 闲置品回收再利用项目的部分干系人管理策略表

序号	项目干系人	利益相关程度*对项目的影响程度	分类	获得支持或减少障碍的策略
1.	闲置品提供者	5*5=25	A	加强各种宣传，让有闲置品的同学知道此项目；为他们提供一些便利，促使其提供闲置品
2.	项目团队	4*5=20	A	支付合理的报酬，创造良好的工作氛围；严格按项目管理方法来规范、执行、监控和收尾项目；实现合理的认可与奖励制度，及时进行认可与奖励
3.	消费者	4*5=20	A	加大宣传力度，让广大消费群众知晓该项目，时时跟踪报导售卖物品的信息，使其产生兴趣，参与其中
4.	销售人员	2*3=6	C	提高筛选标准，招聘优质销售人员；制定合理报酬制度，制定相关奖励
5.	保安	1*3=3	C	提前做好交涉工作，并保证不扰乱校园秩序

其中，利益相关程度*对项目的影响程度的具体数值来自于干系人分析结果，分类也是项目自身规定的数值取值范围，如 A 类是指取值 20～25 之间的干系人。

根据项目的需要，干系人管理计划可以是正式的或非正式的、非常详细或高度概括的，并且随着项目的进展，干系人及其参与项目的程度可能发生变化。因此，干系人管理计划需要根据具体情况及时更新。

实 践 任 务

任务步骤及要求：

1. 每个任务项目中的一组利用本节所学知识点编制如表 3-24 所示的干系人管理计划，其他两组观察、记录其过程及结果；

2. 每个任务项目利用 10 分钟时间进行汇报总结，观察与记录组和实施组分别汇报过程和结果，老师和其他任务项目组参与点评。

实践目标：

1. 了解制定项目干系人管理计划的意义；
2. 掌握制定干系人管理计划的方法。

3.8 沟通管理计划

项目团队的成功受诸多因素影响，但如果不能建立一支高绩效的项目团队则项目永远无法成功。项目团队管理活动涉及众多因素，具体来说可以采取以下措施来实施管理，即召开会议、对团队成员进行培训、进行绩效考核、建立激励制度、解决冲突等。沟通管理就是要保证在这些活动中项目信息及时准确地搜集、存储、传播及进行最终处置，从而保证信息在项目利益相关者之间能够顺畅的流通。

3.8.1 沟通定义

沟通就是信息的交流。具体来说，沟通是信息的发出者将信息通过预先设定好的符号系统传递给接收者，以期取得接收者作出响应的过程。沟通是一个双向的过程，不仅仅是发送者将信息通过各种渠道传递给接收者，同时接收者还要将他所理解的信息反馈给发送者，可见沟通是一个反复循环的互动过程，如图3-34所示。

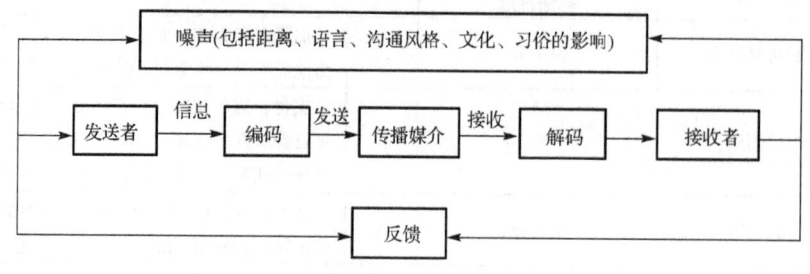

图3-34 沟通过程

通常而言，完整的沟通过程包括以下几个要素：
(1)沟通主体，即信息的发出者或来源；
(2)编码，即沟通主体采取一定的形式来传递信息的内容；
(3)渠道，即特定的传递信息的通道；
(4)沟通客体，即信息的接收者；
(5)解码，沟通客体对接收到的信息所作出的解释理解；
(6)反馈。

3.8.2 沟通需求分析

项目沟通管理过程中，明确何种信息在何时发给哪些干系人，确保沟通的顺畅高效是十分重要的。沟通需求是通过对项目干系人所需信息的类型、内容、形式加以分类，并对这些信息的价值进行分析，从而确定项目干系人对信息的需求。项目团队在对干系人沟通需求分析的过程中除了要考虑到信息需求以外，还需考虑到所需信息的来源与渠道，如何有效满足干系人需求等。

以M公司为例，其需要对公司流程再造项目进行干系人沟通需求分析，项目团队根据项目的工作范围、可交付成果等编制了该项目的干系人沟通需求表3-27[①]。

表3-27 M公司流程再造项目干系人沟通需求表

干系人	职责	沟通需求
项目经理	全面负责该流程再造项目的推进工作	项目需求、项目目标及制约因素 项目所需资源的落实情况 项目经理的职责和权限 项目实施过程中各方面的信息
业务流程小组 业务部门人员	分析现有业务流程 制定未来业务流程	与业务流程相关的项目管理方面的信息 业务流程的现状分析、改进原则和方向、工作成果
管理流程小组 管理部门人员	分析现有管理模式 制定未来管理模式	与管理流程相关的项目管理方面信息 业务流程的现状分析、改进原则和方向、工作成果
数据建模小组 信息部技术人员	前期参与业务和管理流程小组的工作 完成现有信息系统的评估 进行数据整理	与数据建模相关的项目管理方面信息 信息系统的现状分析、最佳实践、改进原则和方向、工作成果

---

① 骆珣，陈翔，刘军丽. 项目管理教程(2版). 北京：机械工业出版社，2016.

续表

干系人	职责	沟通需求
相关部门	参与、了解	项目基本情况 项目计划、项目成果确认
企业员工	参与、了解	项目基本情况 与自己相关的未来流程

3.8.3 沟通方式

1. 沟通方式的影响因素

项目可采取的沟通方式有很多，但具体采用何种沟通方式主要取决于下列因素。

(1)项目假设条件：沟通方式必须基于项目管理计划中所设置的假设条件，降低对未来不可知情况的影响，保证沟通计划合理性。

(2)项目制约因素：项目沟通方式的选择必须考虑项目组织的条件及制约因素。

(3)沟通方式的可行性：沟通方式是否适合特定对象、场所、目标。

(4)团队成员的能力：应根据组织结构与团队成员的经验能力来选择合适的沟通方式。

(5)对信息的要求程度：若是项目对信息需求迫切，要求不断对信息进行更新，则需要更加快捷有效的沟通方式，往往需要牺牲资金或其他方面的资源。如果对信息需求并不紧迫，则可以选择常规的沟通方式。

2. 沟通方式的分类

根据不同的划分角度，可以将沟通方式分为如下三种类型。

(1)书面沟通和口头沟通。

书面沟通是以合同规定、协议、通知等书面形式进行的信息传递和交流，它的优点是正式准确具有权威性，可以作为资料长期保存、反复查阅。

口头沟通是指以谈话、报告、讨论、讲课等口头表达形式进行信息交流活动。它的优点是比较亲切灵活、速度快，双方可以自由交换意见，沟通效果好，但这种方式事后难以进行准确查证。

(2)正式沟通与非正式沟通。

正式沟通是按照项目团队正式规定的通道进行信息传递和交流的方式，如团队规定的会见制度、会议制度、报告制度及团队之间的正式来往。它的优点是信息可靠性强，有较强的约束；缺点在于信息传递要通过多个层次，速度较慢。

非正式沟通是指不通过正式沟通渠道而进行的信息传递和交流，这种沟通的优点是沟通方便，且能沟通一些在正式沟通中难以沟通的信息，缺点在于信息容易失真。

(3)上行沟通、下行沟通与平行沟通。

上行沟通是指下级的意见反映给上级，即自下而上的沟通，上行沟通有两种形式，其一是层层传递，依据一定的组织程序，逐级向上反映；其二是越级反映，即越过中间层次，让项目决策者与员工直接沟通。项目经理应该鼓励下级向上级反映情况，只有上行沟通渠道畅通，项目经理才能全面掌握情况，作出切合实际的决策。

平行沟通是指组织中各平行部门之间的信息交流，在项目实施过程中可以看到各部门之间经常发生矛盾和冲突，部门之间互不通气，是造成这一现象的重要原因之一，保证平行部门之间的沟通渠道的畅通，是减少部门冲突的一项重要措施。

下行沟通是指项目领导者对员工进行的自上而下的沟通，如将项目目标计划方案传达给一般员工，对组织面临的具体问题提出处理意见等。这种沟通方式实际上就是领导者向被领导者发布指令的过程，通过这种方式可以达到传达有关方面指示、让员工明确项目组织的目标、提醒员工对于工作及其任务关系的了解、部署反馈员工工作绩效的目的。

不同的沟通方式有不同的优缺点，没有绝对的好坏，只有适不适合，需要对其灵活应用。在一个项目中会用到多种不同的沟通方式，甚至对相同的干系人就同一问题进行沟通时由于外在影响因素的变化而需要采取不同的沟通方式。

3.8.4 沟通障碍

在沟通过程中，每一个沟通环节都可能存在沟通障碍，并最终导致传播的效果大打折扣，这种现象被称为沟通漏斗，如图 3-35 所示。在项目团队当中，由于项目团队成员来自于不同专业领域，具有不同的专业背景和经历，相比职能部门中的成员他们更容易在沟通中存在障碍，产生诸如沟通漏斗的现象，对项目造成消极影响。

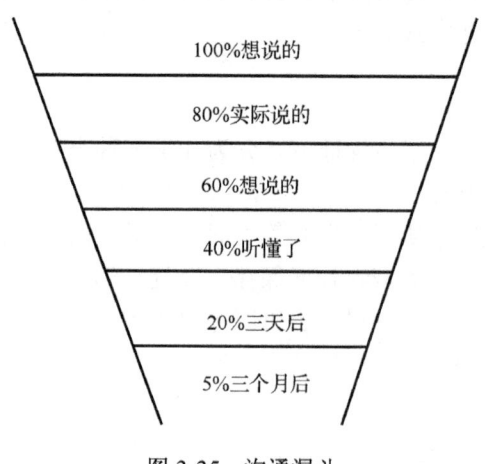

图 3-35　沟通漏斗

通常情况下，造成沟通障碍的原因主要有以下几点。

(1)空间距离。在传统信息交流过程中，空间距离的远近是一个客观且难以克服的障碍，对信息传递的准确性、时效性都带来重大影响。但随着科技时代的到来，这个因素所造成的影响越来越小。

(2)沟通渠道。选择合适的沟通方式与沟通渠道是影响沟通效果的一个重要因素。在项目运行当中会涉及正式与非正式的沟通，其中正式沟通主要是采用如例会、合理化建议、工单传递、流程审批等制度化方式来进行，而非正式的沟通则是制度化、书面化之外的其他方式占多数。在不同的情景条件下，采用适合的沟通渠道所带来的影响和效果是相差甚远的。

(3)信息资源。沟通交流所传递的本质就是信息，信息源本身的质量好坏、是否可以被清晰明确地接收与传递直接决定了沟通的效果。因此在沟通过程中，要明确好信息源的质量，确保其在传递过程中不易被歪曲和损耗是十分必要的。

(4)沟通双方的认知程度。信息发送方作为沟通的起点，若是在沟通能力与沟通技巧方面存在缺失，则会直接影响沟通的效果；信息接收方对信息的认知水平、接受程度、能否消除环境干扰因素等也是影响沟通效果的重要原因。此外，沟通双方的主观态度、文化背景、重视程度等都会对沟通效果产生影响。

3.8.5 编制沟通管理计划

沟通管理计划主要就是一份项目沟通计划文件，一般在项目的初期阶段制定，其是在确定了什么时间由谁完成什么工作的基础上，进一步考虑应在什么时间与哪些干系人就什么信息采用什么方式进行怎样的沟通等问题。

具体来说，沟通管理计划通常包含了以下内容。
(1)利益相关者沟通的要求。
(2)对要发布的信息的描述，包括格式、内容、详尽程度等。
(3)项目信息发布的原因。
(4)信息接收的个人或组织。
(5)沟通相关信息责任人。
(6)传达信息所需的技术或方法，如备忘录、电子邮件和新闻发布等。
(7)沟通频率，每周还是每月。
(8)对下层无法解决的问题，确保问题上报的时间要求和管理链。
(9)根据项目的绩效对沟通管理计划进行更新与细化的方法。
(10)通用词语表。

此外，若是项目涉及的沟通内容较复杂，需要应用多种沟通媒介和方式时，沟通管理计划也可以包括项目状态会议、网络会议、电子邮件等。沟通管理计划的表现形式可以多种多样，表 3-28 就是其中的一种。

表 3-28 沟通管理计划

项目名称： 编制日期：

信息	接收者	时间	方法	频率	发送者

续表

术语或缩写	定义

沟通约束或假设：

| |
| |

附上相关的沟通图或流程图。

实 践 任 务

任务步骤及要求：

1. 每个任务项目中的一组利用本节所学知识点在明确沟通需求的基础上参照表 3-28 编制本项目的沟通管理计划，其他两组观察、记录其过程及结果；

2. 每个任务项目利用 10 分钟时间进行汇报总结，观察与记录组和实施组分别汇报过程和结果，汇报过程中要说明计划中相关内容的制定依据和原因，老师和其他任务项目组参与点评。

实践目标：

1. 了解制定项目沟通管理计划的意义；

2. 学会制定沟通管理计划。

3.9 风险管理计划

项目启动后存在诸多的不确定性，这些不确定性使得项目未来结果有很大差异，由此产生项目风险。项目风险贯穿于整个项目的生命周期，并且项目的不同阶段会有不同的风险，但一般而言随着项目工作的不断展开，不确定性会逐渐减少，项目风险也越来越少。所以，项目早期的风险管理特别重要，提前做好风险管理计划可以有效控制风险，促进项目目标的实现。

项目风险源于项目的不确定性，这种不确定性可能给项目带来不利的威胁也可能会带来有利的机会，可以将其称为消极风险和积极风险。所以对项目风险的管理不仅仅是狭义上防止风险发生或降低风险的影响等对消极风险的管理，还应该包括如何有效利用积极的风险，更好促进项目的完成。

对风险管理需要了解风险的影响因素，风险的影响因素通常考虑以下三点，即风险发生的概率、风险发生后带来的影响、触发风险发生的诱因。有些风险发生的概率很高，但其带来的影响不是很大；有些风险发生的概率不高，但其一旦发生所产生的影响就很大。

例如，运动会项目中，运动员临时退出比赛发生的概率很高，但其对项目的完成影响不会很大；运动员比赛中受伤的概率相对较小，但一旦发生其影响面却很广。不管是运动员退出比赛，还是比赛中受伤，都不是无缘无故发生的，都是有一定诱因的，或者是运动员有其他更重要的事情与比赛冲突，或者是运动员刚好生病，或者是赛中安保人员工作不到位等。通常风险的触发事件可分为自然事件、社会事件或经济事件；也可分为组织或项目内部事件、组织或项目外部事件等。

3.9.1 规划风险管理

规划风险管理是定义如何实施项目风险管理活动的过程，规划风险管理过程在项目构思阶段就应开始，并在项目规划阶段的早期完成。风险管理规划可以系统全面地给出项目风险管理的策略和方法，可以指导项目团队开展项目风险管理的计划和实施，是项目风险管理的纲领性文件。

规划风险管理时应综合考虑以下因素：项目所在组织的总体发展战略及目标；事业环境因素中的组织对风险的态度、风险临界值及组织主观上的风险程度意愿和客观承受力；项目章程中所涉及的项目应满足的需求、项目总目标及项目高层次风险；已批准的各基准计划及各项目管理计划，以使风险管理计划与之相协调一致；组织过程资产中所涉及的风险类别、风险记录及汇报格式、相关概念及术语、相关人员的角色及职责等。

规划风险管理可以通过举行规划会议来进行，参会人员包括项目经理、项目团队成员、项目干系人、组织中负责管理风险规划和应对活动的人员、相关的高层管理者或项目发起人、行业内专家等、相同项目领域的项目经理或专家。其中，项目经理、项目团队成员、项目干系人是必须参与的人员，因为其需要参与项目风险管理计划的编制和实施；其他人员可根据需要选择性地参加或进行咨询。

规划风险管理的结果一般会通过风险管理计划展现出来。风险管理计划的内容通常包括以下方面。

(1)项目风险管理方法。项目风险管理方法是指在进行项目风险管理时本项目可采用或应采用的方法、工具和数据来源。如识别风险该使用头脑风暴法还是访谈法等。

(2)项目风险管理的角色与职责。项目风险管理活动内容复杂、涉及面广，要想进行有效管理，需明确其中的参与人员，并分清领导者、支持者和参加者的角色及他们相应的职责。

(3)项目风险管理的预算。不管是项目风险管理计划的制定，还是项目风险管理的实施，都少不了项目资金的支持，项目风险管理预算就是根据成本管理计划等计划和安排好项目风险管理所需的资金，做好应急储备和管理储备的预算方案将其纳入成本基准。

(4)项目风险管理的时间安排。项目风险管理是贯穿项目整个生命周期的，需要不断地对风险进行识别和监控等，所以应制定出进行风险管理的时间和频率，如何时进行何种风险管理工作、多久进行一次风险的监控等，并将关于风险的时间安排纳入到项目进度计划中。

(5)项目风险类别。项目的风险有很多，在对这些风险进行管理时需进行适当的分类。项目风险分类的方式也有很多，如可按类别分为技术风险、质量风险、过程风险、管理风险、组织风险、市场风险和法律法规风险等；可按组织分为内部风险和外部风险；可按影响分为正面风险和负面风险等。每个项目需根据自身的特点和需要选择合适的项目分类方法来进行风险管理，风险管理计划是从总体上对本项目应采用何种分类方法进行了统一规范，以便于管理。

(6)项目风险概率及影响。不同的项目环境中，风险发生的概率、风险对项目的影响程度也是不尽相同的，为确保风险分析的质量和可信度，需要对项目环境中特定的风险概率和影响的不同层次进行定义。还可以把每个风险发生的概率和一旦发生对项目目标的影响综合起来形成项目风险影响矩阵，组织通过其各种组合设定本项目的风险级别。

(7)项目干系人的风险承受力。不同的项目干系人在项目中的角色不同、需求不同、关注点也不同，他们对风险的感受力和承受力也不尽相同，所以需要在进行项目风险规划时针对不同的干系人确定出其关注的风险有哪些、什么程度是他们可以接受或不能接受的。

(8)项目风险报告的格式及内容。为保证项目管理过程中的统一规范，需要规定如何记录分析和沟通风险管理过程的结果，规定风险登记册及其他风险报告的时间、内容和格式。报告没有完全统一的要求，通常情况下，只要符合项目风险管理各相关人员的阅读习惯，保证其能够获得所需信息且利于大家进行沟通即可。

(9)项目风险的跟踪评估。项目风险管理过程中的经验教训是一笔宝贵的财富，需要将诸如风险管理中文档如何管理、风险事件如何识别和度量、实施过程中如何进行管理、如何应对未识别的风险等信息记录下来。项目风险的跟踪评估就是规定应如何记录这些信息及应如何审计风险管理过程。

表 3-29 是某项目的风险管理计划表格。

表 3-29 某项目风险管理计划[①]

一、项目基本情况
本项目为 N 国 500kv 双回路输变电项目的交钥匙工程，包括项目的设计、勘探、制造、运输、安装、调试、移交等工作。项目共分两个标段 Lot1 和 Lot2，其中，Lot1 从 P 市到 K 市线路总长 248km，Lot2 从 K 市到 H 市线路总长 253km
二、风险管理方法
风险识别：风险核对表、会议讨论(头脑风暴)、层次分析、现场考察、环境分析等方法
风险定性分析：风险概率与影响分析、项目假设检验等方法
风险定量分析：专家访谈与咨询、敏感性分析、决策树分析等方法
三、风险的类别
国别风险
利益相关者风险
项目特有风险
项目管理风险
市场金融风险
法律税务风险
四、公司相关的风险管理政策
国别风险三级或三级以上的国家承包项目必须投保出口信用保险(N 国为三级)
主要设备和材料的供应商必须通过资格预审，并提供银行的履约保函
按照公司供应商评估模型定级为 A 级以下的客户，不能为 500kv 输变电项目提供设备、原料和服务
200kv 以上输变电项目的风险管理计划、评估结果、风险管理应对计划和风险储备必须经过公司风险管理委员会指定的专家组审核认可
五、项目风险管理流程及风险管理的角色、责任
风险管理流程包括风险事前管理、事中管理和事后管理三部分，风险管理的角色、责任及审批程序都在风险管理流程中得以明确
具体管理流程(略)

[①] 张立友，汪晓，金林. 项目管理实战剖析与 PMP 攻略. 北京：机械工业出版社，2007.

续表

六、风险管理的频度
每一个项目里程碑开始前，必须要重新识别、定性分析、定量分析风险
整体的风险评估报告有效期不得超过 3 个月，超过 3 个月的报告必须更新
发生以下情况，项目需要重新评估风险：项目经理更换、重大变更和/或索赔、项目基准计划变更、重大采购活动结束
重大风险事件报告不能超过 48 小时

七、风险的承受度
业主：进度不得晚于合同进度的 3 个月、调价幅度不得超过标价的 15%
执行组织(A 公司)：不能亏损，该公司在 N 国所有项目的 EMV 不得超过 3000 万美元
分包：进度拖延不能超过合同进度的 6 个月、损失不能超过报价的 10%
供应商：价格的有效期为 8 个月、损失不能超过报价的 15%

八、风险评分标准与解释

1. 风险概率定性评级标准

风险来源	风险条件	风险(概率)定性评级标准		
		低	中	高
客户	新老客户 客户的原则性 影响其他客户的数量 客户提供的信息	老客户 弱 少 及时		新客户 强 多 不及时
项目产品要求	产品性质 产品质量性能要求	常规产品 清楚		特殊产品 不清晰
……	……	……	……	……

2. 项目具体风险的评级(评分)标准。项目风险影响目标选取范围、成本、进度、质量 4 种，各个目标选取排在前十位的风险进行管理

对项目主要目标的影响程度	范围	成本	进度	质量
极小(0.1)	几乎察觉不到范围的变动	成本增加不明显	进度拖延不明显	几乎察觉不到质量等级的降低
较小(0.3)	影响范围的次要部分	成本增加的比例小于 5%	进度拖延的比例小于 5%	只影响到质量等级的某些方面
……	……	……	……	……

九、风险报告的格式

1. 定期报告格式

项目名称	
项目简介	
上期报告执行情况	
本期报告风险图	
主要风险及风险值	
主要风险成因	
主要风险的应对措施、责任人和期限	
报告人及时间	
批准人及时间	

2. 专项报告格式

项目名称	
项目状况	
重大风险名称	
重大风险的风险值	
重大风险成因	
重大风险的应对措施、责任人和期限	
报告人及时间	
批准人及时间	

续表

十、风险的跟踪与记录 对已经识别的风险必须进行分类和编号。对风险管理的情况必须进行记录。项目风险记录保存在项目小组,项目收尾后随项目总结,移交档案管理部门	
项目名称	
项目状况	
风险名称及编号	
风险成因及风险值	
风险的应对措施、责任人和期限	
风险应对措施的有效性	
实际风险损失	
记录人及时间	
批准人及时间	

【练习】

假定你参加了一个国际大学生组织,并和队员一起策划组织了一个关于青少年理财的公益活动,目的是向全市人民推广理财的理念。

该项目中有个环节是邀请著名企业的高级管理人士来讲课,传授企业家精神和分析现代市场经济的新理念。经过努力,你们团队先后找到华硕西南地区的销售总经理和KPMG(毕马威)的一名高级经理。可是在谈判的时候,华硕的经理很在意KPMG的高级经理来不来的问题,当时你们只是和KPMG的人在谈,那位经理也表示了很在意这个项目,并询问了要求他主讲的内容。为了稳住华硕那边的经理,你们说KPMG的高级经理到时候会过来的。

请制定该项目的风险管理计划。

3.9.2 风险识别

对风险进行具体的管理首先要明确有哪些风险,即需要对项目风险进行识别。具体来说,识别风险就是确定项目将遇到哪些风险,明确这些风险的特征及发生条件,分析这些风险对项目的影响并记录在案的过程。

虽然在项目规划阶段已对风险进行了识别,但是项目的不确定性决定了随着项目的进行会有很多未知的新风险事件的发生或者已识别风险发生变化,因此,风险识别需要持续不断地反复进行,而不能在规划阶段进行一次就结束。

项目风险的识别应尽量使所有项目干系人参与,具体执行一般由项目经理领导的项目团队负责,必要时可邀请客户、专家等其他干系人提供意见及指导。

进行风险的识别需要考虑以下因素的影响:首先,应遵循风险管理计划的相关规定,如相关角色和职责的分配、风险类别的分类等;其次,要结合项目各管理计划和基准,如何时进行何工作、预算的成本有多少、是否需要对外采购等都会有相应风险的产生;最后,还要考虑项目所在组织的事业环境因素和组织过程资产,如组织对风险的态度和相关历史资料等。

项目风险涉及的内容很多,如管理方面的风险、技术方面的风险、资金供应不足的风险、员工流失的风险、市场变动的风险、原假设不成立的风险、文化差异的风险、高层对项目态度变化的风险、法律法规变更的风险、自然灾害的风险等,进行风险识别要保证识别出的风险细致、全面。表 3-30 和表 3-31 分别给出了从项目各知识领域和项目管理工作过程两个方面考虑可能出现的风险。①

表 3-30 项目各知识领域可能出现的风险

知识领域	可能出现的风险
范围管理	目标不明确，范围不清，工作不全面，范围控制不恰当
时间管理	错误估算时间，机动时间的管理失误，进度安排不合理
成本管理	成本估算错误，资源短缺，成本预算不合理
质量管理	设计、材料和工艺不符合标准，质量控制不当
人力资源管理	项目组织责任不明确，没有高层管理者支持
沟通管理	沟通计划编制不合理，缺乏与重要利益相关者的协商，冲突管理不完善
风险管理	忽略了风险，风险评估错误，风险管理不完善
采购管理	没有实施的条件或合同条款，物料的单价变高
干系人管理	干系人识别不全面，干系人需求分析不到位，干系人未按需参与项目
整体管理	整体计划不合理，进度、费用、质量的协调不当

表 3-31 项目管理工作过程可能出现的风险

项目管理工作过程	可能的风险因素
启动过程	目标不明确，范围不清，工作描述不全面，技术条件不成熟等
规划过程	资源分配不当，成本预算不合理，计划不够具体，整体计划不合理等
执行过程	缺乏高层管理者支持，进度安排不合理，沟通不当，资源短缺等
监控过程	项目计划没有机动性，管理不完善，外部环境不断变化等
收尾过程	项目中断，未达到项目预期目标，成本超出预算等

识别出的项目风险信息要记录到风险登记册中。风险登记册是用来记录风险识别、风险分析和风险应对的成果的文件，其编制始于风险识别过程，随着风险管理过程的深入，内容相应地逐渐增加和更新。风险识别阶段的风险登记册主要包括的内容如表 3-32 所示。

表 3-32 风险登记册

	风险名称	风险类型	发生概率	对项目的影响	发生时间	风险触发器	关联风险	潜在应对措施	风险责任人	风险状态
1										
2										
3										

其中，风险对项目的影响既包括积极的影响也包括消极的影响；风险触发器也叫风险征兆或预警信号，是指风险已经发生或即将发生的外在表现，是风险发生的前兆。

【练习】

请就 3.9.1 节中所说的项目进行风险识别。

---

① 骆珣，陈翔，刘军丽. 项目管理教程(第 2 版). 北京：机械工业出版社，2010.

3.9.3 风险分析

风险识别过程对项目可能遇到的风险的基本情况已全部掌握，但这并不意味着接下去要对所有识别的风险进行相同的管理。对风险的管理需要耗费人力、物力、财力，项目不太可能有足够的资源予以满足；而且，有些风险发生的可能性并不大、有些风险对项目的影响不大，所以并不是所有风险都需要耗费资源对其重点管理，因此，需要对识别出的风险进行分析，对其进行优先级的排列，为管理决策提供帮助。

1. 风险分析的含义

风险分析包括风险定性分析和风险定量分析。

风险定性分析主要是从主观上对风险发生的概率和对项目的影响进行评估并进行优先级的排序的过程。风险定性分析主要关注单个风险，通过分析可以对项目的整体风险做出判断，从而决定有没有必要终止项目。它还可以对已识别风险的优先级别进行排序，从而确定哪些风险需要重点关注、重点管理、进一步进行定量分析。

风险定量分析是在风险定性分析的基础上，对排序在前且能够量化的风险的概率和其对项目目标的影响加以量化分析，评估风险对项目的总体影响，以进一步降低项目不确定性，提高决策正确性的过程。定量分析相比于定性分析更客观、更科学，但其需要大量数据的支持，更费时费力。

已识别的所有风险都应进行定性分析，但只有那些定性分析确认严重的、有足够的资源支持且能够量化的风险才需要进行定量分析，还有些风险可能前期不具备条件只能进行定性分析，随着项目的进展条件具备时再进行定量分析。但不管是定性分析还是定量分析，都不是一蹴而就的，都需要随着项目的进行，定期或不定期地重复进行，及时更新风险情况。

2. 风险分析的方法

定性风险分析常用的方法有概率影响矩阵和专家判断等。定量风险分析的方法有预期货币价值分析、敏感性分析和蒙特卡洛模拟法等。风险分析的方法有些专业性很强，特别是定量分析法，所以必要的情况下需要专业人员的参与。

(1) 概率影响矩阵

对风险进行定性分析，首先要调查评估每个风险发生的可能性及其对项目目标的影响程度。对风险概率和影响进行评估时，需要召集对风险熟悉的人开会或对其访谈。不论是风险概率还是影响程度都可以用数字或相对比例或两者的组合来标度。数字的取值范围一般在 0～1 之间，通常数值越大，表示发生概率越大、影响程度越高；相对比例可采用简单的高、中、低，也可采用较细致的很低、低、中等、高、很高、极高等；两者的结合可以更详细地进行论述，如某风险对项目成本的影响是成本的增幅小于 10%，可标度为影响是 0.1 低。得出项目风险的概率和影响程度后，将两者相乘即可得到风险值，风险概率和影响程度的各种组合的风险值的汇总就得到了概率影响矩阵，如表 3-33 所示。根据概率影响矩阵中的数据，可以得出风险的重要程度，一般来说矩阵中左上区域是低风险区，右下区域是高风险区。需要注意的是，不管是风险概率和影响的标度，还是风险值所代表风险高低程度，都需要以风险管理计划中的规定为指导原则，与其相一致。

表 3-33 概率影响矩阵

影响 风险值 概率	0.1	0.3	0.5	0.7	1
0.1	0.01	0.03	0.05	0.07	0.1
0.2	0.02	0.06	0.10	0.14	0.2
0.3	0.03	0.09	0.15	0.21	0.3
0.4	0.04	0.12	0.20	0.28	0.4
0.5	0.05	0.15	0.25	0.35	0.5

（标注：低风险区、中风险区、高风险区）

(2) 专家判断

专家判断法主要是应用专家的经验来给出对风险的判断，通常应给专家提供一个取值范围，并说明数值的含义，可以通过专家单独赋值或召开研讨会集中赋值来进行。使用该方法时要注意专家的选取并尽量避免专家的偏见。

(3) 预期货币价值分析

预期货币值(Expected Monetary Value，EMV)，又称风险暴露值或风险期望值，是把每个可能得出的数值与其发生的概率相乘，再把所有乘积相加计算得出结果的方法，该方法常常用在决策树(也称概率树)分析中。EMV 是建立在风险中立的假设之上的，既不避险，也不冒险，一般情况下，机会的 EMV 表示为正值，而风险的 EMV 则表示为负值。如表 3-34 和图 3-36 所示，某生产线改造有改建和新建两种方案选择，而产品未来的需求存在一定的风险，需求量由多到少可能发生的概率为 0.5、0.3、0.2，针对不同的需求改建和新建会有不同的收益，最后计算两种方案的风险期望值得出分别为 9.9 和 10.5，故应选择新建生产线这一方案。

表 3-34 EMV

方案 \ 自然状态	不同需求量的收益值			期望值
	较多 概率 0.5	中等 概率 0.3	较少 概率 0.2	
改建生产线	17	6	−2	0.5×17+0.3×6+0.2×(−2)=9.9
新建生产线	20	5	−5	0.5×20+0.3×5+0.2×(−5)=10.5

(4) 蒙特卡洛模拟法

蒙特卡洛模拟法的原理是用随机抽样的方法抽取一组输入变量的数值，并根据这组输入变量的数值计算分析风险发生的可能性、风险的成因、风险造成的损失或带来的机会等在未来变化的概率分布、期望值、方差、标准差等，用这样的办法抽样计算足够多的次数计算得出项目目标的概率分布，计算项目整体风险的程度，从而估计项目所承担的风险。随着模拟次数的增多，其预计精度也逐渐增高。由于需要大量反复的计算，一般均用计算机来完成。

3. 风险分析的结果

风险分析后需要将相关分析结果的信息添加到风险登记册中，如表 3-35 所示。

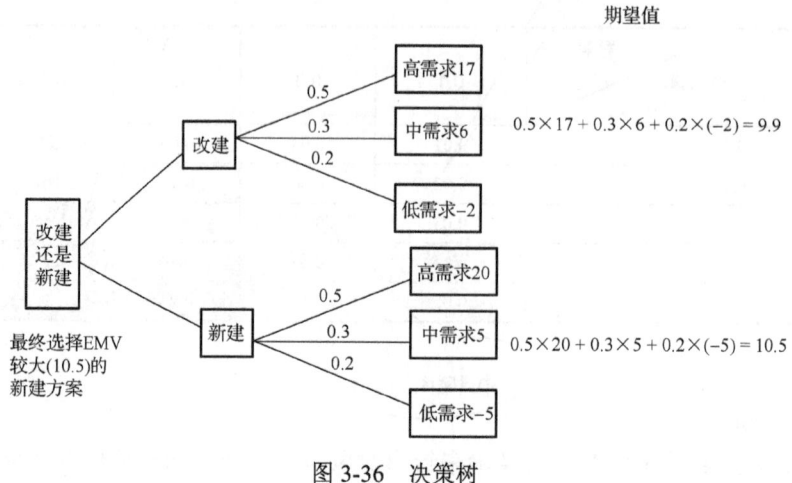

图 3-36　决策树

表 3-35　风险登记册

	风险名称	风险类型	风险概率和影响评估	风险等级	发生时间	风险触发器	关联风险	项目目标实现的概率	潜在应对措施	风险责任人	需进一步分析的风险	风险状态	风险发展趋势	应急储备
1														
2														
3														

定性风险分析后需要更新的风险登记册的内容包括：对项目风险综合分析的概率和影响评估结果，综合分析后对风险优先级的排序，近期需要重点分析应对的紧急风险，留待后续观察的低风险的观察清单，风险未来的发展趋势，项目假设条件的变化等。

定量风险分析后需要更新的风险登记册的内容包括：项目目标实现的概率，风险对项目时间和成本目标的影响概率及相应的应急储备，量化的风险优先级排序，风险未来发展变化趋势等。

【练习】

请就 3.9.1 节中所说的项目进行风险分析。

3.9.4　风险应对计划

对风险进行识别与分析后，需要进一步有针对性地制定具体的风险应对计划，以使项目在可控的风险范围内顺利完成，实现项目目标。

制定风险应对计划时，要注意考虑项目干系人的风险态度，因为其风险态度对风险应对方式的选择影响很大，如乐于正面接受风险时会选择尽力促使风险发生的策略，以获取更多的机会，为更好地完成项目提供可能性；而若希望在很确定的情况下平稳地完成项目时，则会选择尽量避免风险发生或尽可能降低风险带来的影响的应对策略。一般来说，风险态度会受其认知承受力和各种成见等多种因素的影响，这些因素大体可分为三类，即风险偏好、风险承受力和风险临界值。风险偏好是指对风险的不确定性的承受意愿程度，可分为风险追求者、风险中立者和风险回避者；风险承受力是指能承受的风险程度，或者说风险发生后能承受的损失程度；风险临界值是指对风险的最大接受程度，低于风险临界值，组织可以接受风险，高于风险临界值，组织将不能承受风险。

制定风险应对计划时，还需要注意以下问题：要在项目风险管理计划和风险登记册的基础上制定具体应对计划，要与项目所在组织(若有)的总体发展战略和项目总目标相一致，因为财力物力等有限，所以对风险的管理原则是将其控制在可接受的水平上，而不是完全将其消灭。

风险应对措施的制定可以从改变风险后果的性质、风险发生的概率以及风险后果大小三个方面着手，具体有规避、转移、减轻、开拓、提高、分享、接受和应急应对策略等多种应对措施。其中，规避、转移和减轻是应对消极风险或威胁的策略，开拓、提高和分享是应对积极风险或机会的策略，接受既可用来应对消极风险或威胁也可用来应对积极风险或机会，应急应对策略是针对某些特定事件的应对措施。

(1)规避。规避策略也称为回避策略，是指项目团队主动放弃项目或改变项目目标与行动方案等来消除威胁或保护项目免受风险影响的一种应对策略。通常情况下，当项目面临的风险发生的概率很高、对项目有严重影响，而又没有其他更好的应对方案时，为避免更大的人、财、物损失，可以考虑采用规避策略。采用规避策略时，不管是直接放弃项目还是改变项目目标，对项目的影响都很大，所以应在对风险充分认识的基础上，并且在风险发生前进行。

(2)转移。转移风险又称(合伙)分担风险，是指将风险所带来的影响及相应的责任一起转移给第三方的应对策略。转移风险没有改变风险本身的任何内容，如概率、影响等，而只是简单地将风险转移到有能力承受或控制风险的第三方。第三方来承受风险不仅要具备足够的承受能力，而且通常是以获得相应的报酬或收益为目的。转移策略通常适用于风险发生概率较小但导致的损失较大、项目团队自身资源或能力有限无法应对等情况，具体可采用的方式有保险、履约保函、担保书、保证书、合同或协议等。

(3)减轻。减轻策略是指项目团队自身采取一定行动来降低风险发生的概率或减少风险造成的损失的应对策略。不论是降低风险发生概率，还是减少风险造成的损失，其目的是将其控制在可接受的临界值范围内。在运用减轻策略时，对于已知风险可采用具体的策略，如技术难关可以通过聘请技术专家解决；对于可预测的风险可采用迂回策略减少正面迎击带来的影响，如建筑项目施工期间预报有强台风天气则可安排暂停施工以保证人员及物资安全；对于不可预见的风险可尽量将其转化为可预测或已知风险，如产品研发项目可先进行充分的市场调研以保证研发出的产品可以满足用户需求。

(4)开拓。开拓策略是指项目团队采取措施促使某具有积极影响的风险得以实现，以确保项目获得某机会的策略。开拓策略的实施可以通过增加资源或分配更有能力的资源或采用更先进的技术等，以消除阻碍某机会发生的不确定。

(5)提高。提高策略是指提高某积极风险发生的概率和/或积极影响，强化风险触发条件，促进项目有利机会发生的概率的策略。

(6)分享。分享策略是指将风险的部分或全部责任授予最能为项目带来利益的第三方，与其建立合作关系来实现项目风险向项目机会的转变。

(7)接受。接受风险又称自留风险,是指项目团队不采取任何措施,任风险发展并承担风险的所有后果的应对策略。当风险发生的概率很低且后果不是很严重,或者其他风险应对措施的费用大于该风险造成的损失时,可以采用该应对策略。接受风险可以是主动的,也可以是被动的。主动接受策略是指提前建立应急储备,安排一定的时间、资金和资源来应对风险事件的发生;被动接受风险是指不采取任何行动,待风险发生时进行相应的记录即可,不过需要定期复查以确保其在可接受的范围内。

(8)应急应对策略。应急应对策略是指为某一特定的风险事件专门设计的一些应对措施。对于有些风险,项目团队可以制定应急应对策略,当这些风险发出会发生的预警信号时,如实际进展与计划不符,就应该启用应急应对策略。应急应对策略主要有费用、进度和技术三种。

机会和威胁并不是完全分开的,两者往往相伴而生,所以,很多时候,为了抓住一个机会,就必须冒相应的威胁。在具体使用应对策略时也往往是各种策略的组合,项目管理人员应善于权衡何时应采取何种应对策略。

风险应对计划完成后,会对很多项目文件产生影响,因此需要对这些文件进行及时的更新。这些文件包括:项目管理计划,如进度管理计划、成本管理计划、质量管理计划、采购管理计划、人力资源管理计划、范围基准、进度基准、成本基准;项目文件,如风险登记册、假设条件日志、技术文件、变更请求。

【案例分析】

上接3.9.1节中的项目情况。

可是,当还有两天活动就要开始的时候,你们得知KPMG的高级经理没有时间过来,并且KPMG也不会派其他人来助阵。你们的时间已经定了,已经通知了这次活动的主要参加者——通过选拔的一批中学生。所以时间是不能够更改的。

这时,如果直接和华硕经理说KPMG不会来人,那华硕有可能也不会再来,那你们的活动就会缺失最重要的一个环节。如果等那天华硕那边来活动现场后,再告诉他们KPMG不能来,那他可能会觉得我们是在欺骗他。

请就该案例中的风险情况制定应对措施。

实 践 任 务

任务步骤及要求:

1. 每个任务项目中的一组利用本节所学知识点进行本项目的风险管理计划的制定,进行风险识别、风险分析、风险应对,并将结果汇总到风险登记册,其他两组观察、记录其过程及结果;

2. 每个任务项目利用10分钟时间进行汇报总结,观察与记录组和实施组分别汇报过程和结果,老师和其他任务项目组参与点评。

实践目标:

1. 明确风险管理计划所包含的内容和制定步骤;
2. 学会各知识点的应用。

3.10 采购管理计划

项目采购是项目管理中重要的组成部分之一,每一个项目的实施都需要投入人力、设备、原料等各种类型的资源。有数据统计表明,项目采购所占支出一般为项目总支出的50%甚至更多。除此之外,项目的设计和规划也有可能涉及采购的内容。采购到的设备货物或接受的服务,若是不符合项目设计和规划的要求,必然会降低项目的质量,甚至会导致项目的失败。虽然项目的具体情况有所差异,但是采购这一环节的运作成功对项目是否能顺利进行起到了至关重要的作用。

3.10.1 项目采购概述

项目采购可以理解为从项目组织外部获取项目相关的产品和服务。买卖双方抱着各自目的在项目采购这个过程中相互作用,最终达成交易目标。本节所讨论的项目采购管理计划设定在项目方作为买方,卖方(供应方)来自企业外部的基础上。

1. 科学采购管理的条件

要达到科学合理的采购目的,避免相关资源的浪费,项目组织通常要关注以下几个方面工作。

(1) 健全的采购计划

采购前需要对市场情况进行充分、认真的调查分析,准确掌握市场的变化趋势。这样制定的采购计划是切合实际的,预算也既符合市场情况,又留有一定余地。签订合同后,双方对如何支付贷款或劳务费用方面应权责分明,即使是可能发生价格调整或不可预见的费用,也应已在合同中作了明确的规定。

(2) 完善的采购流程

合理的采购工作通常应通过招标方式进行,在招标文件中对所采购的货物或服务的技术规格、交货等方面作出具体规定。供货商或承包商在制定标书的过程中要充分考虑自己供货或承包服务的能力;招标后签订的合同要明确规定双方的权利与责任关系,不应模糊推诿;还要规定履约保证及违约赔偿的办法,以保证合同的实施。

(3) 良好的内部管理制度

项目采购工作涉及资金相对较大,同时也涉及复杂的内部关系,如果没有一套严密而周全的程序和良好有效的内部牵制制度,难免会出现贪污、浪费现象。周密的采购程序和有效的内部管理,可以从制度上最大限度地防止贪污、浪费等腐败现象的发生。例如,在承包商的选择上,采用比较规范的公开招标,公平竞争的招标程序和严谨的支付办法,可以在一定程度上防止暗箱操作,保证公平、公正。

2. 项目采购的内容

项目采购内容可以根据 3W+3H 的原则来进行。

(1) What

采购什么?在选择所采购的内容时,通常会根据经济性、规范性、可获得性、可拓展性、通用性等指标来确定所采购的物品。

(2) When

何时采购。即确定合理的采购周期,从而保证在尽可能降低库存成本的基础上减少停工待料的风险。

(3) Who

向谁采购。即设立科学合理的供应商审核标准,从技术能力、公司信誉、合作历史、采购价格等各方面综合考量确定合适供应商。

(4) How many

确定采购数量。订货量少于需求会有停工风险,订货量高于需求会造成库存积压、占用流动资金,因此确定最佳订货量能够形成二者平衡,保证项目合理运作。

(5) How much

确定订货价格。要求项目组在权衡各项约束条件基础上争取最优订货价,有效节约采购成本。

(6) How to

采购方式与条件。这里主要涉及在交易过程中与供应商所确定的必要交易条款,诸如支付方式、验收条件、包装运输要求、售后、争议仲裁,等等。

3. 项目采购的分类

项目采购根据不同的分类准则可以分成不同的类型,本小节只介绍按采购方式的不同分成的招标采购和非招标采购,如图 3-37 所示。

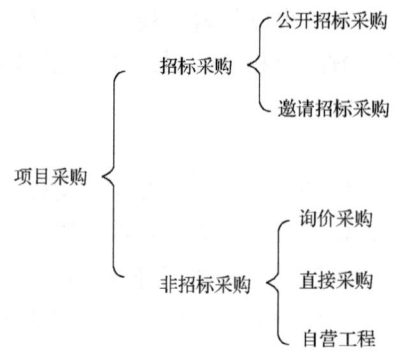

图 3-37 项目采购分类

(1) 招标采购

招标采购是由招标人发出招标公告,邀请潜在的投标商进行投标,然后由招标人对投标商所提出的招标文件进行综合评价,从而确定中标人并与之签订采购合同的一种采购方式。根据对招标对象设置门槛的不同,招标采购又分为公开招标采购和邀请招标采购。

公开招标采购是向所有的潜在合格投标者提供一个公平竞争的机会来竞标。公开招标的优点在于招标过程相对公开透明,能够有效防止腐败的发生;由于是面向不特定对象的招标,潜在竞争者多,机会均等,也有利于降低项目的采购成本。公开招标的缺陷在于,这种方式对招标文件的发布、招标过程的设置往往设定一定的规则,导致招标周期较长、评标成本较高,且通过文件资料决定中标者不够客观,存在一定暗箱操作空间。

邀请招标采购是为了减轻招标采购的工作量和成本，只邀请比较熟悉的投标者来竞标。根据我国《招标投标法》规定，国务院发展计划部门确定的地方重点项目不适宜公开招标的，经国务院或省、自治区、直辖市人民政府批准，才可以进行邀请招标。一般来说适合邀请招标的情况主要有：技术要求高、专业性强的项目，由于项目本身难度技术较大，潜在投标人较少，可以考虑邀请招标；受限于合同成本，公开招标不具备成本经济性的项目；项目时间较为紧迫，不适合采用公开招标的项目。

(2) 非招标采购

项目采购绝大多数是通过非招标采购进行的，非招标采购类似于日常工作的采购活动，在现实生活中的应用非常广泛。非招标采购一般适用于单价较低、有固定标准的产品的采购，主要包括询价采购、直接采购和自营工程。

询价采购是指收集若干家供应商的产品报价，综合评价各供应商的条件和价格，并最终确定一个供应商。

直接采购是指直接与供应商签订采购合同的采购方式。

自营工程是指由于项目的特殊要求以及成本收益的限制，利用项目自身的人力、物力和财力自己制造或提供所需的产品或服务。

3.10.2 确定采购范围的工具

根据项目范围说明书中所明确的项目界限，参考工作分解结构得出的具体工作内容并结合项目组织目前资源情况，可以确定项目采购范围。明确采购范围是项目管理人员的一项重要工作，是采购管理计划的首个步骤，具体工作内容包括确定是否需要采购，采购的内容、时间、数量等。

通常来说，确定采购范围时可以使用以下几种方法。

1. 自制/外购分析

自制/外购分析可以用来判断项目组织所需的资源和服务是通过自制还是外购货获得。比较自制与外购的经济性需要考虑直接成本和间接成本两部分费用，并考虑组织的长远需求和项目的当前需求，如果能够满足组织的长远需求，外购成本分摊到当前项目上的比例就会小一些。

例如：某项目实施需用甲产品，若自制，单位产品变动成本为12元，并需另外增加一台专用设备价值4000元；若外购，购买量大于3000件，购价为13元/件，购买量小于3000件时，购价为14元/件。试问：该项目组织如何根据用量作出甲产品取得方式的决策？

在此例进行分析时，有三条成本曲线，根据此题的特点采用转折点分析法较为便利。

设：X_1 表示用量小于3000件时外购产品转折点；X_2 表示用量大于3000件时，外购产品转折点；X 表示产品用量。

则：用量小于3000件时产品外购成本为 $y=14$；用量大于3000件时外购成本为 $y=13$；产品自制成本为 $y=12X+4000$。

根据上述成本函数可求：

转折点 X_1：$12X_1+4000=14X_1$　　$X_1=2000$（件）

转折点 X_2：$12X_2+4000=13X_2$　　$X_2=4000$（件）

将三条成本曲线及转折点用图 3-38 表示如下。

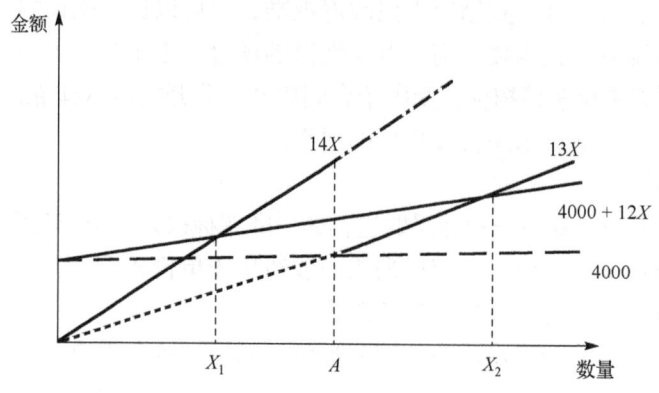

图 3-38　项目自制外购成本分析

决策分析时应以下列结果为依据：
(1) 当用量在 0～2000 件时，外购为宜；
(2) 当用量在 2000～3000 件时，自制为宜；
(3) 当用量在 3000～4000 件时，外购为宜；
(4) 当用量大于 4000 件时，自制为宜。

2. 市场调研

采购过程中涉及众多资源，项目采购人员需要通过各种渠道对相关信息予以收集，从而确定有能力提供产品和服务的供应商，并了解市场现状，优化采购目标，降低采购风险。

采购工作的市场调研主要集中在两个方面：一是对产品的调研，了解产品的技术、技能及同类产品的性价比；二是对供应商的调研，了解其背景、实力、信誉等信息。

通常情况下获取市场调研信息可以通过以下几种方式进行。
(1) 业界展会、业界刊物、行业资料、专业网站等方式收集供应商信息。
(2) 电话或邮件交流，直接咨询相关产品的价格、性能、售后和质量保障的情况。
(3) 实地勘察供应商的实际生产情况。
(4) 走访业界相关人员和以往客户，间接了解供应商的背景情况。

3. 专家意见

这里的采购专家包括咨询公司、行业相关团体、具有丰富采购经验的承包团队以及项目内部的专家组成员等。项目可以根据自身需要决定是否由行业内专家介入进行采购咨询，或者直接邀请他们参加采购。

3.10.3　供应商选择

供应商的选择也是采购管理中要注意的重要问题之一。采购工作，尤其是招标采购工作中，通常会有多个供应商参与投标，因此制定挑选供应商的标准就显得非常重要了。选择合适的供应商，相当于选择一个长期的合作伙伴，对于项目组织而言具有长远战略意义。

一般情况下，供应商的选择包括以下几个因素。

(1)成本。成本就是投标者的报价，这是选择供应商的决定因素，但是如果供应商最后不能及时提供符合标准的物料、工程和服务，那么即使报价最低，也不能选择这样的承包商。

(2)技术方案。选择供应商应该考虑其技术实施方案是否适用并具有灵活性，是否考虑了实施中可能存在的风险。

(3)进度方案。选择供应商时应考虑其进度计划是否科学合理，是否能在项目规定的时间内完成任务。

(4)供应商在同类项目中的经验。如果供应商在同类项目中积累了很多经验，就很有可能在规定的时间内提供符合标准的物料、工程和服务。

传统的采购中对价格因素考虑较大，但随着技术发展价格越发透明，项目采购越来越强调对采购方案做综合评审，对每个参考因素分配不同权重，通过量化的方式进行考核。表 3-36 显示的是对某供应商的要素加权评估得分，通过表格得出了该供应商的加权评估总分为 6790，但是事先确定的底线值是 7000 分，因此该供应商应该被淘汰。

表 3-36 某供应商的要素评估选择表

序号	综合评价指标	权重	评分	合计
1	对于采购方需求的理解程度	10	70	700
2	产品质量是否符合项目标准	20	85	1700
3	产品价格是否具有相对优势	15	65	975
4	供应商规模和供货能力	10	50	500
5	生产用原材料的来源和质量	2	90	180
6	供应商的全面质量管理水平	15	70	1050
7	供应商的组织管理能力状况	3	80	240
8	供应商资金能力及财务信用	5	55	275
9	产地与项目实施地点的距离	2	40	80
10	产品供应交通运输的方便性	3	80	240
11	售后服务水平及反应速度	5	50	250
12	厂家的市场销售历史及商誉	10	60	600
合计		100		6790

3.10.4 合同类型的选择

正式的采购在确定供应商之后需要签订合同来约束买卖双方，这就涉及合同类型的选择问题。合同类型的选择是根据采购物料、服务或工程的具体情况和各种合同类型的适用情况进行权衡比较来进行的。一般合同有三种类型，即固定价格合同、成本补偿合同和单价合同。

1．固定价格合同

固定价格合同是经项目组织和供应商协商，在合同中订立双方同意的固定价格作为今后结算的依据，而不考虑实际发生的成本是多少。如果实际成本较低，这种合同对供应商有利，对项目组织不利；反之，如果实际成本较高，则对项目组织有利，对供应商不利。

固定价格合同对于项目组织来说风险比较小，只要计算好采购物料或工程成本，然后按照这个成本签订合同，而不需管供应商所花费的实际金额，也不必多付超过固定价格的部分，但是供应商有可能只获得较低的利润甚至亏损，特别是当项目所需的资源价格发生大幅度上涨时，供应商就会面临着很大风险。因此签订这种合同是双方必须对产品成本的估计均有把握，固定成本和所使用的技术不太复杂，工期不太长，风险不太大的项目。

2. 成本补偿合同

成本补偿合同是以供应商提供资源的实际成本，加上一定的利润和费用为结算价格的合同。成本补偿合同适用于那些不确定性因素较多，所需资源的成本难以预测又急于上马的项目。一般来说，成本补偿合同包括三种类型，即成本加成合同、成本加固定费合同和成本加奖励合同。

（1）成本加成合同。此合同规定在双方同意的合理范围内，以实际成本为基础，加上按合同规定的成本利润率计算的酬金作为结算价格，如表 3-37 所示。

表 3-37 成本加成合同

成本加成合同			
	合同	实际	备注
项目成本	100 000	110 000	
酬金(10%)	10 000	11 000	假定事先规定的费用是实际成本的 10%
总价	110 000(估计价)	121 000(实际价)	

由此看出，项目的实际成本越高，供应商则获利越多，所以采用这种定价方法，容易造成供应商故意抬高成本增加收益，而项目组织蒙受损失的风险较大。故在实际工作中，项目组织很少采用这种合同。

（2）成本加固定费合同。此合同规定的结算价格由实际成本和酬金两部分构成，实际成本实报实销，酬金则在合同中明确规定数额，与实际成本高低无关。相对于成本加减合同来说，这种合同可以避免供应商故意抬高成本，减少项目组织的风险，也能保证供应商获得一定的利润，但其不足之处是不能促使供应商千方百计地节约成本，如表 3-38 所示。

表 3-38 成本加固定费合同

	合同	实际	备注
项目成本	100 000	110 000	
费率(10%)	10 000	10 000 实际费	费用是以估计项目成本 10%为基础的固定费
总价	110 000(估计价)	120 000(实际价)	

（3）成本加奖励合同。合同双方预先约定一个目标价格(其中包括目标成本和目标利润)或价格上限，并约定当实际成本超过目标成本时，双方按合同规定的比例，由项目组织和供应商双方共同承担，实际成本低于目标成本时，也按合同规定的比例，由项目组织和供应商双方共同分享，成本加奖励合同可以激励承包商想方设法降低成本，如表 3-39 所示。

表 3-39　成本加奖励合同

	合同	实际		备注
		第一种情况	第二种情况	
项目成本	100 000	80 000	120 000	费用是以估计项目成本的10%为基础的固定费用。若项目实际成本低于合同成本，则节约部分供应商可按比例分享结余，相对应的是实际成本超支，则超支部分按比例扣除收入
费率(10%)	10 000	10 000	10 000	
分担比率	85：15	3 000	−3000	
总价		93 000	127 000	

3. 单价合同

单价合同的结算价格是供应商每单位产品付出的劳动与劳动单位价格的乘积，这种合同适用于那些比较正规，但是工作量难以预计的项目。

单价合同可分为估计工程量单价合同、单价合同、单价与包干混合式合同三种形式。

总体来说，单价合同对买方比较有利，由于单价固定买方可以着重精确地计量工作量，可以防止供应商偷工减料或增加工作量。对于供应商来说，这也在一定程度上较大降低了成本风险，因为单价的制定权通常由供应商决定。

3.10.5 项目采购管理计划成果

1. 项目采购管理计划

采购管理计划就是将上述各方面问题确定下来而编制成的文档，采购管理计划除了要确定为什么采购、什么时间由谁向谁采购什么、采购多少、怎样采购这些基本问题之外，还可能根据不同的需要包含以下内容：

(1)是否需要有独立的估算作为评估标准，由谁负责估算？
(2)项目实施组织是否有采购部门，项目管理组织在采购过程中自己能采取何种行动？
(3)是否需要使用标准的采购文件，从哪里可以找到这些标准文件？

根据项目的具体要求，采购管理计划可以是正式的，也可以是非正式的；可以非常详细，也可以很粗略。此计划是整体项目计划的补充部分。

2. 工作说明

合同工作说明书是在项目范围说明书、工作分解结构词典已经确定的基础上编制而成，是项目采购管理计划的组成部分或附件。供应商可以通过合同工作说明明确项目工作需要的产品、服务，并根据自身情况确定是否参与提供相关服务。

合同工作说明书一般涉及工作范围、工作地点、执行期限、可交付成果时间表、适用标准、验收标准、性能或绩效水平等内容。

工作说明在采购过程中可能被修改和细化。例如，潜在的承包商可能建议使用比原来规定的效率更高的方法或成本更低的产品。每一个单独的采购项目都要求有单独的工作说明。但是，多种产品或服务可以组成一个采购项目，使用一个工作说明。工作说明应尽可能清晰、完整、简洁，其中应包括对所有要求的附属服务的说明。例如，承包商报告及对采购来的设备给予项目完成后的运行支持。在某些应用领域，对于工作说明的内容和格式已有具体的规定，如各种形式的政府订货。

【情景模拟】

情景描述：

你们系每年都会在迎新晚会上奖励上一学年成绩优异的学生，假设学生会成员正在开会讨论奖品采购事项，已知每位学生的奖励经费是 600 元，其中 500 元作为现金奖励，该迎新晚会将在 2 周后进行。

模拟要求：

请同学分别扮演学生会主席小王、副主席小洪、学习部部长小孙、生活部部长小吴、秘书长小陈，模拟采购会议现场，确定采购计划。

实训 6　项目计划的制定

实训名称：

项目计划的制定

实训目的：

组织学生为自己的项目制定计划，使学生学会如何在项目具体实施前制定好完善的项目计划，使学生既可以掌握项目计划所涉及的具体内容的应用，又能够体会到项目计划过程中各个知识领域间的相互作用。

实训要求：

(1) 项目团队根据本章所学知识点为自己的项目制定完整的计划。

(2) 原则上每个项目的计划应完整包含十个知识领域，但可根据项目具体情况进行必要的删减。

(3) 计划制定过程中要注意各知识领域间的相互协调和配合，不可将任意一个领域独立起来。

(4) 范围管理计划要求得出 WBS，进度管理计划要求要有活动排序、单代号网络图、双代号网络图、时间参数计算（单双代号任选），成本管理计划要有成本估算、成本预算、直方图和 S 型曲线，其他具体内容可根据需要进行筛选应用。

(5) 要有一定的过程记录。

实训时间：

(1) 课后计划制定时间：1 个月。

(2) 课堂上项目阐述时间：15 分钟/个。

实训考核：

(1) 过程考核：考核项目计划制定过程的组织情况、团队成员参与情况、对计划过程的记录情况。

(2) 成果考核：通过项目计划相关文档考核学生对知识点的理解和应用能力。

思　考　题

1. 项目管理计划的概念是什么？制定项目管理计划应参考哪些资料？
2. 什么是组织过程资产？什么是事业环境因素？
3. 项目范围的定义是什么？

4. 项目范围管理的定义和作用是什么?
5. 如何制定需求管理计划?
6. 项目范围的决定因素有哪些?
7. 项目范围说明书包括哪些内容?
8. 制定工作分解结构的步骤是什么?
9. 工作分解结构有哪些类型?
10. 项目活动排序的原则是什么?
11. 活动工作持续时间估算的方法有哪些?
12. 项目进度计划的表现形式有哪些?
13. 如何绘制单、双代号网络图?
14. 计算时间参数的步骤是什么?
15. 如何找到关键路径?
16. 搭接关系都有哪些类型?
17. 如何进行工期的压缩?
18. 如何对资源进行平衡?
19. 什么是关键链法?
20. 赶工的步骤是什么?
21. 如何绘制责任分配矩阵?
22. 人员配备管理计划包括哪些内容?
23. 项目成本的分类有哪些?
24. 成本估算的定义是什么?
25. 成本预算的定义是什么?有哪些特征和表现形式?
26. 成本估算和成本预算的区别是什么?
27. 项目质量的含义是什么?
28. 质量成本的构成有哪些?
29. 干系人管理计划包括哪些内容?
30. 项目沟通方式的影响因素有哪些?如何分类?
31. 造成沟通障碍的原因有哪些?
32. 风险管理计划的内容包括哪些?
33. 项目十大知识领域和项目工作过程中可能会出现的风险有哪些?
34. 风险分析的方法和工具有哪些?有什么区别?
35. 风险应对的策略有哪些?
36. 项目采购的内容有哪些?
37. 供应商选择的标准是什么?
38. 项目合同有哪些类型?

案 例 分 析

佩顿公司决定对政府的一个新项目的研究开发阶段的建议邀请书作出回应。工程要求指出项目必须在 90 天内完成,合同按照固定成本和费用计算。

项目的主要工作将由开发实验室完成。根据政府的规划,估计成本必须建立在整个部门平均的基础之上,为每小时 19 美元。

佩顿公司以总计(成本加费用)305 000 美元的价款赢得了该合同。分析了第一周的劳动报告后,公司确定开发实验室每小时的花销为 28.5 美元。项目经理确定与开发实验室经理讨论这个问题。

项目经理:"很显然,你知道我为什么找你。照你这个花钱的速度,我们将超出预算 50%。"

实验室经理:"那是你的问题,和我无关。我估算一项工作的成本时,是根据以往的标准来确定所需工时。定价部门以部门平均值为基础将小时核算成美元。"

项目经理:"好,那么我们为什么一直用最昂贵的员工呢?很显然,有许多低工资的员工可以胜任这项工作。"

实验室经理:"是的,我手头的确有低工资的员工,但没有人能够按照合同要求在两个月之内完成这项工作。我不得不使用那些在学习曲线之上的员工,他们当然不会廉价了。你应该让定价部门提高部门的平均成本。"

项目经理:"我也希望能那样做,但是政府规定禁止那样做。如果有人查我们的账,或者将该建议书与其他建议书的工资结构进行比较,我们的麻烦就大了。完成任务的唯一合法途径就是为该项目中的那些高工资员工建立一个新的部门,那么平均部门工资就会合适了。"

"遗憾的是,只是维持两个月的临时部门的管理成本受到限制。长期项目中经常采用这种方法。"

"为什么你不能增加工时来弥补增加的资金呢?"

实验室经理:"我必须为我所估计的工时提供实验依据。如果要接受审计,那么我的饭碗就危险了。记住,我必须将所有工作的劳力依据作为建议书的一部分提交上去。"

"或许,管理层下次再竞标短期项目的时候会慎重考虑一下。你可以尝试与客户谈判,看看他们是什么观点。"

项目经理:"无论是在提交建议书之前向他们解释情况,还是谈判过后解释情况,他们的反应都是一样的。这次我很可能要丢掉圣诞节红包了。"

资料来源:(美)哈罗德·科兹纳(Harold Kerzner)著,王丽珍,陈丽兰译. 项目管理案例集. 北京:电子工业出版社,2015.

【问题】

请结合案例分析:

1. 出现该问题的原因是什么?
2. 如果你是项目经理,接下去你会怎么做?

第 4 章
项 目 执 行

本章要点

本章主要介绍项目执行过程组的相关知识，内容涉及项目团队的组建和建设、项目状态等信息的发布、项目质量保证的实施、有效的项目沟通、实施项目采购、管理项目干系人及对项目冲突的管理。

学习目标

通过本章的学习，学生学会如何根据需要组建项目团队，明确项目团队建设的概念和作用，理解项目团队建设具体措施的应用技巧；学会规范科学的发布项目实施信息；理解项目质量保证的概念，明确实施质量保证的过程；学会正确使用项目沟通的不同方式，掌握项目沟通的技巧，做到有效沟通；了解实施采购过程中采购谈判的过程，明确项目采购合同和具体实施采购的内容；理解管理干系人的意义，明确管理干系人所包含的具体活动；了解冲突的含义，明确对待冲突的正确态度，掌握项目冲突的来源及解决模式，理解项目生命周期不同阶段的主要冲突，学会如何管理项目中的冲突。

为了完成项目目标，完成项目范围说明书中规定的各种任务，生产出项目的产品或可交付成果，项目经理和项目团队需要开始实施计划并收集各类与进度、预算、可交付成果状态相关的绩效信息。项目经理和项目管理团队一起指导项目活动的展开，协调管理项目资源和项目内部各种技术和组织接口。该过程将完成项目的主要工作，并花费掉项目的大部分资金，过程改进活动、预防措施、缺陷补救措施等工作也在这一过程中实施，大量的项目绩效信息在这个过程中产生，项目的产品和交付成果也在这一过程产生。

4.1 组建和建设项目团队

项目初期虽然已组建了项目团队，但其主要是项目核心成员，当项目进入实施阶段后，随着项目的需要项目团队成员需陆续到位，这就要求项目经理和项目管理团队根据具体的需要，按照规划阶段的人力资源管理计划，不断补充和调整项目团队的构成，把项目团队组建完成，具体的项目团队组建的方式详见第 1 章相关内容。

组建好项目团队，并根据实际情况及时调整项目团队成员，这能为项目团队的功能发挥打下组织基础。但是，这是远远不够的，仅仅组建好项目团队并不能保证项目的成功实施，还要重视项目团队的自身建设和日常建设，着力建立一支高绩效的项目团队。

项目团队建设是指通过培训、绩效考核和激励等具体措施来实施对团队人力资源的管理,以提高项目团队成员个人能力以及整个项目团队绩效的工作过程,即通过建立一套科学、合理、可行的工作业绩考核体系,激励所有团队成员努力完成任务的工作过程。

项目团队的建设具有非常重要的意义。有效的项目团队建设,可以使团队成员对项目始终保持清晰的理解,并明确他们在项目中担任的角色和肩上的责任;可以不断提高项目团队成员的能力,促进项目团队成员相互之间的沟通交流;增进团队成员之间的信任感,提高团队的向心力和凝聚力;提高项目团队成员的技能,从而提高项目的绩效。

项目团队的建设涉及思想教育、制度管理、绩效考核和激励等方方面面。具体来说,项目团队的建设可以通过以下措施来实现:制定规则、召开会议、对团队成员进行培训、进行绩效考核、建立激励制度等。

(1)制定规则

制定规则是保证项目团队绩效的必需。规则是根据项目实际情况对项目团队成员的行为作出的标准规定,是项目团队成员行为的准则。这一规范中明确指出什么样的行为是可接受的,什么样的行为是不能接受的,从而使团队成员的行为有据可依。一般来说,团队规则至少包括以下九个要素,如表4-1所示。

表4-1 团队规则要素

要素	描述
团队价值观和原则	列出团队认可的价值观和原则
会议纪律	明确保证会议效率的纪律。如包括决策制定者必须到会、会议要准时开始、要按照议程进行等
沟通规则	列出为了有效沟通所使用的规则。如包括每个人要发表的意见,在交谈中不可专制、不可打断别人等
决策制定过程	描述制定决策所使用的过程。说明项目经理制定决策的相关权力,以及任何表决程序。也要说明在什么情况下决策可以被修订
冲突管理方法	描述管理冲突的方法,包括什么时候冲突会被扩大,什么时候冲突被列入以后讨论的议程中等
其他规则	列出为了在团队成员中确保合作和高效的工作的其他所有规则

在制定规则的过程中,要尽量让全体项目团队成员参与讨论,充分听取全体项目团队成员的意见建议,最大限度地在全体项目团队成员中达成共识。规则制定过程本身是一种思想教育,能够使全体项目团队成员更好地理解规则的意义和重要性,减少误解,减少对立和排斥,这有利于全体项目团队成员自觉执行自己参与制定的规范。规则制定前,团队所有成员都可以表达自己的观点,但规则制定后,团队所有成员都有责任执行。

实 践 任 务

任务步骤及要求:

1. 每个任务项目中的一组利用15分钟时间制定规则,其他两组观察、记录其规则制定过程及结果;

2. 观察与记录的两组利用3分钟时间讨论并整理资料,实施的一组同时进行自我总结讨论;

3. 每个项目任务利用8分钟时间进行汇报总结,观察与记录组和实施组分别进行汇报,老师和其他项目任务组参与点评,最终达成一致,并得出最终的规则;

4. 根据本章知识点的讲解进度对知识点进行应用,执行完成项目相关工作。

实践目标：
1. 了解规则制定的意义；
2. 掌握规则制定的内容；
3. 理解规则制定的技巧；
4. 学会正确执行项目计划；
5. 明确项目执行过程中应注意的问题。

---

(2) 召开项目会议

项目会议是项目团队建设中必不可少的，它是发布信息、加强沟通、联络感情、增强集体感、解决问题的有效手段之一。项目会议的主要原则是简单明了，但可以根据需要采用不同的风格和形式。

第一次项目会议是团队合作的基调，如果组织不力或者因为没有危机感而陷入瘫痪状态，那么接下来的群体工作也必定是这种无序状态。第一次项目会议的首要任务是完成一个具有成效的首次会议，其目标应具体、现实，如可能涉及项目范围的简要概述、项目团队如何形成、项目管理基本规则等。项目团队的第一次会议还有一个很重要的作用就是使团队成员互相认识，并建立初步的信任。项目会议有很多种，除了非常重要的第一次会议，还包括说明报告会议、解决问题会议以及审计会议等多种。

为使项目会议有效进行，通常需要注意以下问题：按时开会，遵守会议制度，严格登记和考勤；在会议之前准备并分发一份议事日程；开始之前检查议事日程，并给出每项议题的大致时间；会议期间，通过设置会议课题，开展"脱稿"式研讨交流，调动项目成员开动脑筋、积极参与讨论；定期总结会议成果，肯定取得的成绩和积极的行为，反思存在的问题，改进存在的不足；布置下一次会议的主要议题和时间安排。

若因会议时间较短，一时不能很好地解决问题，还可以考虑集中相关人员，再次开展问题研究攻关，深入分析对策措施，最终形成较为严密和完善的方案。

【情景模拟】

情景描述：

假设你们正在进行入学两周年晚会的项目，按照计划，此时项目应进行到节目紧张排练的阶段，再过两周就要进行第一次的彩排了，但是在进行进度检查时发现，目前项目的节目单还没有最终确定下来，所以项目经理就召集团队成员就进度延误的问题召开紧急会议。

模拟要求：

请同学分别扮演项目经理、策划组负责人、文案组负责人、宣传组负责人、后勤组负责人、节目组负责人等，模拟会议召开现场，评价和分析该会议举办情况及各角色在会议中的表现是否恰当。

(3) 对团队成员进行培训

培训是使人获得工作能力的过程。对项目团队成员培训可以使项目团队成员具备完成其各自任务所需的知识、技能和能力。在项目进行期间，组织适当的成员培训不仅可以提高项目团队的工作效率，也可以鼓舞团队成员士气、提高团队向心力和凝聚力，是留住人才的有效方法。虽然对团队成员进行培训会增加项目的成本,但是增加的成本远远低于因人员缺乏技能导致项目失败所造成的损失。

培训包括正式的和非正式的两种形态,培训方式包括课堂培训、在线培训、在岗培训、参观见学、实际操作训练等。对团队成员的培训可以列入项目人力资源管理计划,也可以根据项目实施过程中的实际需求,进行计划外培训。培训成本通常应包括在项目预算中。

(4)进行绩效考核

项目团队绩效,即项目团队的工作效率及其取得的成果,它是决定项目成败的一个至关重要的因素。项目团队绩效考核是按照一定的标准,采用科学、合理的方法对团队成员履行其职责的程度进行审查和评定,从而确定其工作业绩的过程。项目团队绩效考核的目标在于重新确定角色与职责,发掘未知或未解决的问题,在纷乱繁杂的环境下为团队成员提供积极的反馈,并为以后阶段制定具体目标。通过绩效考核,可以了解团队成员在哪些方面还有所欠缺,是否需要接受培训,为制定个人培训计划找准方向;可以确定哪些团队成员应该给予奖励,哪些团队成员应该给予惩罚,触动团队成员克服短板、积极进取;还可以为管理层提供团队运行状况的"晴雨表",为解决棘手问题提供决策依据。

采用正式还是非正式项目绩效考核,取决于多方面的综合因素,例如,项目工期长短、复杂程度、组织政策、劳动合同要求,以及定期沟通的数量和质量,等等。一般来说,正式的项目绩效考核流程包括:一是制定绩效考核计划,确定考核的对象、内容和时间等;二是确定绩效考核的标准,考核的标准包括绝对标准和相对标准,绝对标准是以数据为基础的、比较客观,相对标准是根据每个成员的实际情况确定的考核标准,对不同级别的员工标准是不一样的;三是选择绩效考核的方法,如书面鉴定法、关键事件法、评分表法、排序法、目标管理法等;四是收集数据资料,通过综合使用工作记录、定期抽查、考勤记录和工作评定等方法实时跟踪并随时收集有关团队成员绩效信息;五是分析评价;六是结果运用,如根据考核的结果对团队成员进行培训、奖励和惩罚,帮助团队成员找出工作中存在的问题等。

绩效考核可以针对团队整体进行也可以针对团队成员个人,考核的内容和结果可参考表 4-2 团队(成员)绩效评价[①]。

表 4-2 团队(成员)绩效评价

项目名称:＿＿＿＿＿＿＿＿＿＿＿＿＿＿＿＿ 评价日期:＿＿＿＿＿＿＿＿

技术绩效:

范围	□ 超出期望	□ 满足期望	□ 需要改进
说明:(评价团队(成员)完成项目和产品范围的能力,提供能描述确定范围绩效等级的实例和佐证)			
质量	□ 超出期望	□ 满足期望	□ 需要改进
说明:(评价团队(成员)完成项目质量要求的能力,提供能描述确定质量绩效等级的实例和佐证)			
进度	□ 超出期望	□ 满足期望	□ 需要改进
说明:(评价团队(成员)完成项目进度计划的能力,提供能描述确定进度绩效等级的实例和佐证)			
成本	□ 超出期望	□ 满足期望	□ 需要改进
说明:(评价团队(成员)在预算范围内达成目标的能力,提供能描述确定成本绩效等级的实例和佐证)			

[①] 辛西娅·斯塔克波尔·斯奈德(Cynthia Stackpole Snyder)著,赵弘,刘露明译. 活用 PMBOK 指南:项目管理实战工具(第 2 版). 北京:电子工业出版社,2014.

续表

人际能力：

沟通	□ 超出期望	□ 满足期望	□ 需要改进
说明：（评价团队（成员）进行有效沟通的能力，提供能描述确定沟通绩效等级的实例和佐证）			
合作	□ 超出期望	□ 满足期望	□ 需要改进
说明：（评价团队（成员）进行有效合作的能力，提供能描述确定合作绩效等级的实例和佐证）			
冲突管理	□ 超出期望	□ 满足期望	□ 需要改进
说明：（评价团队（成员）进行有效冲突管理的能力，提供能描述确定管理冲突绩效等级的实例和佐证）			
决策制定	□ 超出期望	□ 满足期望	□ 需要改进
说明：（评价团队（成员）有效的制定决策的能力，提供能描述确定决策制定绩效等级的实例和佐证）			
团队士气	□ 超出期望	□ 满足期望	□ 需要改进
说明：（针对团队绩效，描述全体团队成员的士气）			
领导力	□ 超出期望	□ 满足期望	□ 需要改进
说明：（针对团队成员绩效，评价团队成员的领导力能力，提供能描述确定领导力绩效等级的实例或佐证）			

优势：

（针对团队成员，描述团队成员个人的技术和人际能力的优势，给出说明的示例）

劣势：

（针对团队成员，描述团队成员个人的技术和人际能力的劣势，给出说明的示例）

建设领域：

领域	方法	措施
（列出需要建设的技术或人际能力领域）	（描述建设方法，如培训、指导、教练）	（列出执行建设方法所必需的措施）

(5) 建立激励制度

项目团队激励是指通过外在和内在的积极因素的作用，最大限度地激发项目团队成员的内在动力，发挥其潜能，加强团队合作，从而实现项目目标。人力资源是具有无限潜能的，但需要通过激励措施使其发挥出来，而激励的出发点是满足项目团队成员的各种内外需求，具体的激励可以通过适当的外部奖酬或令人满意的工作环境等方式来体现。需要注意的是，团队成员的需求因人而异、因时而异，并且只有满足最迫切需要的措施，其效能才能最高，激励强度才最大。

奖励和惩罚都是激励的手段，团队建设过程中既要对团队成员表现出来的符合组织期望的行为进行奖励，又要对不符合组织期望的行为进行惩罚。正负激励都是必要而有效的，关键是要把握好正负激励的度和使用方式。激励的方式有很多种，物质和晋升奖励等永远都是非常有效的激励方式，但也应根据团队成员的不同需求给予，如公开表扬、团队认可等不同方式的激励。

激励的过程离不开信息沟通与合作，从激励制度的宣传、对员工个人的了解，再到对员工行为过程的控制，以及对员工行为结果的评价和团队成员的协作和配合等，都依赖于一定的信息沟通。

激励的最终目的是在实现组织预期目标的同时，也能让组织成员实现其个人目标，即达到两种目标的统一。虽然项目目标的实现需要团队成员的合作才能实现，但是除了激励团队有效合作对团队整体工作给予认可外，对个人绩效的激励有时也是必需的。需要注意的是，只有团队中的每一个成员都承认某位成员应该得到特殊的奖励，这时才适于使用个人奖励。

【情景模拟】

情景描述：

在你的团队中有一个新人小赵，他是采购方面的专家，你指示他找出项目需要的最便宜的产品成本。很快你收到了他的发票，发现他以最低价买了1000单位的产品并储存在仓库。你马上打电话请他到你的办公室，你不想扼杀他的主动性，但是他确实越权签了发票。

模拟要求：

请同学分别扮演项目经理"你"和采购专家"小赵"，模拟两人见面后的谈话场景，并分析不同项目经理对该问题的不同处理方式的优缺点。

资料来源：(美)琳达·克雷兹·扎瓦尔(Linda Kretz Zaval)，特里·瓦格纳(Terri Wagner)著，郑佃锋，李利玲，李小玲译. 从PMP到卓越项目经理：项目管理实战技巧与案例解析(第2版). 北京：电子工业出版社，2015.

4.2 信息发布

信息发布是项目执行过程中的重要沟通方式。因此，在项目执行过程中需要适时地发布各种信息。例如，需要向团队成员或执行管理层展示项目进展情况，包括项目状态、问题状态、批准的变更、经验教训等；需要创建项目档案，包括会议纪要、正式或非正式的信件和备忘录、决策信息等。通常情况下，项目执行过程中要按规定的状态记录和发布的形式和时间进行信息的记录和发布，具体可参考表4-3和表4-4。

表4-3 项目状态报告

项目名称：　　　　　　　　　　项目经理：　　　　　　　　　　报告日期：
状态摘要

项目健康	红	□	黄	□	绿	□
里程碑	完成百分比		计划完成		预测完成	

资源

事项	预算	实际/预测	差异
至今			
结余			
合计			
评论			

成本

事项	预算	实际/预测	差异
至今			

续表

事项	预算	实际/预测	差异
结余			
合计			
评论			

质量

事项	计划	实际/预测	差异
至今			
结余			
合计			
评论			

本期成就

事项	计划	实际/预测	差异
里程碑			
可交付成果			
合计			
评论			

偏差

偏差总结：包括各方面的偏差，特别是范围、质量、进度和成本
偏差分析：
纠正措施：

风险

风险识别：下一个报告期间可能会出现的风险
风险应对：

表 4-4 决策日志

项目名称				项目经理			
决策编号	决策类型	决策日期	决策人员	决策描述	决策影响	决策结果	备注

4.3 实施质量保证

项目质量好坏，是否符合客户要求，直接影响项目能否顺利交付。项目质量不仅包括项目产品的质量，也包括得到项目产品的过程质量。因此，在项目执行过程中，有效地执行项目质量规划，进行项目质量管理，以保证项目质量意义重大。

项目质量保证是为了保证项目质量计划的顺利实施，对项目质量计划的执行情况进行经常性的评估、核查和改进的过程，使项目质量能够满足客户的要求。进行项目质量保证，可以使项目业主及其他干系人相信项目的质量能够满足其要求，使项目的管理者相信项目活动的质量能够达到质量计划标准。

项目质量保证包括项目内部质量保证和外部质量保证。内部质量保证是向项目管理组织和执行机构的管理层提供的质量保证，而外部质量保证是向客户和其他干系人提供的质量保证。

首先，在项目实施过程中，项目管理者应将每一个项目活动、每一道工序的质量责任都分解给具体项目参加人员，并将质量责任纳入业绩考核之中(可参考表 4-3 项目状态报告)，促使团队成员在进行每一个工作活动时，都能按照项目的质量计划和质量标准来完成，从而保证项目质量达到标准和要求。在这个过程中要保证收集到的项目执行数据是准确的、可靠的，这是基本前提。在收集数据的过程中，要制定一定的规则，如多长时间收集一次数据，数据以什么形式汇总，数据负责单位是谁等。

然后，对收集到的数据进行相应的分析。分析质量数据常用的方法有质量审计和过程分析。

质量审计是按照审计程序对特定的质量管理活动进行的结构化的审查。审计的内容包括项目过程、项目文件、产品、产品需求、产品文档、质量管理计划、组织政策、组织程序、缺陷补救、被批准的变更的执行等方方面面，如表 4-5 所示。通过质量审计，可以获得质量管理过程中的经验教训，从而提高项目的实施水平。质量审计可以是定期的，也可以是随时的；可由公司内部的审计员执行，也可由特定领域有专业知识的第三方执行。

过程分析是指按照过程改进计划中(可参照表 3-23)所列明的步骤，从组织和技术角度识别所需的改进。其中，也包括对遇到的问题、约束条件和无价值活动进行检查。过程分析包括根源分析，即分析问题和情况，确定导致该问题和情况产生的根本原因，并为类似问题制定纠正措施。进行过程分析时，可以采用质量活动分解法，即对与质量有关的活动进行逐层分解，直到分解成最基本的和比较容易控制的质量活动，从而对项目质量进行有效的保证。

表 4-5 质量审计

项目名称： 项目审计者： 审计日期：

审计领域

□项目	□项目过程	□项目文件
□产品	□产品需求	□产品文档
□被批准的变更的执行	□纠正或预防措施的执行	□缺陷补救
□质量管理计划	□组织政策	□组织程序

可以分享的良好实践

描述可以与其他项目分享的任何良好或最佳实践

可改进的领域

描述任何需要改进的领域以及需要达到的特定的改进或测量指标

缺陷或不足

编号	缺陷	措施	责任方	到期日
要求唯一	描述缺陷	描述补救缺陷需采取的纠正措施	识别被指派纠正缺陷的人员	记录到期日

其他(说明)

输入任何与审计相关的附加有用信息

最后，在质量分析结果的基础上，可以实施质量改进。质量改进是为了提交符合客户质量要求的项目可交付成果，在项目组织内部开展的旨在提高项目质量的各项活动。项目质量改进可以从两个层面进行：第一个层面是对工作过程的改进，通过采用新的工作程序，减少和回避不合理的工作过程，提高整个项目工作的效率，如是否缺少了与客户的沟通，或过于关注非关键干系人；第二个层面是对工作方式的改进，针对具体的问题，根据环境的变化，调整工序的具体做法，重新进行施工，满足项目的要求，如希望客户给予理解时不该使用正式的沟通方式等。质量改进活动是一种持续的、不断完善的项目活动，具体包括对项目产品、项目活动、项目作业、项目管理等各方面质量的不断完善。一个完整的项目质量改进过程如图 4-1 所示[①]。

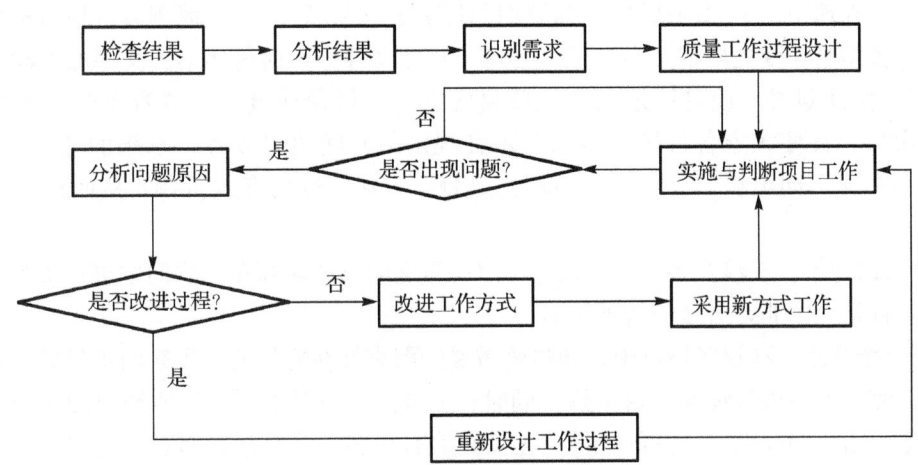

图 4-1　项目质量改进过程

质量保证要求项目管理者不仅要尽可能地做好项目过程中的各项工作，保证工作的质量，同时要将自己的工作过程、工作安排和工作结果如实地反映给项目业主。在向项目业主反映项目信息时，不仅要反映工作的成功之处，同时要反映出现的变更情况，对于可能引发问题的现象也要如实反映，以帮助业主对将来可能面临的问题提前做好准备。

在进行项目质量保证的过程中，积极发挥中介的力量非常重要。无论是项目的监理，还是项目的审计单位，均是代表项目业主利益、监督项目实施质量的重要力量。项目管理者不应该被动地接受上述单位的检查，而应将外部的压力转变为提高项目质量的动力，与之积极配合。

【案例分析】

详见 5.6 节控制质量的案例。

4.4　管 理 沟 通

项目执行过程中需要各利益相关者进行沟通，而沟通的效果直接影响项目的成败，因此，

---

① 戴大双，朱方伟. 现代项目管理. 北京：高等教育出版社，2004.

项目执行过程中应按沟通规划执行沟通并进行科学的沟通管理，需要注意的是，规划不是一成不变的，要根据具体情况进行适时的调整。

4.4.1 项目沟通形式

项目沟通有多种沟通方式，实际沟通时应根据沟通管理计划中所选定的沟通方式，并进一步结合沟通信息的重要性、紧迫性、沟通方的权威性、沟通信息的机密性等因素，考虑采用何种具体的沟通形式。

1. 书面沟通

在项目管理中，书面沟通形式包括项目计划书、会议记录、上墙图表、项目报告、函件往来、备忘录、变更申请、布告栏、合同、招标文件等任何传递书面文字的手段。

(1) 项目计划书。项目计划书一经项目各参与方讨论通过，其内容就会对大家具有某种约束力，促使大家各自按项目书要求在规定的时间内完成各自承担的任务、责任，同时也将形成不同组织、不同人员间相互监督、相互促进的有效机制，从而保证项目的顺利完成。

(2) 会议记录。在涉及多人参与讨论、事关重大问题或对存在困惑问题进行决策时，召开会议一直是一个非常有效的沟通工具。

(3) 上墙图表。在很多项目中，通过将重要的图表挂在醒目的位置来向项目成员传递项目信息，使大家对项目情况一目了然，同时，上墙图表也是对团队集体努力的一种认可，让大家感到团队的存在与团队的成绩。上墙图表有很多，但通常选择对所有团队成员都有作用和意义的一些重要图表，如项目组织机构、项目岗位职责、网络图、工作分解结构、项目执行进度描述、项目质量安全统计等。

(4) 项目报告。项目的绩效多以项目报告的形式体现（如表 4-3 项目状态报告），通过项目报告可以使有关各方明确项目的进展情况，将实际项目进展与项目计划书进行对比，为采取纠正措施做准备。

(5) 函件往来。函件是项目实施中非常普遍有效的一种正式沟通方式，特别是与项目组织外部进行沟通时。有关项目的各种问题都可以通过函件沟通，既体现了沟通双方的相互尊重，又有利于实现项目的规范化管理。

书面文件可持久保存，易于核实。采用书面沟通的方式，沟通双方都能保留沟通内容的记录，万一沟通双方对沟通的信息出现争执，可以通过核查双方的沟通记录来解决。

2. 口头沟通和非语言沟通

在项目管理中口头沟通和非语言沟通也同样是必不可少的，这两种方式多应用于非正式沟通，是正式沟通的有机补充。

口头沟通和非语言沟通是通过沟通双方的口头表达，有时结合一些非语言的形式来进行信息的交流，如谈话、游说、演讲等，在实际生活中极为常见。口头沟通和非语言沟通是建立在组织成员的感情和动机需要的基础上的，常常涉及个人的情感因素，沟通双方可以自由交换意见，具有较大的弹性，所以沟通过程通常无法完全预测，因而需要较高的沟通技巧。

口头沟通和非语言沟通一般不留证据，也无须负责任，沟通形式灵活，没有繁琐的程序，容易及时了解到沟通者的思想、态度和动机，而这有时是正式沟通难以实现的，所以口头沟通和非语言沟通也是非常重要的沟通方式，其不受规定手续或形式的限制，更有利于建立项目团队的良好人际关系，能够对项目决策起到重要作用。但是，这种非正式沟通方式的缺点也很明显，难以有效控制，传递的信息容易失真、被曲解，可能促进小集团、小圈子的建立，影响员工关系的稳定和团体的凝聚力。所以，项目团队管理者需要具有较高的沟通技巧，对其加以合理利用和引导。

【案例分析】

凯茜·布福德是一个项目团队的设计领导，该团队为一个有迫切需求的客户设计一项庞大而技术复杂的项目。乔·杰克逊是一个分派到她的设计团队里的工程师。

一天，乔走进凯茜的办公室，大约是上午9点半，她正埋头工作。"嗨，凯茜，"乔说，"今晚去观看联赛比赛吗？你知道，我今年志愿参加。""噢，乔，我实在太忙了。"接着，乔就在凯茜的办公室里坐下来，说道"我听说你儿子是个非常出色的球员"。凯茜将一些文件移动了一下，试图集中精力工作。她答道："啊？我猜是这样的。我工作太忙了。"乔说："是的，我也一样。我必须抛开工作，休息一会儿。"

凯茜说："既然你在这儿，我想你可以比较一下，数据输入是用条形码呢，还是用可视识别技术？可能是……"乔打断她的话，说："外面乌云密布，我希望今晚的比赛不会被雨浇散了。"凯茜接着说："这些技术的一些好处是……"她接着又说了几分钟，又问"那么，你怎样认为？"

乔回答道："噢，不，它们不适用。相信我。除了客户是一个水平较低的家伙外，这还将增加项目的成本。"凯茜坚持道："但是，如果我们能向客户展示它能使他省钱，并能减少输入错误，他可能会支付实施这些技术所需的额外成本。"乔惊叫起来："省钱！怎么样省钱？通过解雇工人吗？我们这个国家已经大幅度裁员了，而且政府和政治家们对此没任何反应。你选举谁都没关系，他们都是一路货色。"

"顺便说一下，我仍需要你对进展报告的资料。"凯茜提醒他，"明天我要把它寄给客户。你知道，我大约需要8～10页。我们需要一份很厚的报告向客户说明我们有多忙。"

"什么？没人告诉我。"乔说。

"几个星期以前，我给项目团队发了一份电子邮件，告诉大家在下个星期五以前我需要每个人的数据资料。而且，你可能要用到这些来为你明天下午的项目情况评审会议做准备。"凯茜说。

"我明天必须演讲吗？这对我来说是个新闻。"乔告诉她。

"这在上周分发的日程表上有。"凯茜说。

"我没有时间与篮球队的所有成员保持联系。"乔自言自语道，"好吧，我不得不看一眼这些东西了。我用我6个月以前用过的幻灯片，没有人知道它们的区别。那些会议只是一种浪费时间的方式，没有人关心他们，人人都认为这只不过是每周浪费2个小时。"

"不管怎样，你能把你对进展报告的资料在今天下班以前以电子邮件的方式发给我吗？"凯茜问。

"为了这场比赛,我不得不早一点离开。"

"什么比赛??"

"难道你没有听到我说的话吗?联赛。"

"或许你现在该开始做这件事情了。"凯茜建议道。

"我必须先去告诉吉姆有关今晚的这场比赛。"乔说,"然后我再详细写几段。难道你不能在明天我讲述时做记录吗?那将给你提供你做报告所需的一切。"

"不能等到那时,报告必须明天发出,我今晚必须要把它搞出来。"

"那么,你可以不去观看这项比赛吗?"

"一定把你的输入数据通过电子邮件发给我。"

"我不是被雇来当打字员的。"乔声明道,"我手写更快一些,你可以让别人打印。而且你可能想对它进行编辑,上次给客户的报告好像与我提供的资料数据完全不同。看起来是你又重写了一遍。"

请根据资料回答以下问题:

1. 该沟通过程使用了哪些沟通形式?
2. 该沟通效果如何?
3. 你有什么沟通实施建议?

资料来源:毛洪涛,刘明. 项目管理. 长沙:湖南师范大学出版社,2015.

4.4.2 项目沟通技巧

对于有效的沟通途径,国外有许多专家曾经提出许多不同的准则,其中比较完整的是美国管理协会提出的一套建议,主要有以下几个要点[①]。

(1)沟通前要设计较为完善的方案。项目管理人员事先要系统地思考、分析和明确沟通信息,并将接收者及可能受到该项沟通的影响者进行一定的分析,制定2~3套切实可行的备选方案。

(2)只沟通必要的信息。现代社会变化迅速,信息量骤增。项目管理人员应从大量信息中进行筛选,去除一些相关度较低的信息,只把那些与沟通者有密切关系的信息在适当的时间提供给他们,避免他们信息负担过重。

(3)明确沟通的目的。沟通前,项目管理人员要先弄清楚沟通的真正目的,明确对方的需求。确定了沟通目标,就可以以此来规划沟通的内容和选择适当的沟通方式。

(4)要考虑沟通的环境。沟通的环境包括沟通的背景、社会环境、人的环境以及过去沟通的情况等,以便沟通的信息得以配合环境情况。

(5)要接受别人的建议。在进行沟通时,特别是确定沟通内容时,要尽可能取得他人的意见,与相关干系人商议,这样既可以获得更全面、更深入的看法,又易于获得积极的支持。

(6)要使用精确的表达。对沟通内容的表达要精确,充分利用各种沟通方式和方法进行编码,以使信息接收者通过正确的解码获得符合原意的、准确的沟通信息。

(7)要进行信息的追踪与反馈。反馈是沟通中必不可少的且非常重要的一个环节,信息

---

① 戴大双,朱方伟. 现代项目管理. 北京:高等教育出版社,2004.

沟通后必须同时设法取得反馈，以弄清对方是否真正了解、是否愿意遵循、是否采取了相应的行动，等等。

(8) 要言行一致地沟通。项目管理人员必须以自己的实际行动支持自己的想法和说法，因为最有效的沟通是行重于言。

(9) 既要着眼于现在又要着眼于未来。虽然大多数沟通均要切合当前情况的需要，但也应注意要与长远目标配合。

(10) 要善于倾听。倾听包括关注、观察、思考等多项内容。通过倾听，可以让沟通者敞开心扉，可以真正理解沟通者的本意，可以获得更全面客观的信息。

【情景模拟】

情景描述：

西游记中的唐僧师徒四人是项目管理中的经典团队案例，团队中四人性格特点鲜明，常常出现意见分歧，现假定此时刚发生了三打白骨精事件，师徒四人正就是否"辞退"悟空进行沟通。

模拟要求：

请四位同学分别扮演唐僧、悟空、八戒和沙和尚，模拟四人进行沟通，要求既要符合四人的性格特征又要充分利用各种沟通技巧最终留住悟空。

4.5 实施采购

项目执行过程中，需要根据项目采购规划的要求，筛选并最终确定供应商，与供应商洽谈并签订书面合同。实施采购是一项系统性、综合性的工作，稍有疏忽就可能导致采购工作的拖延、采购预算的超支、采购物品或服务质量低下，从而影响项目的实施进程，造成不必要的损失。需要注意的是，在采购实施过程中，还要及时对买卖双方关系进行过程管理，精准监控合同执行情况，合理预测合同执行风险，而这些内容属于对采购的控制，将在 5.9 节进行详述，但是，在实际管理过程中，实施采购和控制采购并没有明显的界限区分。

具体来说，项目采购的实施需要开展以下工作。

1. 选定供应商

项目采购的首要环节，就是根据采购管理计划中供应商选择的考虑因素（详见 3.10.3 节）具体选定最终的合作供应商。在制定了项目采购规划之后，项目团队要了解市场行情、发布采购信息、选定合作供应商。

采购信息的发布可以有多种途径，如报刊、电视、广播、互联网等，不论采取哪种途径进行信息的发布，应确保潜在供应商可以通过该途径获得你的信息。通常情况下，发布的信息中应有一个项目简介和一份简短的工作说明书，以使供应商对双方合作有一定的了解。

供应商（卖方）选择的过程通常涉及价格、进度、技术等多方面因素，最终的决策因素应在考虑项目总目标的前提下视具体情况而定，但通常考虑选择性价比最高的供应商。

需要注意的是，如果采购方式采用的是招投标的方法，则从招标公告的发布到最终供应商的中标等一系列过程都应严格按照《中华人民共和国招投标法》中的相关规定执行。

2. 进行采购谈判

项目采购的第二个重要环节，就是与选定的合作供应商进行采购谈判。根据 PMBOK 指南，谈判是"在合同签署之前，对合同的结构、要求以及其他条款加以澄清，以取得一致意见"。采购谈判是签订合同之前必经的过程，买卖双方都希望合同向对自己有利的方向倾斜，这就需要通过谈判来达到双方的平衡。

项目管理谈判通常有五个阶段。

(1)定向。双方进行基本情况的介绍。

(2)探讨。搜索和识别双方意见不一致或尚未解决的问题。

(3)讨价还价和决策制定。双方分别从各自和对方立场出发就问题进行协商，进行讨价还价和做出让步。

(4)解决。各种意见汇总在一起，双方各自做出最终让步而达成一致，问题得以解决。

(5)关闭。谈判过程关闭，实现终极目标，双方都有相同的协议，达成谈判结果。

【情景模拟】

情景描述：

入学两周年晚会所需资金还差 2000 元，项目外联组的负责人及一名项目组成员今天一同去拜访两家企业，期望能将项目所差的 2000 元赞助费谈妥。

模拟要求：

请同学分别扮演外联组负责人、项目组成员和两家企业的负责人，模拟双方见面后的谈判场景，能成功获得企业赞助。

3. 签订采购合同

项目采购的第三个重要环节，则是签订采购合同。项目组织选择了供应商，经过一番合同谈判，双方达成一致意见后就可以签订采购合同。

项目采购合同是指项目组织和供应商为了实现采购计划，明确双方权利和义务关系的协议。项目采购合同主要包括：供应商的责任和权力，项目组织的主要责任和权力，合同价格、计价方法和补偿条件，工期要求，争执的解决，双方的违约责任，合同应履行的问题和风险及附录等方面。具体要求需符合我国《合同法》相关规定。

4. 执行采购合同

项目采购的第四个重要环节，是在合同正式签订之后，双方按协定执行合同。项目采购实施的实质是对买卖双方签订的采购合同进行管理。在此过程中，项目团队需展开的采购实施的内容有：对供应商的沟通、协调与管理，采购质量管理，采购合同变更管理，解决合同纠纷，项目组织内部对合同变更的协调和支付管理。

(1)对供应商的沟通、协调与管理。项目组织应该经常与供应商进行沟通，定时地以适当方式对供应商的工作进行管理和监督，及时指出供应产品存在的问题，确保他们所提供的物料、工程和服务符合合同的要求。如项目组织可以派出一名相关技术专家实地考察供应商的生产情况，并监督、指导供应商的工作。

(2) 采购质量管理。为了确保项目组织采购的物料、工程和服务的质量符合项目的要求，项目组织要按照合同的规定对供应商提供的物料、工程和服务的质量进行检查和验收。验收的方式主要包括：根据货物的样品进行验收、根据到达现场的实物进行验收、根据权威部门的鉴定结果进行验收。

(3) 采购合同变更管理。在项目采购合同的执行过程中，可能会由于合同双方各自的原因和外部的各种不确定性因素，需要对合同的一些条款进行更改。合同的变更具有以下特征：合同的变更会对双方的利益产生影响，因此双方必须协调一致；合同的内容和条款发生了变动；合同变更后将产生新的债权债务关系；合同的变更要按照规定的程序来进行。

(4) 解决合同纠纷。项目采购合同在变更后，如果不能顺利执行，就可能会导致合同纠纷。项目组织要对明确的和潜在的合同纠纷采取适当措施，尽可能避免合同纠纷发展成为法律争端。解决项目采购合同纠纷的主要方式有：协商解决，其合同双方按照合同中有关解决纠纷的条款进行协商来解决纠纷；调解解决，如果合同中没有规定解决纠纷的条款，则应通过双方都认可的第三方来进行调解；仲裁和诉讼解决，当不能通过协商和调解来解决纠纷时，就只能通过仲裁机构或法院来解决纠纷。

(5) 项目组织内部对合同变更的协调。合同变更后会对项目管理的其他内容产生影响，所以应该使项目组织都了解项目合同的变更，并且根据合同变更对项目带来影响进行相应的调整。

(6) 支付管理。项目组织对供应商支付款项时，要按照合同规定的支付方法和供应商所提供的物料、工程和服务的数量与质量进行付款，并且对其实施严格的管理。

需要注意的是，采购合同执行过程中很多工作是与控制采购有重叠和交叉的，如对合同实施的审查、合同纠纷的处理、合同支付的管理等工作在 5.9 节控制采购中都有相关论述，在实际应用过程中很难完全划清两者的界限。

【案例分析】

案例描述：

某公司正在做一个女装系列连锁店的项目，由于该项目之前的外部制造商出现太多错误而无法完成合同约定，所以该公司准备更换制造商，目前正在跟某一获得 ISO9000 认证的服装生产商进行合同谈判，该生产商已经同意为该项目重新设计服装生产线。相关情况的介绍已经完成，但是，在问题的细节讨论之前，潜在制造商已经开始在会议上提供解决方案。他们为可以得到该业务感到激动，但却没有意识到，合同签署之前，他们仍有可能得不到该业务。

思考问题：

1. 如果你是项目经理，你会做什么？
2. 采购主管应该做什么？
3. 介绍环节和问题识别环节后接下来的步骤是什么？

资料来源：琳达·克雷兹·扎瓦尔(Linda Kretz Zaval)，特里·瓦格纳(Terri Wagner)著，郑佃锋，李利玲，李小玲译. 从 PMP 到卓越项目经理：项目管理实战技巧与案例解析(第 2 版). 北京：电子工业出版社，2015.

4.6 管理干系人

项目执行过程中，需根据干系人管理计划对干系人进行相应的管理。对干系人进行管理，就是与干系人沟通和协作，调动各干系人参与项目的积极性，满足其需要与期望，解决实际出现的问题，从而实现项目的目标。

具体来说，管理干系人包括：(1) 与干系人进行协商和沟通，满足干系人的需求，确保实现项目目标；(2) 调动干系人适时参与项目，以获取或确认他们对项目成功的持续承诺；(3) 及时发现尚未成为问题的干系人关注点，预测干系人在未来可能提出的问题，采取适当措施尽早解决这些问题。

管理干系人参与，可以使干系人清晰地理解项目的目的、目标、收益和风险等，从而使积极干系人更好地支持和参与项目、最大限度地降低消极干系人对项目的不利影响，从而显著提高项目成功的机会。

在与干系人沟通时，需要充分发挥项目经理的人际关系技能和有效沟通的能力，以取得相应的效果。另外，在对干系人进行管理的过程中，除了与干系人进行持续的直接沟通外，还可以在必要时寻求项目发起人的帮助。

管理项目干系人需要注意：尽早以积极态度面对消极干系人；让项目干系人满意是项目管理的最终目的；特别注意干系人之间的利益平衡。

对于管理过程中出现的问题应及时填写问题日志[①]（见表 4-6，问题日志是用来记录整个项目中所有有问题或疑问的悬而未决的事项的，当然有关干系人管理的问题也包括在其中），并根据需要提出变更申请、填写变更日志。

表 4-6 问题日志

项目名称：_____　　　　日志日期：_____

编号	分类	问题	对目标的影响	紧急程度	责任方	措施	状态	到期日	说明
输入一个唯一的问题编号	记录问题的类型，如干系人问题、技术问题、决策等	提供问题的详细描述	识别问题影响到的项目目标以及影响的程度	确定紧急程度，如高、中、低	识别被委任解决问题的人	记录解决问题需要的措施	以开环或闭环来表示问题的状态	记录问题需要被解决的到期日	在表格中记录任何有关问题、解决方案或其他方面的明确说明

实 践 任 务

任务步骤及要求：

1. 每个任务项目中的一组根据制定的干系人管理计划具体实施干系人的管理，包括与

---

① 辛西娅·斯塔克波尔·斯奈德(Cynthia Stackpole Snyder)著，赵弘，刘露明译. 活用 PMBOK 指南：项目管理实战工具(第 2 版). 北京：电子工业出版社，2014.

干系人沟通协商、为争取干系人支持采取的实际行动、对出现问题记录和解决的过程等，其他两组观察、记录其过程及结果；

2. 实施结束后，三组成员共同整理并总结实施过程；
3. 课堂上利用 10 分钟时间进行汇报总结，老师和其他项目任务组参与点评。

实践目标：
1. 明确干系人管理的意义和内容；
2. 体会干系人管理过程，理解消极干系人和积极干系人的不同管理方法，学会及时记录管理过程相关文档。

4.7 管理冲突

冲突最早是由庞迪（LePondy）于 1967 年提出的，其指出冲突发生于当事一方感觉或发现另一方对自己关心的事件，或利益已经产生，或即将产生不利影响进而对此作出反应的动态过程[①]。在项目实施过程中，不管是项目团队的管理，还是项目进行的沟通，在项目团队内部还是所有项目干系人之间，都会出现两个或两个以上当事人之间的矛盾和冲突。在项目中，冲突是不可避免的，所以，在项目实施过程中需要对项目冲突进行分析和解决，以保证项目顺利完成。

对冲突进行管理，首先要对冲突有正确的认识。传统的观念认为，冲突是可怕的，冲突不利于团结，因此应该力争避免冲突、消灭冲突；但现代的观念认为，冲突是不可避免的，只要有人群的地方，就可能存在冲突，关键的问题是要管理好冲突。有些冲突可以打破一潭死水式的消极的平静，可以激发大家的热情，提高成员的参与度，而且其有利于产生创造性成果，开辟出解决问题的新途径，从而给组织带来高绩效，这种冲突被称为建设性冲突；但是有些冲突对项目本身无太大意义，而且不利于团队成员的协作，可能会降低群体的绩效，被称为无建设性冲突。项目管理中应鼓励建设性冲突，解决无建设性冲突。但也需要注意，建设性冲突也不是越激烈越好，超过一定的水平就起不到其有利的作用了。因此，管理者应将冲突保持在适当的水平，既不能让它过高、过多，干扰了正常的项目工作，也不能使其过少，使组织缺乏必要的生机与活力。

4.7.1 项目冲突的来源

对项目冲突进行管理，需要了解项目冲突都有哪些来源。根据萨姆汉（Thamhain）和威尔蒙（Wilemon）对项目冲突管理的调查研究，项目最主要的 7 种冲突来源是：项目进度计划冲突、项目优先权冲突、项目人力资源冲突、项目技术冲突、项目管理程序冲突、项目成员个性冲突和项目成本冲突。

(1) 项目进度计划冲突

项目的各工作间存在先后顺序问题，除去其强制性的紧前紧后的逻辑关系外，其他工作间的顺序是可以进行调整的，各个工作可利用的完成时间也有一定的调整空间，不同的先后顺序和工作持续时间会对工作的资源分配、进展顺利程度等产生影响。在项目团队中，

---
① 楚岩枫. 项目管理. 北京：电子工业出版社，2015.

项目经理和团队成员所处的位置不同，在对项目目标的理解和各工作的重要性等方面会有不同的理解和认识，在项目有关工作的时间确定、程序安排和进度计划上就会产生冲突。

(2) 项目优先权冲突

优先权问题既涉及哪项工作先做，又涉及哪项资源被优先使用等方方面面，不同的优先权会影响到项目的重要程度、被关注程度、被支持程度等，所以优先权问题往往会带来冲突。优先权问题既存在于项目内部，又存在于项目外部，如某关键资源优先分配给哪项工作使用是项目内部工作间的优先权问题，当项目工作和职能部门工作出现冲突时应优先完成谁是项目与职能部门间的优先权问题。

(3) 项目人力资源冲突

人力资源是保证项目实施的重要因素之一，而项目临时性的特点决定了项目所使用的人力资源的易变动性。因为项目团队成员有很多是来自其他职能部门或者支持部门，这些人既要服从职能部门的安排，又要同时满足项目的需要；特别是对于一些关键性的、稀缺性的资源还可能被多个项目所需要，这些情况都会造成人力资源的冲突。

(4) 项目技术冲突

在项目中，管理人员和技术人员由于所处的位置以及思维模式的不同，常常就采用何种技术而产生冲突。通常情况下，技术人员更关注于技术细节、技术完美和规范指标，常常从技术专业的角度考虑，而很多时候倾向于采用新技术、进行技术创新；而管理人员更多的是从项目全局考虑，关注进度、成本、客户需求等各方面的因素，从整体上管理项目，保证项目目标的实现，因而选取技术方案的原则是适用性而不是先进性，所以两者容易出现冲突。

(5) 项目管理程序冲突

对项目的管理需要规范的管理流程和要求，如项目的组织机构、成员责任和权力的划分、项目信息的沟通方式、规章制度的制定工作程序的实施、工作绩效的评价等，这些规章制度的制定与项目中的每一个人都息息相关，而大家都希望这些管理程序对自己更有利，但是不可能在所有管理细节上让所有成员都满意，这就不可避免地会产生冲突。

(6) 项目成员个性冲突

每个人都是一个独立的个体，都有自己的价值取向、性格特征、生活理念，项目团队成员在一起工作时，有些团队成员的团队合作意识较强，能够包容他人个性上的不一致，但有些项目成员不容易做到彼此适应或相容，这时就容易产生各方面的冲突。个性冲突很难解决，因为每个人的个性是长期形成的，很难在短时间内改变。需要注意的是，个性冲突和其他冲突间常常会相互转化，有时会因为个性冲突而表现为与对方的技术意见不一，有时由工作中的意见不一致发展为个体间的敌视。

(7) 项目成本冲突

项目的实施少不了资金的支持，而资金的多少又会影响到项目的质量，每个工作的相关人员都希望自己的资金分配得多一些，所以很容易出现因为分配多少成本而产生的冲突，这些冲突多发生在客户和项目团队之间、管理决策层和执行队员之间。

以上7种冲突源，在项目中的影响力大小是不同的，其平均冲突强度由大到小依次为：项目进度计划冲突、项目优先权冲突、项目人力资源冲突、项目技术冲突、项目管理程序冲突、项目成员个性冲突和项目成本冲突。

4.7.2 项目冲突的解决模式

引发冲突的冲突源有很多,但不管是哪种冲突源引起的冲突,都可以通过以下方式来解决。

(1) 撤退或回避

撤退或回避是让冲突各方从实际冲突或潜在冲突中退出,从而避免冲突的进一步恶化和对项目的不利影响。当冲突可以更有效地解决时,采用该方法是一种消极的途径;但有时采取该方法是一种以退为进的策略,可以缓解激烈的矛盾态势,为解决问题赢得时间。

当冲突各方争执不下,而又难以判定谁对谁错或互相都有错时,可以采取该方法让冲突各方先暂时停止冲突,待各方冷静下来,或对问题准备充分,或有了更好的解决办法时,再找合适的时间解决问题。

(2) 强迫或命令

强迫或命令以牺牲一方为代价而保证另一方的获胜,该方法中的冲突各方最终的结果非赢即输,别无他法。当冲突各方各执己见,意见难以统一,但又必须快速做出决策时,就需要运用权力或行政命令给出输赢结果以解决冲突。该方法往往应用在重大或紧急状态下,目的是保证不延误最佳时机。该方法往往要借助权力或行政命令来强制解决紧急问题,所以这不是一种民主的、有利于维护权威的方式,因此,往往在没有其他选择的情况下才使用该方法。

(3) 缓和或包容

缓和或包容是使冲突各方找到共同点,忽视差异,多考虑对方的需求,为维持和谐的关系而"求同存异"的方法。当双方的友好关系比解决问题更重要,或不急于一时得出结论而应优先保证双方的团结关系时,可以采用此方法解决冲突。但该方法只能在一段时间内缓和冲突,避免矛盾,并不能彻底解决问题。

(4) 妥协或调解

妥协或调解是指冲突各方各自退让,用自己的退让获取一个能让各方在一定程度上可接受,甚至比较满意的折中方案,从而保证各方的合作的方法。当冲突各方势均力敌、争执不下时,妥协是较为恰当的解决方式,但是,这种方法只能在一定时间内有效,并不能从根本上解决问题,所以不可能永远可行。

(5) 合作或解决问题

合作或解决问题是一种正视冲突的方法,冲突各方以解决问题为目的坐在一起,综合考虑各方不同的意见和观点,采用合作的态度和开放式对话,引导各方达成共识和承诺,解决争端。这种直接面对冲突的方法是克服分歧、解决冲突的有效途径。这种方法将冲突和分歧充分暴露出来,冲突各方以积极的态度对待冲突,并就面临的问题和冲突广泛地交换意见,并最终找到最好的、最全面的解决方案。该方法既正视问题的结局,又重视团队成员之间的关系。以诚待人、形成民主的讨论氛围是这种方式的关键。

通过对众多项目经理解决冲突方式的考察,项目管理专家们总结出上述冲突解决方式的使用百分比。排在第一位的是合作或解决问题模式,这是项目经理最常用的解决方式,有70%的项目经理喜欢这种冲突解决模式。排在第二位的是以权衡和互让为特征的妥协或调解模式，排在第三位的是缓和或包容模式，最后是强迫或命令和撤退或回避模式。在这5种常用的冲突解决模式中，合作或解决问题较多地应用于解决与上级的冲突中，妥协或调解则常常应用于解决与职能部门的冲突中。

虽然合作或解决问题在大多数情况下被认为是理想的方法，但是根据冲突局面的特定内容，其他模式也可以同样有效。例如，撤退或回避模式可以在得到新信息之前暂时用来平息冲突双方的不友好行为；只要妥协或调解模式和缓和或包容模式不严重影响整体项目目标，项目经理就可以把它们当做有效的策略；强迫或命令模式在某些情况下可能是解决冲突的唯一方法。从一定程度上来讲，合作或解决问题模式可能包括所有处理冲突的模式，因为其实质就是在特定的冲突中寻找最恰当的解决方式。

【案例分析】

"你看，汤姆，我完全理解你的问题。"波利博士（实验室主任）说，"我付给你丰厚的工资，让你负责管理实验室的安全设备。这份工资要求你制定一个与优先级匹配的设备使用安全表。如果你不能将这份工作做好，我就会找其他人来做。"

汤姆："每星期五早上，你的秘书都会递交给我一份第2周的优先级清单。我想参加一次你们的主任会议，就一次，我想在会议上提一下你们的人员对我们的所作所为，但是你们老是推诿有关优先级的问题。星期五下午，我会和我们部门的人以及每个项目代表碰面，以确定下一周的日程。"

波利博士："你们的人难道没有达成共识？"

汤姆："我想你还没认识到我所面临的问题。两个月以前，我们一起讨论过实验室的使用安排。那次安排中，X-13号工程被安排在上周使用实验室。但是，就在X-13号工程计划使用实验室的前一周的星期五，你们新的优先级清单勒令X-13号工程推迟使用，以供另一个更高优先级的工程使用。"

波利博士："依我看，你根本没有根据当前优先级清单制定一个长期的计划。我承认我们确实给你们带来了一些冲突，但是你也应该知道我们和楼上的高层也有许多其他冲突要处理。我希望你自己处理好你所面临的问题。"

汤姆："每项工程都要使用安全设备，这就是问题的关键。你是不是说我可以修改关于安全设备使用的优先级规定？"

波利博士："是的，不过你应该与所有的项目经理协商以达成共识。我不希望他们跑到我这里来抱怨你在安排上的不合理。"

汤姆："我对每个月中的前3个星期做一个长远的安排，剩下的一周用来安排拥有某些优先级的工程，你认为这样可行吗？"

波利博士："这样应该可行。你最好让所有的项目经理在工程进度比预期慢时及时通知你，这样你就能对实验室的使用安排做出相应调整。我听说许多项目经理直到最后一刻才把信息反馈给你。"

汤姆："这只是问题的一部分。举个例子，VX-161号工程拥有最高的优先级，它预定在3月的第1周使用实验室。该工程负责人之前没有通知我，他们进度的加快要求比预期提前两周使用实验室，他们只是来到我的办公室，要求提前到2月的第3周使用实验室。

由于该工程享有最高的优先级,我只能答应他们的要求。可是,BP-3号工程预定在那一周使用实验室,这样就不得不推迟3周使用,3周的闲散时间浪费了他们大量的财力。当然,我也受到了谴责。"

波利博士:"汤姆,我相信你能将问题处理好。"

思考问题:

1. 该案例中对于优先级冲突采用了什么解决模式?
2. 这些解决模式采用的是否恰当?
3. 如果你是汤姆,你会怎么解决文中的优先级冲突?

资料来源:哈罗德·科兹纳(Harold Kerzner)著,王丽珍,陈丽兰译.项目管理案例集.北京:电子工业出版社,2015.

4.7.3 项目生命周期的冲突管理

项目生命周期的各个阶段的工作侧重点和特征是不同的,每种冲突源在项目不同生命周期的表现也随之发生动态变化。国外学者泰汉和威尔曼收集了有关项目生命周期每一阶段冲突的频率与冲突的重要程度的统计数据,其研究成果如图4-2所示[①]。

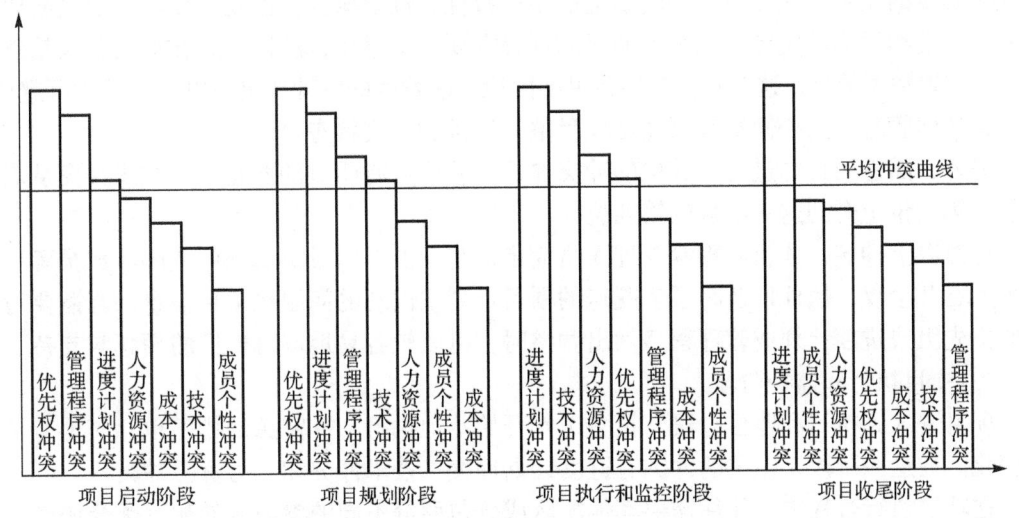

图4-2 项目生命周期中冲突的相对分布

(1)项目启动阶段

在项目的启动阶段,项目组织还没有真正的形成,项目经理及其经理班子在其所属的总公司框架中开始启动项目。该阶段最主要的冲突有两个:项目优先权冲突和项目管理程序冲突。

项目启动阶段,排在第一位的项目冲突是项目优先权。项目经理、职能部门、顾问部门常常在项目活动的优先级上意见不一致而产生冲突。

管理程序是排在第二位的冲突源。项目启动阶段需要就项目如何管理建立一定的规则,在这个过程中会涉及诸如项目组织结构采用什么形式,项目经理的权限和职责如何界定,

---

① 戴大双,朱方伟.现代项目管理.北京:高等教育出版社,2004.

项目的汇报机制如何构建等方方面面的管理问题。在给出这些问题的答案的过程中，常常会出现不同的看法，容易产生冲突。

针对以上冲突，项目经理等管理人员应与参与项目的各职能部门进行沟通协商，让他们一起参与项目计划书等的制定；并将项目列入公司的目标，在公司总体目标的框架内明确本项目的地位；尽早明确项目的组织结构形式，建立正式的项目组织，制定清晰详细的管理操作程序，形成明确的项目任务责任矩阵。

(2) 项目规划阶段

项目规划阶段主要是就如何开展项目制定具体的计划，这一阶段的主要冲突有项目优先权、项目进度计划和项目管理程序。

项目优先权的冲突是上一阶段的延伸。

项目进度计划的冲突从项目启动阶段的第三位上升到了现在规划阶段的第二位。项目启动阶段对进度的安排一般是比较粗略的，各方对进度计划多处于设想状态，但进入到规划阶段后，需要对各活动有具体的详细的时间上的安排，并且安排一旦确定轻易不会修改，所以各方会重视起来，这就很容易产生强烈的冲突。

管理程序冲突在这一阶段开始降低，因为随着项目的推进、项目组织的正式建立、各项规章制度的制定，项目在管理问题上的不一致性会逐渐减少，但是，受项目启动阶段的影响，管理程序的冲突要降低为不明显的冲突需要一个过程，所以，其在规划阶段依然较明显。需要注意的是，这并不代表项目最初阶段可能发生的管理冲突在以后阶段就可避免，相反，任何管理上的松懈都有可能使项目陷入混乱和冲突状态。

另外，随着项目的进行，其他的冲突在这一阶段也有明显的变化，如技术冲突从启动阶段的第六位上升到这一阶段的第四位。

针对以上冲突，项目经理等管理人员应定期与职能部门或协助部门或团队成员等项目干系人召开会议，使他们及时了解既定的项目计划或出现的问题等项目信息，当需要对项目的优先级或进度计划或管理程序做出调整时，可以较容易地取得他们的理解与支持。

(3) 项目执行和监控阶段

项目进入到执行和监控阶段，很多工作开始落地执行，冲突源的排序也相应地有了不同变化。在这一阶段，主要的冲突有进度计划冲突、技术冲突和人力资源冲突。

在项目执行过程中，往往需要其他团队或分包商等不同的参与方的相互配合协作，各个参与方的协调配合决定着项目能否按计划如期进行。但是，由于项目各参与方的利益目标不同，常常导致相互间的协调配合难度很大，而项目各工作任务(或子项目)间的内在逻辑关系又使得某一方工作的延迟会引起整个项目的延期，所以项目经理又不得不对进度计划进行重新调整，所有这些都会导致冲突的产生。

技术冲突也是项目执行和监控阶段的一种最重要的冲突源。技术上的冲突常常出现在以下情况中：项目是由各个子系统集合而成的，在各个子系统的技术连接处经常由于匹配问题而产生冲突；各种设计过程中的技术问题在实施时会体现出来并引起冲突；质量控制和检测上检查人员经常与实施人员发生冲突。

人力资源在这一阶段的冲突会变得比较明显。项目实施过程对人力资源的需求达到了最高水平，如果有关的参与方此时还正在向其他项目提供人力资源，那么对人力资源的需求和供给上就很容易出现冲突。

针对以上冲突,项目经理等管理人员应紧密地与项目各参与部门和支持部门进行沟通,及时准确地了解各项任务的实际进展情况,以便预见可能出现的会影响进度的异常情况,并且做好应对计划;在各项任务执行之前,项目团队与各参与部门和支持部门一起再次确认项目目标所涉及的所有技术质量标准,尽可能明确所有的技术细节,尤其是各个子项目相连处的技术匹配细节;做好准确的人员需求计划,及时与各职能部门或协助部门沟通,明确对人员数量及质量等的具体要求,如果需要增加人员,要提前通知相关部门,使其有时间做相应的安排。

(4) 项目收尾阶段

项目收尾阶段,主要的工作已执行完成,所以管理程序、技术、成本等方面不太会出现激烈的争论和冲突。在这一阶段,最主要的冲突体现在项目进度计划方面,其次是项目成员的个性冲突和人力资源冲突。

进度计划的冲突大部分是项目执行和监控阶段发生的进度计划错位传递下来的,项目进行到收尾阶段,进度计划的变化从量的积累到了质的变化,会直接影响项目的正常收尾和交付,甚至会严重影响整个项目导致项目的失败。

项目团队成员的个性冲突在这一阶段是最突出的,因为项目进入到收尾阶段,团队成员从原先对项目本身的高度关注转移到对人际关系的关注上,前面阶段积累的个体矛盾也在这一阶段显现,再加上收尾阶段大家对未来工作安排的关注与紧张,使得这个阶段个人与个人间的关系很脆弱,很容易产生冲突。

人力资源冲突在这一阶段也趋于上升,这是因为公司中新项目的启动常常会与进入收尾阶段的项目进行人才争夺,而团队成员所在的职能部门也希望他们返回到原来的岗位上,这些都会产生一定的冲突。

针对以上冲突,项目经理等管理人员应在项目生命周期中密切监督进度,考虑向可能出现进度差错的关键项目重新调配成员,及时解决可能影响项目进度的技术问题;在项目接近完成时做好人员重新分配计划,与项目班子和协作方保持和谐的工作关系,努力缓和紧张的工作环境。

4.7.4 项目中的冲突管理

在项目中对冲突进行管理,除了要以正确的态度对待冲突,分析各种项目冲突源提前做好防备措施外,还需要在以下方面做好相关工作。

(1) 冷静面对冲突

项目冲突发生时,项目经理要做的第一件事就是保持冷静。在冷静的状态下,项目经理才能保持清醒的头脑,不会轻易地卷入项目冲突中,才能理智地对冲突进行细致的调查、分析,抓住冲突的要害,从而提出有效对策或采取有效解决方式。感情用事地加入冲突事件中,随意地压制或处理冲突,其结果只能导致冲突的进一步恶化。

(2) 培养有益的项目文化氛围

当冲突出现后再去采取措施或多或少对项目都是有影响的,所以对冲突的管理应从根本上来解决,使冲突在有益的环境中存在,发挥其对项目有利的影响。要想从根源上对冲突进行管理,就需要创建一种和谐、愉悦的项目文化氛围,培养正确的工作态度与冲突理念，使项目参与方理性地对待冲突，这样就能有效地利用冲突的有利面，而抑制冲突的不利面，实现冲突的有效管理。

培养有益的项目文化氛围，首先应使项目参与方对项目目标有正确的共同认识，这是减少冲突的根本，对项目目标有了共识后，很多问题就可以沟通；然后，项目管理者应多组织一些工作之外的活动，形式多样的活动、轻松愉悦的环境，可以使项目参与方在放松的状态下进行交往和沟通，增加理解与信任，在这种关系中冲突不容易出现不可控的局面；最后，项目的完成需要团队协作，没有团队精神，项目参与方容易以各自为中心，这样就容易产生矛盾，出现冲突。

(3) 原则性与灵活性相结合

虽然大多数项目经理都认为合作或解决问题是解决冲突最有效的办法，但是，在实际应用中该方法并不容易操作和实现，它需要项目经理掌握较多的沟通技巧和策略。所以，在解决冲突时，项目经理可以将原则性与灵活性相结合，在不违背项目目标、项目计划的基本原则下，根据冲突的具体情况，兼顾冲突双方的观点和要求，选取最合适的解决办法，可以在一些枝节问题上予以让步、调和，做出一些变通与灵活，这会大大有助于冲突的解决。

思 考 题

1. 项目团队建设的概念？
2. 项目团队建设的作用是什么？
3. 项目团队建设的措施有哪些？
4. 项目执行过程需要发布哪些信息？
5. 项目质量保证的概念？
6. 实施质量保证的过程是什么？
7. 项目沟通的方式有哪些？应如何选择进行应用？
8. 有效沟通的准则有哪些？
9. 采购谈判的过程是什么？
10. 项目采购合同一般包括哪些内容？
11. 实施采购具体包括哪些内容？
12. 管理干系人具体包含哪些活动？
13. 项目冲突的来源有哪些？
14. 项目冲突的解决模式有哪些？
15. 项目生命周期各阶段的主要冲突有哪些？
16. 应如何对项目冲突进行管理？

案 例 分 析

倒霉的 Trophy 项目从一开始就遇到了麻烦。曾经是项目助理的理查德参与了这个项目的概念建设。当 Trophy 项目被公司接受时，理查德被指定为项目经理。计划进度表从第一天开始就被延迟，并且费用也超出预算。理查德发现职能经理把本应该用在这个计划上的工作时间,用到了他自己喜欢的项目服务上。理查德对其抱怨,但却被警告说不要干预职能经理在资源和预算开支方面的分配。在大约六个月之后,理查德被要求直接向公司和部门提交一份进度报告。

理查德利用这个机会说出了自己的想法。报告指出项目预测将会比原来制定的进度晚整整一年的时间。生产线经理提供给理查德的员工不能跟上计划的进度需求,更谈不上弥补已经逝去的时间。估计完成这个阶段的费用至少超支 20%。这是理查德第一次有机会向有能力改变现状的人汇报这件事。正是由于理查德的直率,对 Trophy 项目的公正评价才得以显现。大家终于看到了希望,生产线经理意识到自己的团队在项目完成中还扮演着重要角色。大部分的问题暴露无遗,并且可以通过给予充足的人员和资源来改正。公司要求立即采取修正行动,并同意提供给理查德必要的人员来协助完成项目。

结果并不完全如理查德所料。他从此不再对项目办公室报告工作,而是直接向运营经理汇报工作。公司的职员对这个项目的兴趣越发强烈了,这就要求每周一早上 7 点都召开例会,对项目目前所处的状态及恢复计划作全面讨论。理查德发现自己花费在准备文书工作、报告和发言的时间,比他管理 Trophy 项目用的时间还多。公司主要关心的问题是使计划恢复到正常进度上。理查德花费了很多时间来准备恢复计划,他还提出了人力需求以争取让项目回到原定的日程上。

为了密切跟踪 Trophy 项目进度,董事会任命了一位项目助理。项目助理认为最好的解决方法是用计算机来处理各种问题,他同时决定用一款非常复杂的计算机程序来跟踪项目进展。公司为理查德提供了额外 12 个职员来处理电脑程序。而与此同时,其他的事情都没有变化。人事经理仍然没有为恢复进度提供足够的职员,他认为理查德从公司获得的其他人力可以完成这个工作。

在电脑程序上大约花费了 50 000 美元用于追踪问题后,公司发现计算机无法处理这个问题。理查德和一个计算机提供商讨论这个问题后,他发现还需要 15 000 美元用于编程和附加存储空间。附加存储空间的安装及完成程序的编排要花去两个月的时间。此时,公司决定放弃电脑程序。

理查德从接触这个程序到现在已有一年半的时间了,可一个原型单元都还没完成。在超支预算 40% 的情况下,这个项目却依然落后于进度表 9 个月。客户定期接收到他的报告,全面了解了计划落后进度表这个事实。理查德花费了大量时间向客户解释问题所在和恢复计划的情况。理查德不得不处理的另一个问题是,为这个工程提供零件的供应商的计划同样落后于进度表。

一个星期日早晨,当理查德正在为客户收集报告时,公司的一个副总裁进入了他的办公室。"理查德,"他说,对于任何项目,我只看最上面的那张纸,而且那张纸的最上面一个名字就是需要负责任的那位。对于这个项目,你的名字出现在这页纸的顶部。如果你不能够让这件事情摆脱困境,你将在公司有很大的麻烦。"对此,理查德不知道该说什么和该怎么选择。他对制造问题的职能经理没有控制权利,但是他却是需要负责任的人。

时间又过了三个月,客户意识到 Trophy 项目有很大的麻烦,并开始不耐烦了。他要求部门总经理及全体职员参观客户的工厂,并在一个星期内上交一个进度和发展良好的报告。部门总经理把理查德叫到他的办公室,说,"理查德,你去拜访我们的客户,带上三四个职能一线的人和你一起去。你需要做任何你认为必需的事情来安抚客户。"理查德和四个职能一线的人拜访了客户,做了四个半小时的演示来解释问题所在,而且中肯地给出了进度安排。客户非常有礼貌,满意地认为这是一个非常优秀的演示,但是对于演示的内容是完全无法接受的。项目仍然落后了 6~8 个月,客户仍然要求每周做一次进度报告。客户要求在理查德的部门任命一个代表,每天在项目的现场和理查德及他的职员做交接。经过这个转变后,这个计划变得非常令人狂热。

客户代表要求经常更新和确认问题，并且开始插手解决这些问题。为了消除一些问题，他在项目和产品之间做了很多变动。理查德对此很苦恼，他不同意对项目做出改变。他口头表达了他的不同意，然而大多数情况下，客户都认为变化不会导致成本的变化。这导致了客户和生产商关系的恶化。

一天早晨，理查德被叫到部门总经理的办公室并被介绍给瑞德。理查德被告知立即将项目的支配权转交给瑞德。"理查德，你暂时将会被重新分配到公司的其他部门。我建议你到公司以外的地方寻找一份工作。"理查德看着瑞德，问："谁做的这个安排？是谁把我拉下台的？"

瑞德在 Trophy 项目上大约做了六个月的经理后，经双方同意，他被第三任项目经理取代了。客户也将他的项目经理安排到了另一个项目中。在新团队的努力下，Trophy 项目终于在落后进度一年及成本超支 40%的情况下完成了。

案例来源：（美）哈罗德·科兹纳(Harold Kerzner)著，王丽珍，陈丽兰译. 项目管理案例集. 北京：电子工业出版社，2015.

【问题】请结合案例从项目执行角度分析其失败的原因。

第 5 章

项 目 监 控

本章要点

本章主要介绍项目监控的相关基础知识。首先介绍了项目监控所必需的项目绩效测量的定义、模板、偏差分析模板和项目变更的定义、导致变更的原因、对变更的控制管理；其次分别介绍了核实与范围控制、控制进度、控制成本、控制质量、控制沟通、控制风险、控制采购、控制干系人的基本含义，控制管理的基本思路和方法等。

学习目标

通过本章的学习，使学生理解项目绩效测量的含义，学会制作项目绩效信息和偏差分析表格；理解项目变更的含义，明确引起项目变更的原因、变更控制的流程，能够正确看待变更、科学处理变更申请，掌握对已发生变更的正确管理方法，学会使用变更请求和变更日志；理解项目范围核实的定义、项目范围控制的定义、项目范围四要素间的关系，明确范围核实和质量控制的区别、范围核实的范围和内容、范围变更的原因，了解范围核实所应用的工具、范围变更的工作内容、范围变更控制所使用的方法；理解项目进度控制的定义、项目工作对工期的影响、项目实际进度与计划进度的比较分析方法，明确影响项目工期的因素、进度控制应注意的问题、项目进度动态监测的方法和内容，了解项目进度监控系统的定义、项目进度控制的过程、项目进展报告的分类和内容、进度计划调整更新的方法，掌握对进度偏差分析的方法，学会使用项目进展报告；明确项目成本控制的概念，了解项目成本控制的内容，能够正确看待和处理成本控制，学会使用挣值管理方法；理解项目质量控制的含义，明确质量控制和质量保证的区别、项目质量的影响因素，了解质量控制的任务、质量控制的方法；理解项目沟通的含义，了解项目沟通的类型；理解项目风险控制的含义，明确风险控制的内容和流程；理解项目采购控制的含义、管理采购的关系、变更实施和纠正的思路，掌握监督合同执行的内容；理解控制项目干系人工作，以管理好项目干系人。

从项目开始到结束的整个过程中，监督和控制始终都在发生，虽然将其作为一个独立的章节，但是其与其他章节所述过程并没有严格的界限划分。监控过程的目的是审核项目工作结果，并把它们与计划的结果相比较，识别已有偏差及预测未来偏差，对识别和预测的偏差采取预防措施、纠正措施或提出变更请求。

实 践 任 务

任务步骤及要求：

1. 将任务项目重新实施一遍，但项目实施组和项目观察记录组中的一组需要进行角色互换，观察记录两组的基本任务不变，主要负责观察、记录项目实施过程中的监控过程及监控结果；

2. 项目实施组需要在项目实施过程中特别关注项目各方面的监控工作，利用本章所讲内容进行项目监控，除了对每个具体实施领域监控知识的应用，还要注意对整个项目都有影响的项目绩效信息收集、汇报、项目变更等相关制度的制定和应用，以及绩效报告、偏差分析、变更请求、变更日志、进度报告、挣值状态报告、合同状态报告等相关文档的应用；

3. 实施结束后，三组成员共同整理并总结实施过程；课堂上利用15分钟时间进行汇报总结，老师和其他项目任务组参与点评。

实践目标：
1. 理解项目监控在项目管理中的作用
2. 明确项目监控所涉及的相关工作
3. 学会项目监控规章制度的制定和实施，以及控制过程中相关文档的使用

5.1 测量项目绩效

绩效信息是指为实现项目目标而投入的资源的使用情况，通常包括范围、进度、成本、质量、风险等各方面的实际发生情况。项目绩效报告是指搜集项目所有绩效信息，对项目绩效信息进行汇总、分析、提出对策、编制报告，并向干系人汇报的过程。

项目绩效信息应该定期搜集，建立一定的规章制度，使团队成员定期按规定汇报项目相关信息，项目管理人员负责对这些信息汇总分类并核实其准确性，最后由项目高层管理者或项目经理从项目整体管理的高度对项目绩效信息进行分析、总结并编制最终的项目绩效报告，并将报告提交给项目发起人、项目组合经理、项目管理办公室，或其他项目负责人或小组。

项目绩效信息原则上应包括项目所有实际情况，既有来自团队成员的详细的行动层面的信息，又包括整个项目的整体水平信息；既包括当前报告阶段的进度和成本等状态，又包括下一阶段报告的计划信息。

项目绩效报告须有一致的形式，并且数据需要定期测量，具体形式和报告周期可根据项目自身需要进行规定，表5-1是一份可参考的项目绩效报告模板[①]。

表5-1 项目绩效报告

项目名称：	报告日期：
项目经理：	发起人：

当前报告阶段已经完成的工作
列出当前报告阶段已经完成了的所有工作或其他计划需完成的工作 1. 2.

当前报告阶段计划完成但没有完成的工作
列出当前报告阶段计划需要完成的但没有完成的工作或其他计划需要完成的工作 1. 2.

---

① 辛西娅·斯塔克波尔·斯奈德(Cynthia Stackpole Snyder)著，赵弘，刘露明译. 活用PMBOK指南：项目管理实战工具(第2版). 北京：电子工业出版社，2014.

续表

产生偏差的根本原因
识别当前阶段导致每项工作不能按计划完成的原因

对即将要完成的里程碑或项目到期日的影响
对于任何没有按照计划完成的工作,要识别它们对即将要完成的里程碑或所有项目进度计划的影响;识别落后于当前关键路径或因偏差导致调整过的关键路径的所有工作

计划的纠正或预防措施
识别调整计划偏差或预防将来计划偏差所需要的所有措施

当前报告阶段已花费的资金
报告当前阶段已经花费的费用

产生偏差的根本原因
识别任何超过或低于计划的支出产生的原因,包括相对于材料差异产生的人工差异和这些差异是否归于估算基础或估算假设

对整个预算或应急资金的影响
说明对整个项目预算的影响或对项目应急资金是否超支的影响

计划的纠正或预防措施
识别弥补成本偏差或预防将来成本偏差的所有措施

当前完成工作或成果的质量
列出当前报告阶段已经完成了的所有工作及相关工作的质量情况

产生偏差的根本原因
分析出现不符合质量要求可交付成果或工作的原因

计划的纠正或预防措施
识别弥补质量偏差或预防将来质量偏差的所有措施

下一报告阶段计划的工作
列出下一报告阶段需要完成的所有工作或计划需要完成的所有工作 1. 2.

下一报告阶段计划的成本
识别下一报告阶段计划支出的经费

续表

识别的新风险
识别当前阶段已经确认的所有新风险,这些风险要记录在风险列表里

问题
识别这个阶段已经发生的所有问题,这些问题需要记录在问题日志里

说明
对这个报告进行客观说明和解释

项目偏差是指项目在时间、成本、质量等各个方面的绩效测量结果与计划基准间的差异。项目偏差一般在收到状态报告时发现,识别偏差后需要对其进行分析并采取纠正措施。偏差分析可以在活动、资源、工作包、控制账户或项目层面进行,它可以用于向项目经理、发起人或其他干系人(如卖方)报告项目或产品状态。

表 5-2 为可参考的偏差分析报告的模板[①],可以使用项目中的信息来调整表格以最好地满足需求。

表 5-2 偏差分析

项目名称:　　　　　　　　　　　分析日期:　　　　　　　　　　分析人员:
XX 偏差

计划结果	实际结果	偏差
根本原因		
计划的应对措施		

识别偏差可以有效控制项目的实际执行情况,为客户满意提供保障,从而保证项目目标的实现。但是,有些已出现的偏差并没有采用有效的措施来进行纠正,这类比较严重的偏差往往会导致项目的变更。

5.2 项目变更

项目的执行过程并不是一帆风顺的,各种各样的因素都会导致偏差的出现,而偏差往往会带来项目的变更。项目变更是指项目运行过程中由于种种原因导致项目实际情况偏离了项目计划基准,项目组织为保证项目目标的实现而针对偏差的影响对项目计划进行部分变更或全部变更的过程。项目变更可能发生在项目的任何方面,如产品、文件、需求等;也可能发生在项目的各个不同过程,如指导与管理项目工作、确认范围、控制进度等。

5.2.1 项目变更的影响因素

导致项目变更的原因有很多,可能是项目组织内部的(如计划本身错误等),也可能

[①] 辛西娅·斯塔克波尔·斯奈德(Cynthia Stackpole Snyder)著,赵弘,刘露明译. 活用 PMBOK 指南:项目管理实战工具(第 2 版). 北京:电子工业出版社,2014.

是项目组织外部的(如政策的变动等)，具体来说，可以将引起变更的原因归结为以下几个方面：

(1)项目干系人引起的变更。项目干系人对项目各方面都会产生不同的影响，但其中最主要的还是项目的主要利益相关者，这些主要利益相关者包括客户、项目经理、项目团队成员、项目投资者、项目所在组织高层领导等，他们的需求或决策如果发生变化，就常常会引起项目的变更。例如，某家装项目的业主提出，需要在厨房加装空调的新需求，就会引起项目范围的变更，进而会对项目成本、进度等产生影响。

(2)项目自身引起的变更。项目的整个生命周期存在各种各样的不确定性因素，这些都有可能导致项目的变更。例如，项目计划阶段计划基准的错误、项目执行阶段成本的超支等都会导致项目变更。

(3)不可预见事件引发的变更。虽然项目在计划阶段进行了风险的识别并制定了相应的应对措施，但这并不能保证项目是万无一失的，因为还存在一些不可预见事件。不可预见事件一般包括自然灾害、政府行为、社会异常事件等，不可预见事件并不像识别的风险那么好管理，因此，其常常会导致项目的变更。例如，突然发生的暴风雨或某些核心人员的集体罢工都会对项目进度产生影响，带来项目进度的变更。

5.2.2 项目变更的管理流程

项目变更是项目管理中很重要的工作，某个方面的变更往往会对项目其他方面，甚至整个项目产生影响，因此，需要严格按照科学的管理流程、运用整体变更控制的思想来对其进行管理。

项目的变更有已经发生的也有尚未发生的，应针对其不同情况按照不同的管理流程对其进行管理。

1. 尚未发生的变更的管理流程

对没有发生的变更的管理，可按照下列变更的控制流程来实施，如图5-1所示。

(1)第一步，变更申请者提出变更，并提交变更申请(Change Request，CR)。

变更请求可以是口头或书面的、直接或间接的，可以是来自项目外部或内部，也可以是法律要求的或由项目参与各方提出的。初始的变更申请通常是由变更申请者直接提出的，需在变更申请中详细描述变更内容，并写明变更的理由。初始的变更申请常常是变更申请者基于自身需求而提出的，因此其变更理由大多是申请者出于自身利益分析的支持变更的内容，而不是整体变更控制的综合分析内容。初始变更申请的提出者可以是任何项目干系人，而且常常不是项目团队成员，其他项目干系人通常不会像项目团队成员那样去遵守变更控制的规则和流程，所以常常需要项目团队成员征求其同意后代为填写并提交。初始变更申请是提交给项目管理团队，而不是直接提交给审批者，更不能直接提交给变更控制委员会。

(2)第二步，项目经理或项目管理团队提交正式的变更申请。

项目经理或项目管理团队召集相关干系人针对初始项目变更申请或自己认为需要进行的变更进行综合分析，并提出变更实施建议，然后根据分析结果填写正式的变更请求表申请对项目的正式变更，正式的变更请求可参考表5-3[①]。在对变更进行分析时，可以参照表 5-4[②]中所列出的问题进行分析，当这些问题得到责任方确定的回答后再提出申请，可以使批准者了解他们审查需要的信息，会有助于变更得到批准。通常情况下，当变更对项目范围和进度的影响超过大约两周，或对成本的影响超过预算的10%时，变更不能由项目团队自己做出决定，而应该升级到相应的审批人进行审批。

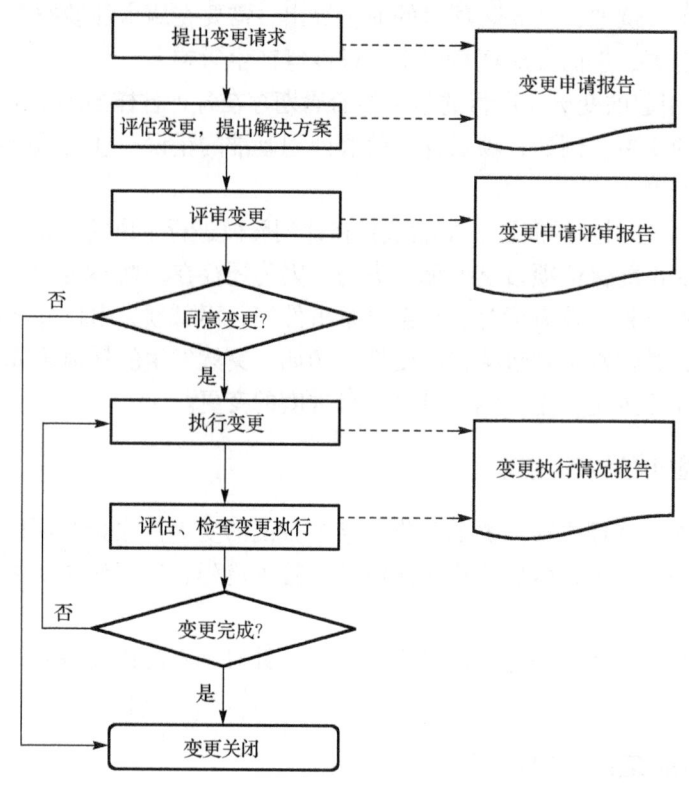

图 5-1　变更控制流程

表 5-3　变更请求

项目名称：＿＿＿＿＿＿＿＿＿＿＿＿＿＿＿＿＿　　准备日期：＿＿＿＿＿＿＿＿＿＿＿＿＿＿＿＿
个人请求的变更：＿＿＿＿＿＿＿＿＿＿＿＿　　　变更编号：＿＿＿＿＿＿＿＿＿＿＿＿＿＿＿

变更分类：
□ 范围　　　　　　□ 质量　　　　　　□ 需求
□ 成本　　　　　　□ 进度　　　　　　□ 其他＿＿＿＿＿＿

所建议变更的详细描述

足够详细的描述变更的建议，明确地沟通变更的各个方面

[①] 辛西娅·斯塔克波尔·斯奈德(Cynthia Stackpole Snyder)著，赵弘，刘露明译. 活用 PMBOK 指南：项目管理实战工具(第2版). 北京：电子工业出版社，2014.

[②] 琳达·克雷兹·扎瓦尔(Linda Kretz Zaval)，特里·瓦格纳(Terri Wagner)著，郑佃锋，李利玲，李小玲译. 从 PMP 到卓越项目经理：项目管理实战技巧与案例解析(第2版). 北京：电子工业出版社，2015.

续表

所建议变更的理由

表明变更的原因

所建议变更的影响

范围	□ 增加	□ 减少	□ 修改
描述： 描述所建议变更对项目或产品范围的影响			

质量	□ 增加	□ 减少	□ 修改
描述： 描述所建议变更对项目或产品质量的影响			

成本	□ 增加	□ 减少	□ 修改
描述： 描述所建议变更对项目预算、成本估算或资金需求的影响			

进度	□ 提前	□ 延迟	□ 修改
描述： 描述所建议变更对进度的影响，以及它是否会导致关键路径的延迟			

其他	□ 增加	□ 减少	□ 修改
描述： 描述所建议变更对项目或产品其他方面的影响，如项目干系人、项目需求、项目文件等			

说明

提供任何能阐明有关请求的变更信息

处理　　□ 批准　　　□ 搁置　　　□拒绝

理由

变更控制委员会(或其他机构)提供变更请求处理的理由

变更控制委员会的签署

姓名	角色	签名

日期：_____

表 5-4　变更申请的问题

问题	由谁来回答
为什么这个变更是必需的？	发起人
变更的成本是多少？	发起人
变更能提高质量吗？	发起人
为达到此质量而额外花费的成本合理吗？	发起人
现在改比以后再改省钱吗？如果是的话，怎么省？	发起人
与此变更有关的风险是什么？	发起人和项目经理
需要额外的资源吗？	项目经理
对交付日期的影响有哪些？	项目经理
对预算的影响是什么？	项目经理

(3) 第三步，提交正式变更申请进行审批。

项目团队将变更请求的信息填入变更申请，然后根据变更管理计划中的信息将变更申请提交给相应的审批人进行审批。通常情况下，变更请求被提交给变更控制委员会(Configuration Control Board，CCB)或其他类似的机构审核，变更控制委员会是由项目所涉及的各干系人代表共同组成，通常包括用户和实施方的决策人员等。变更申请可能获得批准，也可能会被否决，变更控制委员会往往从项目整体角度考虑是否通过项目的变更申请，即使有些干系人会更多地从自身角度出发去考虑，因为其是各方干系人的组合，故最终还是会体现出项目的整体均衡性。

总的来说，项目变更申请的结果有两种：一是批准，二是拒绝。对项目变更的批准又分很多种情况：可能在现有的资源和时间范围允许的情况下就可以实施变更，这是最好的；可能项目的变更是以项目进度的延长或增加额外的资源为代价的，而该代价的付出是值得的；也可能项目变更的批准是建立在项目计划的重新修订的基础上的，这种情况通常发生在项目实施前，并且该项目计划的重新修订是有必要和有意义的。对项目变更的拒绝也存在多种情况，可能是该变更本身是有意义的，但不适合在该项目中执行，可以将其暂时搁置，等项目完成后，在合适的时机重新开始一个项目；也可能是变更毫无意义，对项目影响太大，会使该项目终止。不管变更申请是被批准还是被否决，都应该在变更日志中对其状态进行记录，变更日志模板可参考表 5-5[①]。

表 5-5　变更日志

项目名称：＿＿＿＿＿＿＿＿　　　　日志日期：＿＿＿＿＿＿＿＿＿＿＿＿＿

变更编号	分类	变更描述	提交者	提交日期	状态	处理
唯一的变更标识符	变更请求中的分类	描述变更	请求变更者姓名	变更提交的日期	变更状态，如开放、待定、关闭	变更请求的结果，如批准、搁置、拒绝

---

① 辛西娅·斯塔克波尔·斯奈德(Cynthia Stackpole Snyder)著，赵弘，刘露明译．活用 PMBOK 指南：项目管理实战工具(第 2 版)．北京：电子工业出版社，2014．

(4) 第四步，执行项目变更。

如果变更请求得到批准，则需要通知相关干系人并将被批准的变更请求更新到相关的文件或计划里，执行项目变更并进行监控。

2. 已发生的变更的管理流程

对于没有按照项目变更管理计划实施整体变更控制就已经发生了的变更可以按下述方式进行管理。

第一步，充分了解已发生变更的具体内容。

第二步，分析已经发生的变更对项目的影响情况。如果变更对项目是有利的，则按照变更管理计划补齐相关手续即可；但是，如果变更对项目产生了不利的影响，则要立即终止变更，并提出补救措施来尽可能减少给项目带来的不利影响。

第三步，项目团队需要总结经验教训，对变更管理程序进行重新审查和修订，避免以后出现同样的问题，保证对项目变更的有效控制。

在实际工作中，每个项目都可以有自己的项目管理变更控制系统，制定符合本项目的变更管理程序。即使这样，对项目上所有的变更也不可能完全按照变更管理计划来实施。在某些情况下，项目经理还必须要根据实际情况灵活变通，使变更管理更适合项目的实际实施需要。

通常情况下，项目的变更越早损失就越小，变更越迟难度就越大、损失也可能越大。但需要明确的是，虽然项目变更可能会导致项目质量下降、费用增加或进度延迟等，但却不能因为这样而完全拒绝变更，因为有时候变更最终带来的是项目目标更好地实现和客户满意度更好地满足，所以应客观地分析项目变更的利弊来决定对变更的取舍。

【案例分析】

案例描述：

某项目刚批准了一项变更。该项目中，商店收到的供应商提供的家具的颜色是错误的，而情侣座实际上是全尺寸沙发。采购员调查后发现，如果重新订购需八周之后才能送货，但该商店要在五周内开业。采购员试图加快新订单但做不到，于是原订单将得到退款，并最终以贵 5000 元的价格在当地采购新家具，多出的钱将从管理储备金中出。

思考问题：

1. 为应对此变更需要修改什么项目文件？
2. 此变更需要通知谁？
3. 为什么此变更是必需的？
4. 此次变更的成本是多少？是否提高了质量？
5. 为了这个质量额外花费的成本合理吗？
6. 与此变更有关的风险是什么？
7. 需要额外的资源吗？对预算有何影响？
8. 对交付日期有何影响？

5.3 核实与控制范围

5.3.1 项目范围核实

项目范围核实也称确认范围,是项目或项目阶段结束时,项目组织在最终应交付的项目产出物交给项目业主(客户)之前,由项目的相关干系人,如项目业主(客户)、项目组织等,对项目范围予以正式的认可和接受,并对已完成的工作成果进行审查,核查项目范围内工作或活动是否已按计划完成,项目的应交付成果是否令人满意的工作过程。项目范围核实是正式验收已完成的项目可交付成果的过程,该过程可以为项目的最终验收提供依据。

范围核实与质量控制是不同的,范围核实通常是在质量合格的基础上进行的,但两者也可同时进行。范围核实关注的是项目可交付成果和工作结果是否是项目中所应该被包含的,其目的是通过范围的核实保证项目可交付成果和工作结果在客户或项目发起人等利益相关者可接受范围之内;而质量控制关注的是项目可交付成果和工作结果及过程的正确性,其目的是项目可交付成果和工作结果及过程符合质量要求的相关标准。

项目范围核实的工作内容包括两个方面:一是审核项目范围界定工作结果的正确性,确保所有的、必需的项目工作和活动都包括在项目工作分解结构中,而一切与项目无关的工作和活动均不包括在项目范围中;二是审核项目范围完成成果的正确性,通过对项目或者项目各个阶段所完成的可交付成果和工作过程进行检查,审核其是否包含在项目范围计划中。项目范围核实所覆盖的内容可宽可窄、较为灵活,既可针对项目的整体范围进行确认,也可针对某个项目阶段的范围进行确认。

项目范围核实常用的工具是项目范围核检表和项目工作分解结构核检表[1],如表 5-6 和表 5-7 所示。项目干系人应用上述两张检查表进行项目范围核实,检查结果可能是接受,也可能是拒绝。如果检查结果符合项目范围规定或在可接受范围内,则结果为"接受";否则结果为"拒绝"。如果结果为"接受",则应有客户或发起人正式签字认可的文件,证明干系人对项目可交付成果的正式验收;如果结果为"拒绝",客户或发起人应说明拒绝的理由,项目团队根据检查结果采取相应的纠偏措施,如果客户或发起人和项目团队未能就检查结果达成一致,则可以委托各方认可的第三方进行独立检查。

表 5-6 项目范围核检表

核检内容	核检结果
项目目标是否完整和准确	
项目目标的衡量标准是否科学、合理和有效	
项目的约束条件、限制条件是否真实并符合实际	
项目的假设前提是否合理、不确定性是否较小	
项目的风险是否可以接受	
项目成功的把握是否很大	
项目的范围界定是否能保证上述目标实现	
项目范围能够产生的收益是否大于成本	
项目的范围界定是否需要进一步辅助性研究	

---

[1] 骆珣,陈翔,刘军丽. 项目管理教程(第 2 版). 北京:机械工业出版社,2010.

表 5-7 项目工作分解结构核检表

核检内容	核检结果
项目目标描述是否清楚明确	
项目产出物的各项成果描述是否清楚明确	
项目的各项成果是否以工作分解的基础	
项目产出物的所有成果是否都是为实现项目目标服务的	
项目工作分解结构中的工作包是否都是为了形成项目某项成果服务的	
项目目标层次的描述是否清楚	
项目工作分解结构的层次划分是否与项目目标层次的划分和描述统一	
项目工作、项目成果与项目目标之间的关系是否一致和统一	
项目工作、项目成果与项目目标和项目总目标之间的逻辑是否正确、合理	
项目目标的衡量是否为可度量的数量、质量或时间指标	
项目工作分解结构中的工作是否有合理的数量、质量或时间指标	
项目目标的指标值与项目工作绩效的度量标准是否匹配	
项目工作分解结构的层次分解结构是否合理	
项目工作分解结构中的各个工作包的工作内容是否合理	
项目工作分解结构中的各个工作包的相互关系是否合理	
项目工作分解结构中的各项工作所需的资源是否明确与合理	
项目工作分解结构中的各项工作考核指标是否合理	
项目工作分解结构总体协调是否合理	

5.3.2 项目范围控制

项目实施过程中会出现各种不确定因素，如客户需求发生变化、项目计划有缺陷、项目人员不到位等，这些不确定性因素的发生常常会导致项目的最终产品或最终服务范围的增加、修改或删减，造成项目范围的变更，因此需要对项目范围进行控制，保证项目目标的实现。

具体来说，造成项目范围变更的原因主要有以下几方面：（1）项目外部相关事件的发生。项目外部相关事件是指社会、政治、经济等事件。如国际油价的激增，使得一个消耗大量汽油的项目不能维持下去，其结果往往导致项目范围的变更；（2）项目范围计划或定义出现错误或遗漏。如对市场需求调查不清，未重视所处社会环境(污染项目)等；（3）产值增加的变化。通过采用先进技术、手段或方案，改变项目的发展环境，可降低成本、增加产值，由此而引起项目范围的变更；（4）实施项目的组织本身发生了变化。某些专业核心组织人员的加入或退出可能会导致项目范围某些成果的增加或减少，以此带来项目范围的变更；(5)客户对项目或项目产品的需求发生了变化。如顾客要求为某信息系统增加报告和图表自动生成功能等。

项目范围控制(Project Scope Control, PSC)是指当项目范围发生变化时对其采取纠正措施的过程，以及为使项目向着目标方向发展而对某些因素进行调整所引起的项目范围变化的过程。

项目范围的控制主要是对项目范围变更的控制，范围变更控制要遵照项目整体变更的相关计划和规定，除此之外，范围的控制还应完成以下主要工作：(1)分析和确定影响项目范围变动的因素和环境条件；(2)分析和确认各方面提出的项目范围变更要求的合理性和可行性;(3)分析和确认变更是否已实际发生,以及这些变更的内容和风险;(4)采取实际的处理措施,使影响项目变更的因素向有利的方面发展;(5)注意把范围变更控制与其他专向控制(如时间控制、成本控制、质量控制)结合使用。

项目范围变更的控制常用的方法是项目管理三角形,如图 5-2 所示。项目管理三角形也叫项目三角形,三条边分别是时间、成本、范围,中心是质量,四者间相互依存、相互影响。

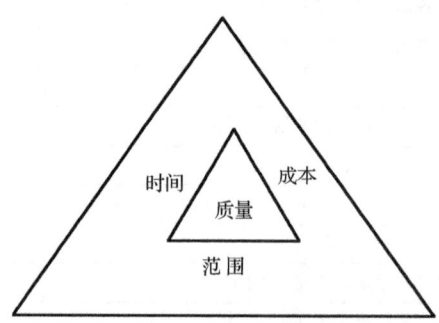

图 5-2 项目管理三角形

项目管理三角形的四个因素存在以下依存关系。

(1)如果调整项目三角形的时间边,延长或缩短工期将会对项目范围、项目质量等产生影响。如果是缩短工期,项目成本可能增加,资源可能会被过度分配,而且项目范围也可能发生变化。需要注意的是,此处主要指关键工作的时间。

(2)如果调整项目三角形的成本边,增加或降低成本将会对项目范围、项目质量等产生影响。如果是降低成本,可能缩小项目范围,项目任务减少,占用资源下降,同时项目的工期也会缩短。

(3)如果调整项目三角形的范围边,扩大或缩小范围将会对项目任务的数量和工期等产生影响。如果是缩小范围,可能会降低成本,也会缩短工期,但也可能达不到原定的项目目标。

(4)质量是项目三角形中的第四个关键因素,而且处于中心位置,项目三角形的三边中任何一边发生变化都会影响项目质量,项目质量受三边的约束。例如,如果发现项目工期还有剩余时间,可通过增加项目任务来扩大范围。项目范围的扩大,有助于提高项目质量。如果需要降低项目成本,就不得不通过减少项目任务或者缩短项目工期来缩小项目范围。随着项目范围的缩小,就很难保证既定的项目质量,所以削减项目成本会导致项目质量的降低。

【情景模拟】

情景描述:

小李是一名大二的学生,由于高考失利,一进大学,他就给自己确定了明确的目标:大一过英语四级,大二过英语六级,大三考雅思或托福,大四或毕业后出国。但是,他大一过英语四级的目标并没有实现,今天他宿舍的一个同学过生日,该同学邀请大家晚上一起出去聚餐庆祝,当然也包括他在内。

模拟要求:

请同学分别扮演小李和他过生日的舍友,从范围核实和控制的角度进行小李的内心分析和独白,然后在此基础上模拟小李与舍友的对话,对舍友的邀请给出答复。

5.4 控制进度

进度计划执行过程中,由于主客观条件的不断变化,项目不能完全按照计划进行,这就需要对进度计划实施控制,以保证项目目标的实现。项目的进度控制,就是在计划执行的过程中,定期检查、记录项目的实际进度情况,并将其与进度计划相比较,对出现的进度偏差进行原因和影响分析,并进一步采取纠正措施、更新原进度计划的过程。这一过程不断循环,直至项目完成。项目进度控制的目的就是确保项目按既定目标工期实现,或是在保证项目质量和不增加项目实际成本的条件下,适当缩短项目工期。

在项目的进行过程中,许多因素会影响项目工期目标的实现,这些因素称为干扰因素。影响项目工期目标实现的干扰因素可以归纳为:人的因素,材料、设备的因素,方法、工艺的因素,资金因素,环境因素等。具体来说,影响项目工期目标的实现主要有以下几种情况。

(1)项目实现条件的错误估计。对项目的认识不够准确,错误估计了项目的相关实现条件,如项目实现技术上存在的困难,项目实现设计上试错的过程所需要的时间,项目实现在沟通上存在的难度等。

(2)项目工期目标的盲目确定。在确定项目工期目标时,盲目乐观或盲目悲观,致使工期定得太短而无法实现或太长但效率低下;或是不考虑项目的实际情况或不采用科学的方法,盲目确定工期目标等。

(3)项目工期计划的错误制定或执行。项目进度计划对项目工期目标的实现有非常重要的影响,其问题包括:项目进度计划的编制质量粗糙,指导性差;项目进度计划的编制缺乏科学性,流于形式,甚至本身有错误;不考虑计划的可变性,认为一次计划就可以一劳永逸;项目资源不到位,进度计划缺乏资源的保证,以致进度计划难以实现;项目进度计划编制者和执行者沟通不畅,导致进度计划贯彻不力;项目实施者不按计划执行,而是凭经验办事,使进度计划不起作用,成为摆设。

(4)不可预见事件的发生。项目执行过程中会有很多不可预见事件的发生,如环境变化,风险的发生等。这些因素常常会影响项目的工期,对工期目标的实现产生影响。

影响项目进度的干扰因素,有些是主观的,有些是客观的,这些干扰因素的存在,充分说明了加强进度控制的必要性,在项目实施之前和项目进展过程中,应加强对干扰因素的分析研究。

制定进度计划的目的就是指导项目的实施,但在进度计划的实施过程中,由于主客观条件的不断变化,计划也应随之改变,凭借一个最优计划而一劳永逸是不可能的。因此,在项目的进行过程中,必须不断监控项目的进程以确保每项工作都能按进度计划进行。同时,必须不断掌握计划的实施状况,并将实际情况与计划进行对比分析,必要时采取有效的对策,使项目按预定的进度目标进行,避免工期的拖延。

在项目进度控制过程中,必须注意以下问题。首先,进度控制必须掌握及时准确的原则。进度控制的关键有两个,一个是及时掌握进度偏差的准确信息,另一个是对必须处理的偏差及时地推出应对措施。其次,进度控制必须掌握重点原则。同时出现进度偏差的工作可能有很多,若同时采取措施进行纠正则需要耗费大量的人力、物力和财力,有时甚至无法实现同时纠正,这就需要将这些工作分出轻重缓急,先处理最重要最棘手的工作,如关键工作等。最后,必须注重建设健全的信息反馈体系。项目进度计划的信息从上到下传递到项目实施相关人员,以使计划得以贯彻落实;而项目实际进度信息则自下而上反馈到各有关部门和人员,以供分析、决策和调整,以使进度计划仍能符合预期工期目标,这就需要建立信息系统,以便不断地进行信息的传递和反馈。

项目进度的监控系统是指借助信息化手段建立进度数据采集系统,收集实际进度数据,并将其与计划基准进行比较,若出现偏差,就要及时找出原因,采取必要的补救措施确保基准进度计划完成或更新、修改原计划,直至工程结束。进度控制过程由项目进度动态监测、进度偏差问题分析和进度更新三个过程组成,完整的项目进度控制的流程如图 5-3 所示[①]。

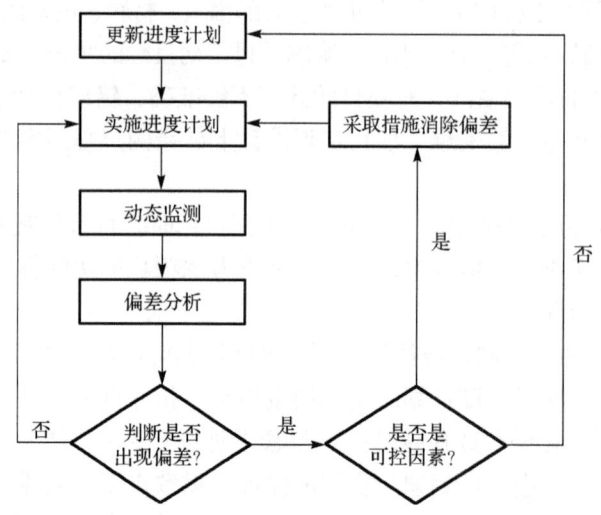

图 5-3 项目进度控制过程流程图

5.4.1 项目进度动态监测

在项目实施过程中,项目内部和外部环境的变化是绝对的,不变是相对的。所以,项目进度计划的平衡是暂时的,而不平衡是经常的。因此,需要定期收集反映项目进度实际状况的信息,对项目实际进度进行分析,这一过程即是对项目进度的动态监测。对项目进度的动态监测通常采用日常观测和定期观测的方法进行,并通过项目进展报告记录和汇报其观测结果。

1. 项目进度监测方法

(1)日常观测

日常观测是指对项目进度进行的持续不断的观测和记录,观测的内容包括项目中每一项工作的实际开始时间、实际完成时间、实际持续时间、实际完成进度等所有与项目进度有关的内容。这种观测方式可以很全面地记录项目进度信息,也可以很快速地发现项目进

---

① 戴大双,朱方伟. 现代项目管理. 北京:高等教育出版社,2004.

度的异常情况,做到对项目进度的及时监控,但是,这样监控耗费精力太大、资源太多,并不是所有项目可以承受的。

(2) 定期观测

定期观测是指在项目进行过程中,间隔固定的时间对项目进度实际情况进行全面的监测。定期监测的间隔时间可以任意设定,如一小时、一天、一周、半月、一月等,具体间隔时间的选择要综合考虑项目的类型、规模、特点和对项目进度计划执行要求程度等各种因素,最终以满足需要为准。

定期观测的内容比较全面,除了要观测上述日常观测所涉及的项目实际进度信息以外,还应涉及以下方面:①关键工作和关键路径。要特别观测、检查关键工作的进度和关键路径的变化情况,若出现异常情况应及时采取措施,以保证项目工期不受影响;②非关键工作。虽然非关键工作不会直接影响项目工期,但仍然要注意观测和检查非关键工作的进度,因为可以通过非关键工作总时差的优势,调整其实际工作时间,充分利用有限的资源,以保证关键工作按计划实施;③工作间的逻辑关系。要注意检查工作之间的逻辑关系变化情况,以便适时进行调整;④变更信息。项目的进度与项目范围、项目成本等其他项目管理知识领域密不可分,不论是谁出现的与计划基准不相同的变更,都可能会对项目进度产生影响,因此要注意及时观测这些变更信息。

定期观测的方法既可以全面观测到项目实际进度信息,又可以充分利用有限资源,使项目进度观测工作有计划性的展开。因此,定期观测法常常被广泛应用。

不管是定期观测还是日常观测,其观测、检查的结果都应记录到项目进展报告中。

2. 项目进度报告

根据报告对象的不同,项目进度报告一般分为项目概要级进度控制报告、项目管理级进度控制报告和业务管理级进度控制报告。通常情况下,项目概要级进度控制报告是以整个项目为对象的,项目管理级进度控制报告是以分项目为对象的,而业务管理级进度控制报告是以某重点部位或重点问题为对象的。

不管项目进度报告是以谁为对象,其内容一般包括以下方面:项目实施概况、项目管理概况、项目进度概要;项目实际进度及相关说明;资源供应进度;项目近期趋势,包括从现在到下次报告期之间可能会发生的事件等;项目实际成本花费情况;项目实施过程中所遇到的障碍和困难,项目可能造成的重大风险事件等。

项目进度报告的常见形式有以下几种[①]:进度计划执行情况报告(见表5-8)、项目关键点检查报告(见表5-9)、项目执行状态报告(见表5-10)、任务完成报告(见表5-11)、重大突发事件报告(见表5-12)、项目进度报告(见表5-13)等。进度计划执行情况报告包括各项工作的计划执行情况;项目关键点检查报告是指对项目工期影响较大的时间点(如里程碑事件点等)进行监测、检查、分析、归纳所形成的报告;项目执行状态报告反映了一个项目或一项工作的现行状态;任务完成报告反映了一项已完成任务或工作的基本情况;重大突发事件报告是就某一重大突发事件的基本情况及其对项目的影响等有关问题所形成的特别分析报告;项目进度报告反映了报告期项目进度的总体概况。

---

① 白思俊等. 现代项目管理:升级版(上册). 北京:机械工业出版社,2010.

表 5-8 项目进度计划执行情况报告表

项目名称			项目所有者			项目执行者			信息号		报告日期	
工作编号	工作名称	工作情况	计划			实际			估计		TF	
			D	ES	EF	工时	开始	结束	工时	结束	原有	剩余

注:工作情况可包括:工作剔除、新增工作、工作已结束、推迟完成、按期完成、提前完成、推迟开始、如期开始、提前开始

表 5-9 项目关键点检查报告表

关键点名称		检查组名称	
检查组负责人		报告人	
报告日期		报告份数	
对关键点的目标描述			
关键点实际时间与计划时间相比			
交付物是否能满足项目要求			
预计项目发展趋势			
检查组负责人的审核意见		签名　　　　　日期	

表 5-10 项目执行状态报告表

工作名称		任务编码	
报告日期		状态报告份数	
实际进度与计划进度比较			
已用时间、尚需时间与计划总时间比较			
交付物能否满足项目要求			
任务能否按时完成			
目前人员配备状况			
目前技术状况			
任务完成预测			
潜在风险分析及建议			
任务负责人审核意见			
签名　　　　　日期			

表 5-11 任务完成报告表

工作名称及编码		任务完成日期	
已完成工作基本情况	交付物的性能特点		
	实际工时与计划工时比较		
	实际成本与计划成本比较		
	遇到的重大问题及解决办法		
紧后工作情况	紧后工作名称及编码		
	紧后工作计划及措施		
评审意见	评审人	评审日期	
项目负责人审核意见	签名	日期	

表 5-12 重大突发事件报告表

事件发生时间	
事件发生部位	
事件描述	
意见对项目影响程度说明	
事件发生原因分析	
建议采取的措施	
项目负责人审核意见	签名　　　　　　　　日期

表 5-13 项目进度报告表

项目名称		报告日期	
关键问题	工作范围变化情况		
	进度状况		
	费用状况		
	质量状况		
	技术状况		
对跟踪项目的解释			
未来设想	任务计划		
	问题和办法		
完成人　　　　日期		评审人　　　　日期	

项目进展报告形式各有侧重点，实际使用时应根据实际需求进行恰当的选择，并根据需要对报告具体内容和形式进行相应的修改。

一般来说，项目进度报告的报告期越短，越容易及早发现问题并采取纠正措施，但需要耗费的资源也越多、精力也越大。因此，项目进度报告的报告期，应根据项目的复杂程度和时间期限以及项目的动态监测方式等综合考虑而定，一般可考虑与定期观测的间隔周期相一致。

5.4.2 项目进度计划实施的比较分析

项目实施过程中，项目的工作或活动进度有些会与进度计划相符，但有些会比计划提前，有些会比计划延后；与进度计划进行比较时，会涉及项目工作或活动的完成时间，也可能是项目工作或活动的开始时间。项目工作或活动的实际进度和计划进度不相符就需要进行具体的分析，因为进度提前并不一定就是好的现象，进度滞后就是差的现象，也可能进度的提前是以质量为代价的，进度的滞后是因为范围变更而引起的正常现象。因此，需要对进度的实际情况进行具体分析，找出原因，弄清其对项目的影响。一般来说，关键工作的提前或延误会对项目工期产生影响；非关键工作是否对项目工期产生影响，要看其提前或延误的时间是否在总时差范围内，若其在总时差范围内则不会影响工期，若其超过总时差的范围则其超出部分将会对工期产生同等程度的影响。

进行项目的实际进度与计划进度的比较分析，常用的方法主要有以下几种。

(1) 实际进度前锋线比较法

实际进度前锋线，是一种在时间坐标网络中记录实际进度情况的曲线，简称为前锋线。前锋线是利用了时间坐标网络中箭线长度代表工作或活动工期具体信息的特点，其将检查时点所对应的具体工作的实际进度连接起来(如图 5-4 中点画线所示),将其与计划时点各工作的计划进度(如图 5-4 中虚线所示)进行对比,根据前锋线与工作箭线交点的位置,判断项目实际进度与计划进度的偏差。图 5-4 中,工作②→⑤实际进度比计划进度延迟 1 天,因其是关键工作,故工期也延迟 1 天;工作④→⑦实际进度比计划进度提前 1 天,因其是非关键工作,故需结合其总时差来判断其对工期的影响,若总时差大于 1,则工期不受影响,若总时差小于 1,则工期也会提前。

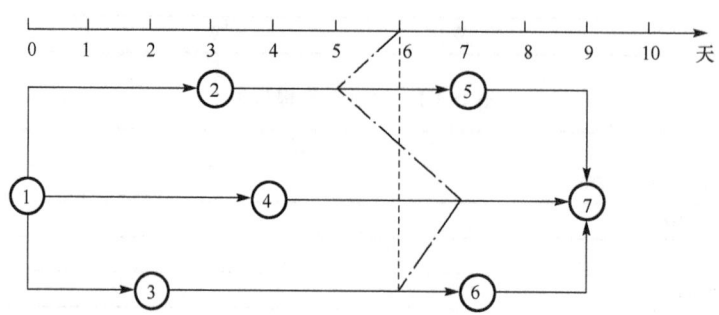

图 5-4 实际进度前锋线

虽然实际进度前锋线比较法形象直观,但其必须建立在各项工作和活动匀速进行的基础上。

(2)横道图比较法

横道图比较法是将在项目进展中的信息经整理后,用不同颜色或不同线条将实际进度横道线并列画在计划进度的横道线之下,一起进行比较的方法。它明确反映了实际进度与计划进度的关系,如图 5-5 所示,任务 1 完全按计划完成;任务 2 比计划迟一天开始,但如期完成;任务 3 如期开始,但晚一天完成。

任务序号	任务名称	持续时间	进度(天)											
			1	2	3	4	5	6	7	8	9	10	11	12
1	软件设计	2												
2	软件开发	5												
3	软件调试	3												
4	软件安装	5												

图 5-5 横道图

这种比较方法直观、清晰,但是也只适用于各项工作匀速进行的情况,当工作非匀速进行时,就不再适用。但如果对原有的表示方法进行如下修改,则可解决上述问题:将横道图的横道长度只表示投入的工作时间,而在横道图的上下两侧用数字表示所完成工作量的累计百分比,如图 5-6 所示。当 3 月末进行检查时,计划应完成的工作量为 45%,实际开始时间有延误,但进行检查时完成的工作量已达 50%,实际进度已超前 5%。

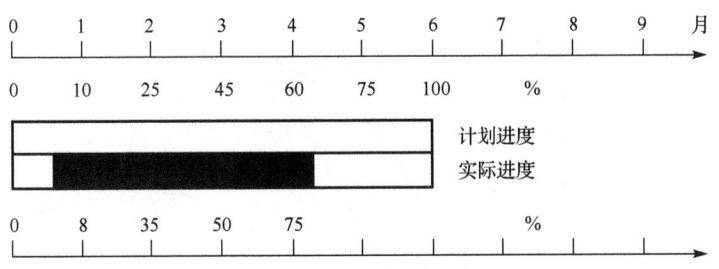

图 5-6 修改后的横道图

(3) S 形曲线比较法

在大多数项目的开始实施阶段和收尾阶段,由于准备工作及其他配合事项等因素的影响,其进度一般都较缓慢一点,而在项目实施的中间阶段,一切趋于正常,进度也要稍快一些,其累计完成工作量曲线就为一中间陡而两头平缓的形如"S"的曲线。

如图 5-7 所示,通过 S 型曲线比较可知,如按工作实际进度描出的点(图中虚线)在计划 S 形曲线(图中实线)左侧(a-b 点之间),则表示此刻实际进度已比计划进度超前;反之,则表示实际进度比计划进度拖后(如 a 点左侧)。同时,从 S 型曲线比较图还可得出,横坐标的差额为项目实际进度与计划进度间的偏差,纵坐标的差额为项目实际完成工作量与计划工作量间的偏差。若将 b 点作为检查点,则实际曲线中 b 点之后的曲线可以代表按目前效率进行下去的未来项目进度预测值。

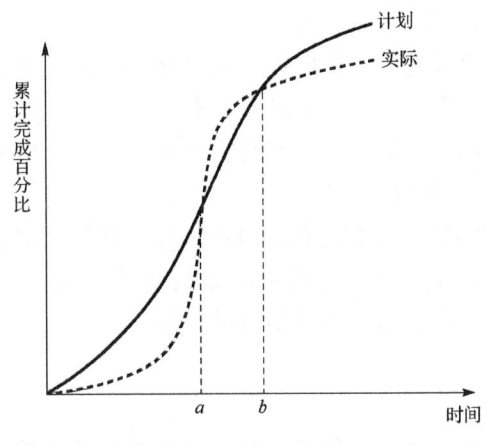

图 5-7　S 型曲线比较图

(4)"香蕉"曲线比较法

对于一个项目的网络计划,在理论上总是分为最早和最迟两种开始和完成时间。因此,任何一个项目的网络计划,都可以绘制出两条 S 形曲线,即以最早时间和最迟时间分别绘制出的相应的 S 形曲线,分别称为 ES 曲线和 LS 曲线。如图 5-8 所示,两条曲线除开始点和结束点重合外,其他各点,ES 曲线皆在 LS 曲线左侧,形如一支"香蕉",故称其为"香蕉"曲线。理想的项目实施过程,其实际进度曲线应处于香蕉状图形以内。

利用"香蕉"曲线进行比较,所获信息和 S 形曲线基本一致,但由于它存在按最早开始时间的计划曲线和最迟开始计划曲线构成的合理进度区域,从而使得判断实际进度是否偏离计划进度及对总工期是否会产生影响更为明确、直观。

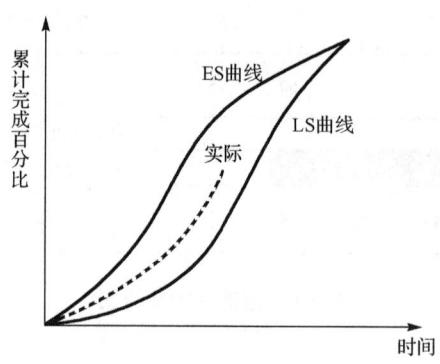

图 5-8　香蕉曲线比较图

上述对实际进度和计划进度的比较方法可以判断出项目实际进度的进展偏差状况，但仅仅知道偏差结果还不够，还需要对其进行进一步的影响分析。

当出现进度偏差时，应分析该偏差对后续工作及总工期的影响，具体分析可从以下几方面进行。

(1) 分析产生进度偏差的工作是否为关键工作

若出现偏差的工作是关键工作，则其一定会对后续工作及总工期产生影响，因此，必须进行进度计划的更新；若出现偏差的工作为非关键工作，则需要进一步分析偏差值与总时差和自由时差的大小关系，从而确定其对后续工作和总工期的影响程度。

(2) 分析进度偏差是否大于总时差

如果非关键工作的进度偏差大于总时差，则必将影响后续工作和总工期，这时就需要采取相应的调整措施；如果进度偏差小于或等于该工作的总时差，则表明对总工期无影响，但是其对后续工作是否有影响，需要进一步分析其偏差与自由时差的大小关系。

(3) 分析进度偏差是否大于自由时差

如果非关键工作的进度偏差大于该工作的自由时差，则会对后续工作产生影响，此时就应根据后续工作允许影响的程度进一步确定该如何调整；如果进度偏差小于或等于该工作的自由时差，则对后续工作无影响，进度计划不需要做调整更新。

5.4.3　项目进度计划的更新

发现项目实际进度偏差不是最终目的，最主要的是对进度偏差分析后找出原因，从而找到解决办法，纠正偏差，并进一步制定新的进度计划，以保证项目进度目标的实现。

具体来说，进度计划的调整更新可以从以下几方面进行。

(1) 关键工作的调整

因为关键工作的总时差为零，所以关键工作的工作持续时间的任何变动都会对整个项目的工期产生影响，因此，在项目进度计划的管理中最重要的是对关键工作的管理。

当项目进度出现偏差时，对关键工作的调整通常涉及以下两种情况。

① 关键工作的实际进度较计划进度提前时的调整。在其他情况不受影响的情况下，关键工作的实际进度提前可以使得项目工期提前，那么项目可以比计划提前完工，这时需要将计划的未完成部分作为一个新的计划，重新计算与调整，按新的计划执行项目并对项目进行管理。但是，如果项目对工期不是很敏感，完全不需要项目提前完工，则此时可不修

改项目工期,而利用实际进度和计划进度间的时间差更好地完善项目的其他方面,如可适当延长资源消耗量大或直接费用高的后续关键工作的工作持续时间,这样既可降低资源强度及费用,又可以节约项目成本。需要注意的是,所有调整要在不超过已完成的关键工作的工作持续时间提前量的范围内。

② 关键工作的实际进度较计划进度落后时的调整。当关键工作的实际进度落后于计划进度时,必然会使得项目工期延后,所以需要采取措施将耽误的时间补回来,只有这样,才能保证项目按期完成。将已经耽搁的时间补回来的最常用的方法是赶工,即在技术措施或组织措施支持下,缩短后续关键工作的持续时间,并且保证项目工期不变。若不具备赶工的条件,则只能通过后面所论述的调整资源或改变工作间逻辑关系等方法来解决,但这些方法常常会影响到项目的其他方面。

(2) 非关键工作的调整

非关键工作因为总时差通常都大于零,所以其变动范围较大,只要在总时差范围内,非关键工作延长或缩短工作持续时间、调整工作的开始或完成时间,都不会影响项目工期,所以项目进度计划不需要调整。需要注意的是,虽然项目工期不受影响,但是紧前紧后工作间的逻辑关系依然存在,会受到影响,所以还是需要重新进行时间参数的计算,观察对项目计划的影响。

如果非关键工作的实际进度的变动超出总时差之外,则会对项目工期产生影响,此时同样需要用下面所论述的调整资源或改变工作间逻辑关系等方法来解决,并重新调整项目计划。

(3) 资源调整

资源与项目的工期有着密不可分的关系,资源供应充足时,工期可以加快,而资源供应不足时,工期也会变慢。当实际进度与计划进度出现偏差时,便可利用资源与工期间的关系来调整项目工期,也可以通过资源的优化来进行调整。

(4) 改变某些工作的逻辑关系

改变工作的逻辑关系主要是指将依次进行的工作变为平行或互相搭接的关系以缩短工期。通过这种方法来调整项目工期效果是很明显的,但其使用前提是工作之间的逻辑关系允许改变。使用该方法时,最好是不影响其他工作之间的顺序,而且调整的结果不会对原计划进行否定。

(5) 增减工作项目

由于编制计划时考虑不周,或因某些原因需要增加或取消某些工作,则需重新调整网络计划,计算时间参数。增加工作项目,只对原遗漏或不具体的逻辑关系进行补充;减少工作项目,只是对提前完成的工作项目或原不应设置的工作项目予以消除。增减工作项目不应影响原计划中的逻辑关系,只能改变局部的逻辑关系。增减工作项目后,应重新计算网络时间参数,更新项目进度计划。

需要注意的是,上述所有的对进度偏差进行调整的方法的使用,应该首先以保证原进度计划不受影响为前提。

实 践 任 务

任务步骤及要求:

1. 项目实施组和观察记录组按照项目进度控制的流程进行项目进度控制,选取进行到此刻项目进度出现偏差的任务项目进行课堂汇报;

2. 所有小组对该任务项目的进度控制进行讨论，讨论范围包括对该项目进度的监控、对识别偏差工具的应用、对进度偏差产生的原因分析、对进度偏差进行纠正措施的选取和对进度计划的更新。

实践目标：
1. 理解项目进度监控的流程；
2. 学会项目进度监控各工具和文档的应用；
3. 明确项目进度控制在整个项目监控和项目管理中的作用。

5.5 控制成本

5.5.1 项目成本控制概述

项目成本控制是在项目实施过程中，时时监督项目成本实际使用情况，通过其与项目预算成本进行对比分析，必要时及时修正成本预算，以使项目实际成本尽可能控制在预算范围内或使其偏差尽可能小的过程。对项目成本进行控制，可以及时发现实际成本与计划成本间的差异，以便采取纠正措施降低成本变动带来的风险。

项目成本控制具体的工作包括：对项目成本执行情况进行监控，将结果记录到绩效信息；将项目实际成本与预算成本进行对比分析；针对出现的偏差提出变更申请，按变更程序及时分析处理；向有关干系人报告所有经批准的变更及其相关成本；预测未来成本，重新制定成本预算，将成本控制在可接受范围内。

需要注意的是，项目管理者对项目的成本控制工作不能独立进行，而应该与项目的进度、范围和质量等联系在一起进行，由于项目的成本支出与项目进展进度、项目的工作量和项目工作质量密切相关，成本超支并不一定就有问题，成本节支也不一定就没有问题。因此，分析成本偏差对项目产生的影响应从正反两个方面考虑，必须进行具体的综合性分析，最常用的方法是挣值管理法。

一旦成本出现超支的情况则无法挽回，因为已经超支的成本都是沉没成本，是无法收回的，所以，若成本超支，实际上是没有办法解决的。因此，所谓的有效控制项目成本关键是要经常性地收集项目的实际成本，将实际成本和预算成本进行动态比较分析，及时发现项目成本出现的偏差和问题，采取纠正措施并预测未来成本，使现有偏差对项目的影响降到最低。成本一旦超支，往往呈现出一种惯性，会使得未来成本也很可能出现超支，若采取措施使未来成本在预算范围内，也往往是以牺牲范围、进度或质量等为代价。所以，只要发现项目成本出现偏差和问题就应该积极地采取措施去解决它，而不应该寄希望于随着项目的展开一切都将会变好。项目成本控制问题越早发现和处理，对项目范围和项目进度的冲击就会越小，项目越能够达到整体的目标要求。

5.5.2 项目成本控制的方法——挣值管理

挣值管理是把范围、进度和资源绩效综合起来考虑，以评估项目绩效和进展的方法。它综合了范围、成本和进度测量，帮助项目管理队伍评价项目绩效；它巧妙地以预算和成本为分析对象，全面地反映出现实与计划之间的差异情况。

1. 挣值管理的三个基本指标

该方法的使用最关键的是理解以下三个基本指标。

(1)计划值(Planned Value，PV)。计划值也被称为已安排工作的预算费用或计划工作量的预算费用(Budgeted Cost of Work Scheduled，BCWS)，即根据批准认可的进度计划和预算到某一时点应当完成的工作所需投入资金的累计值，是项目成本管理过程中规划过程组所得到的成本预算的结果，其是衡量项目进度和项目费用的一个标尺或基准。计划值的总和有时被称为绩效测量基准(PMB)，项目的总计划值又被称为完工预算(BAC)。

(2)实际成本(Actual Cost，AC)。实际成本也称为完成工作实际费用(Actual Cost of Work Performed，ACWP)，即到某一时点已完成的工作所实际花费的总金额。

(3)挣值(Earned Value，EV)。挣值也称为已完成工作的预算费用(Budgeted Cost of Work Performed，BCWP)，即根据批准认可的预算，到某一时点已经完成的工作所需投入资金的累计值。挣值是指已经完成的工作在原成本计划中的预算金额，即从计划的角度看，项目已经完成的工作按照预算应花费的金额。由于业主正是根据这个值对承包商完成的工作量进行支付，也就是承包商获得(挣得)的金额，故称挣值(EV)。

这三个指标实际上是三个关于进度(时间)的函数，即 $PV(t)$ $(0 \leqslant t \leqslant T)$、$AC(t)$ $((0 \leqslant t \leqslant T)$、$EV(t)$ $((0 \leqslant t \leqslant T)$，其中，$T$ 表示项目完成时点，t 表示项目进展中的监控时点。理想状态下，这三条函数曲线应该重合于 $PV(t)$，表示已完成工作所花实际成本和对应的预算成本都与计划值相一致。但当三者不一致时，可通过其大小判断出项目的实际成本和进度情况。

如图 5-9 所示，当 AC>EV 时，说明在此监测时间已完成工作实际花费成本大于预算成本，故是成本超支的情况；如图 5-10 所示，当 PV>EV 时，说明完成预算成本 C 所对应的工作量的计划时间小于实际时间，故是进度滞后的情况。

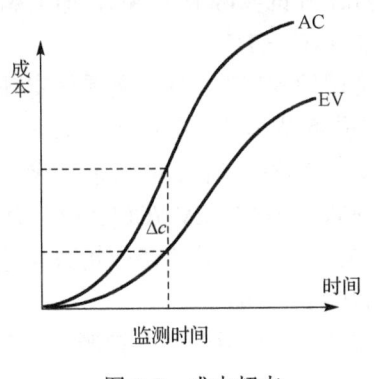

图 5-9　成本超支

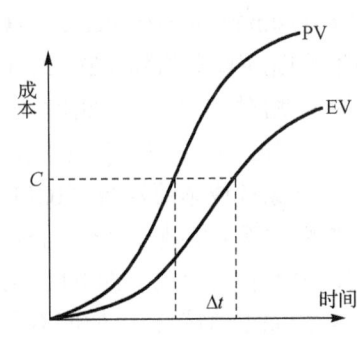

图 5-10　进度滞后

2. 偏差指标

通过上述三个基本值标可以看出，对其进行两两对比分析可以得出项目的实际进展情况与计划情况的偏差，有利于对项目进行监控，也可以清楚地反映出项目管理和项目技术水平的高低。从上述三个基本值标可以得出以下几个重要的反映偏差的指标。

(1)成本偏差指标。反映成本偏差的指标有两个，一个是成本偏差(CV)，另一个是成本绩效指数(CPI)。

① 成本偏差(Cost Variance，CV)。CV是指在某个检查点上EV与AC之间的差异，即CV=EV−AC。

当CV为负值时，EV<AC，说明实际成本超过预算成本，因此是成本超支的情况，若在几个不同的检查点上都出现此问题，则说明项目执行效果不好；当CV为正值时，表示节支，实际费用没有超出预算费用，项目执行效果良好。

② 成本绩效指数(Cost Performance Index，CPI)。CPI是指预算费用与实际费用值的比值，即CPI=EV/AC。该指标可以反映已完成工作的成本效率。

当CPI<1时，EV<AC，即实际成本高于预算成本，表示超支；当CPI>1时，表示节支，即实际费用低于预算费用。

(2) 进度偏差指标。

① 进度偏差(Schedule Variance，SV)。SV是指在某个检查点上EV与PV之间的差异，即SV=EV-PV。

当SV为负值时，EV<PV，即监测时点已实际完成工作的预算成本小于按计划应完成工作的预算成本，说明进度延误；当SV为正值时，表示进度提前。

② 进度绩效指数(Schedule Performed Index，SPI)。SPI是指项目挣值EV与计划值PV的比值，即SPI=EV/PV。

当SPI>1时，表示进度提前，即实际进度比计划进度快；当SPI<1时，表示进度延误，即实际进度比计划进度拖后。

3. 未来成本预测

偏差出现后，除了分析偏差大小、影响、原因等，必要时还可以利用挣值预测未来完成成本。完工估算(estimate at completion，EAC)是根据当前掌握的项目绩效等信息，预计项目未来完成成本。在计算EAC时，通常用已完成工作的实际成本AC，加上剩余工作的完工尚需估算(estimate to complete，ETC)，即EAC=AC+ETC。

剩余工作的完工尚需估算ETC的计算方法最常用的有三种：第一种是假定项目未完成工作将按原计划效率进行，此时未完成工作预算成本为完工预算扣除挣值，即ETC=BAC−EV；第二种是假定项目未完成工作将按目前效率进行，此时未完成工作预算成本将按项目目前累计成本绩效指数(CPI)实施，即ETC=(BAC−EV)/CPI；第三种是假定项目未完成工作将按重估的效率进行，此时可假定ETC按一个由成本绩效指数与进度绩效指数综合决定的效率指标完成，即ETC=(BAC−EV)/(CPI×SPI)。

如果预测的完工估算EAC的值不在可接受范围之内，则说明情况较严重，需尽快采取措施解决。

剩余工作量和剩余资金之间的关系可以用完工尚需绩效指标(TCPI)反映。TCPI(To Complete Performance Index)是指为了在既定的预算内完工(如BAC或EAC)，剩余资源的使用必须达到的成本绩效指标。TCPI是完成剩余工作的成本和剩余预算的比值，即TCPI=(BAC−EV)/(BAC−AC)，若未来项目绩效不是按原定预算BAC完成而是按照新的完工估算EAC完成，则计算公式为TCPI=(BAC−EV)/(EAC−AC)。TCPI的值大于1，说明(BAC−EV)>(BAC−AC)，即完成剩余工作的成本大于剩余的预算，所以需要提高项目剩余工作量的业绩以使剩余预算够用，从而保证项目保持在预算范围内，但同时可能会以牺牲部分质量等为代价；TCPI 的值小于 1，说明剩余的预算成本比较多，可以降低业绩以使项目保持在预算范围内，因此可创造机会以提高质量或利润。

挣值分析后，可将各分析数据汇总到挣值状态报告[①]（如表 5-14 所示）中，以方便做出决策。

表 5-14　挣值状态报告

项目名称：　　　　　　　　　　状态日期：　　　　　　　完工预算（BAC）：

	当前报告阶段	当前阶段累计
计划值（PV）		
挣值（EV）		
实际值（AC）		
进度偏差（SV）		
成本偏差（CV）		
进度绩效指数（SPI）		
成本绩效指数（CPI）		
产生进度偏差的原因：		
对进度的影响：		
产生成本偏差的原因：		
对成本的影响：		
完工估算（EAC）		
完工估算说明：		
完工尚需绩效指标（TCPI）		

【练习】

某包装机项目的每期预算费用如下：

工作名称	预算值	进度/周											
		1	2	3	4	5	6	7	8	9	10	11	12
设计	24	4	4	8	8								
改造	60					8	8	12	12	10	10		
安装和调试	16											8	8
合计	100	4	4	8	8	8	8	12	12	10	10	8	8
累计		4	8	16	24	32	40	52	64	74	84	92	100

该包装机项目的每期累计完成比率（%）如下

进度/周	1	2	3	4	5	6	7	8
设计	10	25	80	90	100	100	100	100
改造	0	0	0	5	15	25	40	50
安装与调试	0	0	0	0	0	0	0	0

[①] 辛西娅·斯塔克波尔·斯奈德（Cynthia Stackpole Snyder）著，赵弘，刘露明译. 活用 PMBOK 指南：项目管理实战工具（第 2 版）. 北京：电子工业出版社，2014.

该包装机项目的每期实际费用如下:

工作名称	进度/周								总费用
	1	2	3	4	5	6	7	8	
设计	2	5	9	5	1				22
改造				2	8	10	14	12	46
安装和调试									0
合计	2	5	9	7	9	10	14	12	68
累计	2	7	16	23	32	42	56	68	68

请根据上述数据对该包装机项目进行挣值分析。

5.6 控 制 质 量

5.6.1 项目质量控制概述

项目质量控制就是按照项目质量控制计划,监督项目质量活动的实际执行情况,将其与项目质量标准与要求对比分析,及时发现质量问题,必要时采取纠正措施,确认项目的可交付成果和过程满足干系人的需求,确保项目的质量目标能够实现的过程。质量标准应该具体并且可测量,可以是项目计划中专门规定的,也可以是相关法律法规所规定的,或者是本行业的相关标准,或者是被普遍认可的行业惯例。

项目质量控制和项目质量保证都是确保项目质量能够达到项目干系人的需要所开展的工作,但两者之间是有区别的。项目质量保证是从项目质量管理的多方面,如组织、程序、方法、资源等,为项目质量提供预防、提高和保障;而项目质量控制是单一的直接对质量纠错和把关的质量管理活动。虽然两者有明显的区别,但项目质量保证和项目质量控制在项目中并没有明确的界限区分,而且两者常常是交叉和重叠的,两者目标相同只是工作方法和方式不同而已。

项目质量控制的任务主要包括:一是保证业主取得与其所花费费用相当并符合其要求的可交付成果;二是为项目经理管理的项目质量提供独立、公开的评价;三是及时发现和纠正项目在实施过程中出现的问题,以避免或减少这些问题带来的损失;四是掌握项目检查及试验记录等有关资料,以便证明项目是按有关规定、规程等进行的,当与有关方面产生纠纷时,这些资料还可以作为解决纠纷的客观依据。

影响项目质量的因素有很多,大多认为最主要的影响因素有人员、材料、设备、方法、和环境等。人是项目的主体,整个项目生命周期中都少不了人的参与,因此其对项目质量的影响贯穿始终,但是人是有主观能动性的,不可能像机器一样不会犯错,所以在项目进行中首先应提高人的质量意识,然后通过建立一个健全的系统来尽量减少人犯错误的可能性。材料是项目可交付成果的重要来源,其质量的优劣会直接影响到项目的质量。因此,在项目进行过程中要严格检查验收,正确合理使用,设立明确的验收标准和质量检查规章制度,控制好材料的质量。设备和方法,是原材料转化成合格项目产品所不可或缺的,只有合适的设备和方法,才能保证生产出合格的项目产品。因此,需要根据项目的具体特点,选择合适的设备，并对其正确使用和保养，同时，需要选取技术可行、经济合理、灵活动态的方法控制保证项目质量、加快项目进度、减少项目费用、实现项目目标。环境，包括自然条件和非自然条件，如天气、法律法规、组织环境等。环境会直接或间接影响到项目质量，对环境控制应根据项目特点和具体条件，对可控环境采取有效措施，对不可控环境尽量规避，从而实现项目质量的控制。

需要注意的是，在项目产品的质量标准中，一般会留有质量偏差区间，只有当项目产品质量超出允许的质量偏差范围才认为项目产品质量是不合格的。而且，在实际工作中，经常是产品生产过程先出现质量问题，经过一定时间的积累，才最终导致产品质量出现问题。因此，项目质量控制中，过程的质量控制非常重要。

【案例分析】

三峡工程成败的关键在于工程的质量。为此，三峡总公司建立了一套完善的质量保证体系，加强质量意识，严格控制工程项目质量。

(1) 制定质量标准。根据已有的国家标准、部颁行业标准及三峡工程设计的特殊要求，并结合三峡工程的施工特点，三峡总公司组织编制了《中国长江三峡工程标准》(TGPS)，包含50余个质量控制标准，并汇编成册，贯彻执行。

(2) 建立质量管理机构及责任制。从原材料生产、加工制造、储存运输、施工监理、项目管理到三峡总公司各级管理人员，都建立了相关的责任制。每一个环节都有明确的责任人。三峡总公司还组织参建各方成立三峡工程质量管理委员会，负责质量检查、督促、协调、指导、评价等管理工作。

(3) 建立质量事故处理程序。现场发现质量缺陷或事故必须在规定时间内逐级上报，项目部组织参建各方进行现场检查，查阅施工记录，初步界定属于一般缺陷或质量事故的，提出修复或补强加固处理方案；对重大质量事故应"推倒重来"，彻底返工处理。难以处理的，报三峡总公司和设计单位进行研究，提出处理方案，经批准后认真执行，确保不留隐患，并对事故责任者进行追究与处罚。

(4) 建立质量奖惩制度。除合同有关规定外，还制定了《三峡工程质量奖惩办法》。因质量事故造成的经济损失应由责任方承担，并扣留质保金，责任人处罚由责任方自行处理。三峡总公司为促进各参建方确保工程质量，建立了质量保证激励制度，在第二阶段施工期，从工程成本内提取2.5亿元作为质量特别奖，对不出现任何质量缺陷和事故者将给予奖励。

(5) 建立单元工程评定制度。每一部位、每一单元工程完工后及时进行质量评定。从1993年开工至2005年底，共评定15余万个单元工程，合格率为100%，其中优良单元占80%以上。

(6) 建立逐级质量检查制度。原材料出厂检查由三峡总公司委托有资格的机构按照规定标准，实行出厂合格证签发制度。钢结构及机组设备制造，由三峡总公司委托有资格的国内外建造机构进行驻厂检查，定期向三峡总公司报告质量状况，并坚持到站检查，国外进口的设备要进行入关检查和到现场检查。在施工过程中由承包商自检、监理工程师检查，总公司试验中心、测量中心、安全监测中心及金属结构监测中心等部门对各部位按规程进行抽检。三峡总公司还聘请国内外有经验的专家担任混凝土、机电设备焊接安装等专业总监，加强质检控制力度。国务院三峡工程建设委员会组建由多名中国工程院院士组成的专家组，每年两次对工程质量进行跟踪检查，向国务院三峡工程建设委员会提出负责的工程质量报告。

思考问题：

请结合4.3实施质量保证和5.6控制质量的相关知识总结三峡工程是如何实施质量保证和质量控制的。

资料来源：赵振宇. 项目管理案例分析. 北京：北京大学出版社，2013.

5.6.2 质量控制的工具

项目质量控制的工具有很多种，不同的工具有不同的功能和特点，应根据项目具体情况，正确地综合运用多种工具。

常用的质量控制工具有以下几种。

(1) 流程图。流程图也称过程图，用来显示在一个或多个输入转化成一个或多个输出的过程中，所需要的步骤顺序和可能分支。流程图采用直观的方式，描述出工作过程的各个环节及其逻辑关系，常常用于质量管理过程与系统的深入分析。流程图可能有助于了解和估算一个过程的质量成本。

(2) 核查表。核查表也称计数表或质量检查单。核查表是专门设计的表格，是用于收集数据的查对清单，便于对项目质量问题进行记录与检查。

(3) 帕累托(Pareto)图。帕累托图又称因素分析图、巴雷特曲线图或排列图(全称是"主次因素排列图")或ABC图，是用来分析影响项目质量主次因素的一种方法。帕累托图根据"关键的少数和次要的多数"的原理，将影响产品质量的众多因素按其对质量影响程度的大小用垂直条形图顺序排列，找出造成大多数问题的少数重要原因即主要因素。

排列图是由两个纵坐标和一个横坐标，若干个直方形和一条折线构成的，如图5-11所示。横坐标表示影响质量的各种因素，按影响大小的顺序排列；左边的纵坐标表示频数，即某因素发生的次数，右边的纵坐标表示频率，即某因素发生的累计百分数；直方形的高度表示相应因素的影响程度(即出现频率为多少)；折线称为帕累托曲线。通常按累计百分数将影响因素分为三个区域：占 0～80%左右为 A 类因素，也就是主要因素；80%～90%为 B 类因素，是次要因素；90%～100%为 C 类因素，是一般因素。由于 A 类因素占存在问题的 80%，是影响质量的主要因素，此类因素解决了，质量问题就大部分得到了解决，所以应采取措施重点解决这些原因引起的质量问题。

(4) 直方图。直方图又称质量分布图或矩形图，是一种特殊形式的条形图，通常以横坐标标注质量特征值，纵坐标标注频数或频率值，各组所包含数据的频数或频率的大小用直方柱的高度表示，用于比较准确地反映出质量数据的分布状况，描述集中趋势、分散程度和统计分布形状。在使用直方图时，一方面可以采用直方图图形判断，对不合规律的畸形图形进行分析，找出质量隐患；另一方面，可以用直方图直接观测工序能力是否能够满足需求。但直方图不考虑时间对分布内的变化的影响。

(5) 散点图。散点图又称相关图或分布图，常常用于两种因素之间的关系分析，横坐标表示自变量，纵坐标表示因变量，将多个坐标点标于坐标上，找出两者之间的相关性，根据找到的相关性可以画出回归线,用以估算自变量的变化将如何影响因变量的值,可以用于研究一个环境因素对项目质量的影响。

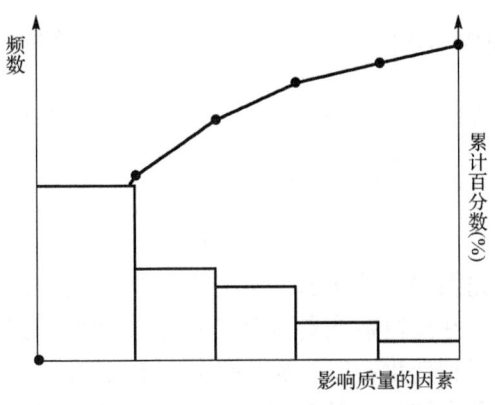

图 5-11　帕累托图

(6) 因果图。因果图又称鱼刺图或石川图,常用于详细分析质量问题产生的原因。该方法从需要解决的特定质量问题出发,从质量影响五大因素人、方法、设备、材料、环境等方面入手分析,逐步探寻产生质量问题的具体原因。为了深化对质量问题原因分析的深度,需要召开质量分析会,广泛发动群众,集思广益,全面列出影响质量的因素。寻求各种原因要从粗到细,从大到小,逐层描述出相关问题的因果关系,直到找出导致问题的具体原因,以便采取措施解决问题。如图 5-12 所示的是一个航班延误起飞因果分析。

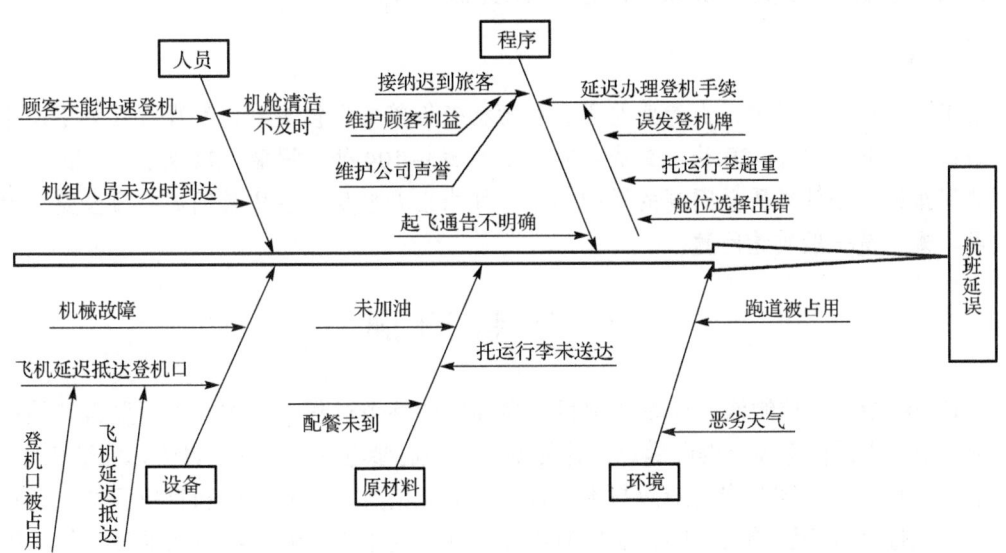

图 5-12　因果图

(7) 控制图。控制图又称管理图,是反映工序随时间变化而发生的质量变动的状态,即反映项目实施过程中各阶段质量波动状态的图形,是运用数理统计原理设计出的一套科学观测工作系统运行状况的方法。控制图方法强调预防为主的质量管理原则,希望通过有效地分析现场质量波动判明生产过程是否处于控制状态,以达到提供质量保证的目的,如图 5-13 所示。

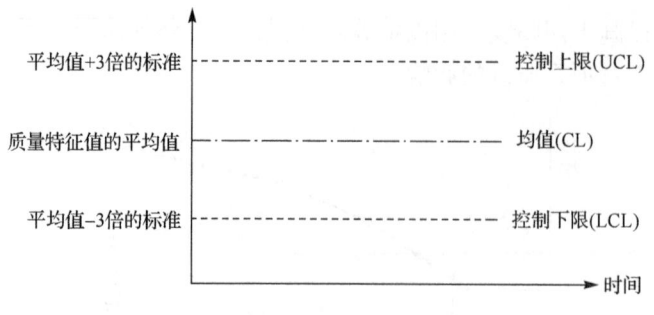

图 5-13 控制图

其基本工作原理是首先根据正常状态下系统的工作效果,观测出衡量该过程质量的关键性指标的正常分布情况,并比对系统实际生产过程,不断检测获得的相关信息,发现系统是否出现了影响质量的不利变化,以便及时解决质量问题。

一个典型的质量控制图由控制上限 UCL、控制下限 LCL 和均值等要素组成,控制图的横坐标为时间,纵坐标为质量特征值,如温度、压力、重量、长度等。

在使用质量控制图时,按规定的时间抽取子样,测量质量的特征值,将观测的结果不断地标注到预先印制的控制图中,并将各个观察点用直线连接起来。通过观察连接线的变化情况,对系统的工作状态做出正确的判断。在正常情况下,统计量相应的点分布在中心线附近,排列没有异常状况,在上下控制界限内,表明项目过程处于稳定状态。如果点跃出控制界限或排列有缺陷(如只在中心线一侧),表明生产过程中存在异常状况,需要及时查明原因,采取调整措施,确保项目达到稳定状态。

【练习】

某工程在施工过程中,由专业监理工程师检查钢筋电焊接头时,发现存在如下质量问题:裂纹—8 处,气孔—20 处,夹渣—54 处,咬边—104 处,焊瘤—14 处。

请用排列图法计算质量问题的累积频率,并指出哪些是主要质量问题,哪些是次要质量问题,哪些是一般质量问题。

5.7 控制沟通

PMBOK 指出,控制沟通就是在项目生命周期的整个过程中对沟通进行监督和控制,确保项目干系人的信息需求得以满足,并使得所有沟通参与者之间的信息流动能够最优化。控制沟通过程中,要结合沟通绩效与沟通计划的对比信息,及时发现和解决问题,一旦出现偏差,应仔细分析影响及原因,必要时需提出变更请求重新制定项目沟通计划等,以确保在正确的时间以正确的方式把正确的信息传递给正确的干系人。

在项目沟通过程中,通常会有三种类型的沟通,即事故沟通、不正式沟通、正式沟通。

1. 事故沟通

当出现一些特殊问题,如客户投诉等,就需要就该问题进行事故沟通。

事故沟通会涉及很多干系人,如项目发起人、项目团队成员、业主等,针对不同的干系人沟通时注意的问题也不尽相同。项目经理要与发起人对事件的影响及解决办法等问题进行沟通，与项目发起人沟通时切记不要只是将问题转述给发起人，在阐述问题的同时要对其进行客观的分析评估，并提出一定的解决办法，这样才可以避免发起人认为项目经理能力不足；在与项目团队进行事故沟通时，除了对问题进行客观评估分析外，还需要比较细致的制定出具体的解决和行动方案；在与业主沟通时，应注重说明会如何满足其需求。

进行事故沟通，还需要考虑：是否有必要咨询管理层；都需要与哪些干系人进行沟通；确定由谁去做这次沟通；确定在进行沟通时，谁应该在场；选择哪种沟通方法最适用；沟通时应如何记录。

2. 非正式沟通

项目进行过程中，应随时与干系人通过各种渠道进行非正式的沟通，沟通的内容可以是项目的各方面情况，如进展、业绩，绩效，技术等，通过沟通得到干系人对项目状况的反馈，从而做出相应的决策。在沟通时同样需要注意针对不同的干系人采取不同的策略，如对于发起人，一定要及时，切不可让发起人从别人那里得知你早该跟他沟通的事情；对于团队成员，要适当激励，使其感到被重视和认可。

3. 正式沟通

正式的沟通通常以报告的形式进行。正式沟通的具体方式前面以详述，此处不再重复。需要注意的是，与发起人正式沟通时，通常涉及以下内容：项目总成本情况；项目进度信息；项目里程碑计划和可交付成果完成情况；对项目影响较大的变更事项的情况；项目目前所面临的大的风险等，切记不要与发起人讨论太具体的事项，如技术问题等；而与团队成员沟通时，应该包括以下内容：项目目前取得的具体成果；项目成本、人力、进度等具体信息；项目目前面临的机会和威胁；项目变更的具体情况等，以详述和解决问题为主。

如果沟通计划没有被好好执行，那么需要召集相关干系人开会讨论这一问题。会议主要以分析和解决问题为主，项目经理应首先承认自己的问题，然后说明哪些沟通计划没有被执行及其带来的影响，共同商议解决办法，制定新的可以被有效执行的沟通计划。

实 践 任 务

任务步骤及要求：
1. 项目实施组和观察记录组按照项目沟通控制的知识进行项目的沟通控制，选取一个任务项目就其项目沟通控制情况进行课堂汇报；
2. 所有小组对该任务项目的沟通控制进行讨论，讨论范围包括沟通控制目标的实现、沟通类型选取的恰当性、沟通控制过程的科学性等。

实践目标：
1. 理解应如何正确选取沟通类型；
2. 学会科学的控制沟通过程，实现沟通目标。

5.8 控制风险

项目风险控制是指根据项目的风险管理计划，在项目实施过程中，跟踪已识别的风险的发生及应对情况，识别并管理新风险，修改及更新风险管理计划的过程。对项目风险进行控制，可以保证项目风险管理的有效性，提高应对风险的效率，优化应对风险的措施，使得项目得以顺利完成。项目风险控制通常是与其他控制工作协同进行的，如项目范围控制、项目进度控制、项目成本控制、项目质量监控等。

项目风险的控制过程，需要项目团队创造性地发挥其聪明才智，在控制过程中又会反作用于整个项目的风险形势。这一相互作用的过程会影响和改变项目团队对项目风险的认识和掌握程度，使项目团队对风险有更深刻的认识，对项目风险的控制更为符合客观规律。因此，项目风险的控制过程是一个不断认识项目风险、不断修订项目风险控制决策与行为的过程。

5.8.1 项目风险控制的主要内容

项目风险控制的主要内容有监控已识别风险、识别新风险、实施风险管理策略和评价风险应对策略的有效性，总结经验教训。

1. 监控已识别风险

项目风险控制的一项很重要的工作就是对规划阶段已识别的风险进行实时监控，以及对其进行管理。及早发现项目所存在的各种风险是开展项目风险控制的前提条件。对列入风险登记册的已识别风险需要加以观察，注意其发展变化。监控已识别的风险很关键的一点是注意风险触发因素。风险触发因素也叫风险症状或风险警告信号，风险触发因素预示着某个风险即将发生，或者显示某个风险正在或已经发生，如天气下雨就预示着户外演出被改期或取消的风险。任何风险的发生都有一定的症状，及时发现并抓住风险触发因素可以使我们对已识别的风险进行有效的控制。

2. 识别新风险

风险是贯穿项目始终的，在项目的规划阶段，虽然已经识别了项目风险，但是项目的风险是发展和变化的，在人们对其进行监视和控制的过程中，风险会随着项目管理人员进行的控制而改变，已识别的风险会发生变化，新的风险也会产生，所以不可能在规划阶段识别风险后就可以一劳永逸，应特别注意对新风险的识别。在识别新风险的过程中，也要注意可能发生的次生风险。次生风险也叫二次风险，是指应对一个风险而带来的另外一个风险。次生风险是因为主风险的发生而产生的，如果不需要应对某个主风险，则相应的次生风险本来是不存在的。如某工程项目存在施工单位偷工减料的风险，该主风险发生后对某负责人进行处罚，结果该负责人一气之下辞职，又引发了另一个很重要的员工短缺次生风险的发生。所以，在管理一个主风险时，要注意可能引发的次生风险，避免由于管理主风险而产生了比主风险更严重的次生风险。

3. **实施风险管理策略**

识别风险后就需要采取各种策略和措施来对其进行管理控制。对风险进行管理主要从两方面着手进行，一是最大限度地降低风险事件发生的概率，二是减少风险带来的损失程度。控制风险过程中要监控有没有适时地根据计划采取措施来降低风险发生的概率，有没有根据计划采取相应的措施减少风险带来的影响。实施风险应对措施，包括风险未发生时的预防措施和风险发生时的应急措施，应急措施又包括事先计划的应急措施和事先未计划的应急措施，即权变措施。权变措施是指针对已经实际发生的风险所采取的紧急的、未事先计划的应对措施。在风险控制过程中，对于事先已经识别出来的风险，若原先制定的应对措施不起作用，就需要采取权变措施；对于事先没有被识别出来但实际已经发生的风险，就只能采取权变措施。

4. **评价风险应对策略的有效性，总结经验教训**

项目风险控制的一个很主要目的就是将风险管理策略和措施的实际效果与预期效果进行对比分析，从而评价风险管理策略和措施的有效性。若实际效果达到了预期效果，则收集资料将其记录在案，为后续项目提供经验。若在风险控制过程中出现了一些未预期的事件，则要根据实际情况，必要时提出变更申请，将未预期风险的管理过程进行相应的记录，总结经验教训，更新各种项目文档，为以后项目的风险管理提供更符合实际的决策提供帮助。

5.8.2 项目风险控制的流程

1. **建立项目风险控制体系**

项目风险控制体系包括整个项目风险控制的方针政策、基本原则、管理体制、控制流程、风险追踪报告、风险效果评价等一系列问题。项目风险控制体系是进行项目风险控制的依据，可以使项目的风险控制更加科学化、程序化。

2. **确定项目要控制的风险事件**

原则上，对于所有的项目风险事件都应进行控制，但是项目团队精力和资源有限，这就使得只能有选择性地对某些主要风险进行重点控制。一般来说，根据项目风险事件发生的概率、风险后果的严重性，以及项目团队风险控制的资源来确定要控制的风险事件。

3. **确定项目风险控制的时间和责任人**

确定需要对哪些重点风险进行控制后，就需要根据该风险的具体情况确定出相应的控制时间、控制内容、控制频率等。另外，还应该将风险控制工作落实到具体的责任人负责，以保证实时监控的项目风险。

4. **制定和实施具体的项目风险控制方案**

制定出尽可能多的具体的项目风险控制方案，然后对各种备选方案进行可行性、适用性等综合分析和评价，对各可行和适用的方案进行排序并编制项目风险控制方案文件。根据确定出的项目风险控制方案开展活动，同时要根据项目风险的实际发展与变化不断修订项目风险控制方案。

5. 跟踪和记录项目风险的控制结果

跟踪和记录项目风险控制工作结果，确定项目风险是否已被消除或有效控制。若项目风险已被消除或有效控制，则该项目的风险控制工作已经结束；若项目风险没有被消除或有效控制，则需要根据具体情况修订项目风险控制工作，对项目风险实施新一轮的风险控制。

6. 评价项目风险控制效果

根据项目风险控制体系的要求对项目风险控制方案的效果进行评价，并做好项目文档的记录，为其他项目的风险管理提供借鉴。

实 践 任 务

任务步骤及要求：
1. 项目实施组和观察记录组按照项目风险控制流程进行项目的风险控制，选取一个任务项目将风险控制情况进行课堂汇报；
2. 所有小组对该任务项目的风险控制进行讨论，讨论范围包括项目风险监控流程的实施、对已识别风险的监控和应对情况、对未识别风险的管理等。

实践目标：
1. 理解项目风险监控的流程；
2. 学会对已识别风险和未识别风险的不同监控；
3. 明确项目风险控制的内容。

5.9 控 制 采 购

PMBOK 指出，控制采购是管理采购关系、监督合同执行情况，并根据需要实施变更和采取纠正措施的过程。控制采购和实施采购虽然内容不同，但两个过程并没有明显的界限区分，而且控制采购往往是从执行过程组开始的。

项目的采购控制并不是一个单独的个体，它与项目的其他管理过程密切相关。例如，指导和管理项目工作过程可以授权卖方的开始工作时间、质量控制过程可以核查卖方可交付成果质量是否符合要求、整体变更过程可以指导合同的变更等，它们都应包含在项目整体管理过程中。

5.9.1 管理采购关系

采购中最主要的是买卖关系，项目采购的买卖关系通常是指采购组织与外部组织间的关系。根据买卖双方在采购链中的不同位置，卖方可以是承包商、分包商、供货商、服务提供商等，买方可以是顾主、客户、总承包商、承包商、采购组织、服务需求方等。在很多项目采购管理的资料中，买方是指项目团队，卖方是指项目团队的外部。买卖双方的关系往往通过合同、订购单、协议等具有法律效力的形式来约束。

在采购关系中，要特别注意理清业主、主承包商、分承包商三者间的关系。主承包商将业主的项目承包下来，双方签订合同，可两两双向沟通；主承包商将从业主那里承包下来的项目的其中一部分又承包给分承包商，双方签订分包协议，彼此间进行相互沟通；但是，业主和分承包商之间没有直接关系，两两间不需要进行直接沟通，业主也无权对分承包商直接提出要求。

管理采购关系，不仅要使业主和承包商等买卖双方认清各自的权利义务，而且要协调好业主和承包商之间的行为，使其能够相互支持、相互促进。项目经理作为项目组织的重要管理者，在促进业主和承包商建立友好的合作伙伴关系上起着重要作用。首先，项目经理作为业主代表，按照业主授权，代表业主行使合同中的部分权利义务，如与设计咨询专家、政府等方面进行沟通与合作。其次，作为业主与承包商之间的第三方，项目经理要同时取得业主和承包商双方的信任和支持，从而成为业主和承包商之间沟通的桥梁。再次，项目经理应对采购过程的实施进行严格的监督和控制，预测和评估可能出现的各种问题并及时解决。最后，项目经理应在具有相应授权的最低层次人员中解决业主和承包商对合同有关问题的分歧，避免不必要的拖延和问题的扩大化。

5.9.2 监督合同执行

控制采购的主要目的就是确保合同双方按照合同约定，履行好自己的责任义务，行使好自己的合法权利，顺利地将合同执行完毕，满足采购需求。

监督合同执行的内容包括对合同实施进行审查、处理合同纠纷、合同支付管理、合同的终止。

1. 合同实施审查

项目组织应采取一定的方式定期对合同计划执行情况进行管理和监督，审查供应商或承包商有没有根据合同规定在约定的时间交付符合要求的标的，并完成了相应的工作。有关合同执行情况的绩效信息可以登记到合同状态报告[①]（见表 5-15）中。这些信息可以为项目组织监控供应商或承包商提供资源的成本、进度以及质量和技术成果提供依据。若实际执行情况出现与计划不一致的情况，根据需要可以提出变更，具体合同变更的内容见 5.9.3 节。

表 5-15 合同状态报告

项目名称：	准备日期：
卖　方：	合同号：

当前报告阶段的范围绩效
描述在当前报告阶段内有关范围方面的进展

当前报告阶段的质量绩效
识别质量或绩效偏差

[①] 辛西娅·斯塔克波尔·斯奈德(Cynthia Stackpole Snyder)著，赵弘，刘露明译. 活用 PMBOK 指南：项目管理实战工具(第 2 版). 北京：电子工业出版社，2014.

续表

当前报告阶段的进度绩效
描述合同是否按进度进行。如果提前或滞后,识别产生偏差的原因

当前报告阶段的成本绩效
描述合同是否按预算进行。如果超过或低于预算,识别产生偏差的原因

下一报告阶段的预测绩效
讨论估计的交付日期和合同的最终成本。如果合同是一个固定价格,不要进行成本预测

索赔或争议
识别在报告阶段产生的所有新的或需要解决的索赔或争议

风险
列出所有风险,这些也将包括在风险等级册中

计划的预防或纠正措施
识别已计划的必要的纠正或预防措施,以弥补进度、成本、范围或质量偏差

问题
识别所有显现的新问题,这些问题也将包括在问题日志中

说明
其他所有需要加入报告中的说明

2. 纠纷处理

合同执行过程中,若出现意见不一致,而合同中又没有明确规定的内容就容易出现纠纷;合同的变更也常常引发合同双方的争议和纠纷。纠纷产生后,要正确处理:首选的方法是按照合同中的条款来协商解决;若协商不成,则需要考虑第三方的介入,通过第三方来调解解决;若协商和调解都无法解决,则只能诉之法律手段,通过仲裁或诉讼等法律方式来解决。但项目组织应尽量积极采取适当措施,避免走法律途径,以省时省力来最终实现项目目标。

3. 支付管理

在合同执行过程中,还需要监督向卖方付款等管理工作。支付管理的目的是确保合同中的支付条款得到遵循,并按合同规定确保卖方所得的款项与实际工作进展相适应。项目组织应根据合同完成情况对供应商或承包商进行支付。一般来说，支付方式有两种：一种是进度付款，即在合同执行过程中根据合同约定，根据进度完成情况，按照完成进度分期对供应商或承包商支付相应款项；另一种是完工付款，是指根据合同条款，当合同中所列所有工作全部按要求完成，使客户满意时，一次性将所有款项付清。不管是采用哪种付款方式，项目组织都应注意对已完成工作进行核检，将支付金额与已完成实际工作紧密联系起来，直至完全没问题时方可签字确认，因为一旦签字确认，就意味着要支付对应的款项。

4. 合同的终止

监督合同执行还包括记录必要的细节以管理任何合同工作的提前终止（因各种原因、求便利或违约）。合同终止的理由可能包括需求的消失、项目的结束、资金的短缺等。

5.9.3 实施变更和纠正措施

项目采购中会因为各种各样的原因引起变更，如需求的变化、采购计划的偏差等，但更多的情况是合同的变更，在控制采购阶段主要就是对合同变更的控制。在合同收尾前，经双方共同协商，可以根据协议中的变更控制条款，随时对合同进行修改，但要注意这种修改通常都做书面记录。

合同的变更有很多类型，不同的变更对合同双方和项目的影响也不尽相同。例如，变更联系方式等行政变更对项目工作没有影响，买卖双方都同意的合同修改等补充协议的变更不会影响合同双方的合作。但是，不完整合同行为，即最终合同还未完成前就开始了的工作，以及建设性变更（也称指导性变更），对合同的影响一般较大。例如，买方的错误所导致的不可接受的可交付成果、卖方对合同的不正确理解、合同中不可实现的要求等。

实施变更和采取纠正措施不仅要遵守国家法律法规的相关规定，而且要与项目的整体变更协调一致，同时还要遵循合同中双方约定的变更程序和方法，务必使合同双方达成一致意见。另外，合同变更后会对项目管理的其他内容产生影响，所以应使项目组织内部都了解和清楚项目合同变更的具体情况，该变更对项目的影响，以使项目组织内部人员认可该变更并对自己的工作进行相应的调整。

【情景模拟】

情景描述：

某学生创业团队准备在学生街经营一家餐饮店，在正式营业前他们需要租用到合适的店面、联系好食材供应商、购买好相关经营设备，目前他们正处在对这些物资的采购阶段。其中，负责店面租用的是学生小王，负责食材购买的是学生小胡，负责设备购买的是学生小吴。

模拟要求：

请同学分别扮演项目经理、小王、小胡、小吴、食材供应商和设备供应商，完成以下情形的模拟：

(1) 请模拟项目经理监控店面租用的情况；

(2) 假设设备供应商在设备到位安装过程中与小吴出现意见分析，请模拟现场情况；

(3) 请模拟小胡与食材供应商就价格问题进行采购谈判的情景。

5.10 控制干系人

项目控制过程中还要注意对干系人参与的控制,通过监控干系人的情况保证对干系人的有效管理,从而实现项目目标。

控制干系人就是要按照一定的控制原则和规定,将干系人管理相关的计划与执行结果进行对比分析,找出偏差,及时变更和纠正,以调动干系人积极参与的过程。

对于已识别出的干系人,要核实其对项目影响的可靠性,其对项目影响分析的正确性,针对其制定的管理策略的适用性。同时,还需要分析是否有未识别出的干系人,未分析到的影响性,未考虑到的管理策略。

在控制过程中,要定期对干系人情况进行监控,亦可根据需要制定一定的登记表格进行记录,若出现偏差需要纠正,则需遵循项目的变更程序,通知到相关人员,使必要的干系人参与到项目中来,以最终实现干系人满意。

实训 7 项目的执行和监控

实训名称:
项目的执行和监控

实训目的:
通过组织学生实施项目,使学生学会如何执行项目并在项目执行过程中监控项目,体会项目执行和监控过程中应注意的问题和对项目监控的重要作用。

实训要求:
(1)项目团队按照项目计划具体实施项目,有意识地在执行过程中发布信息、进行必要的沟通、做出质量保证、记录项目绩效、正确采购所需物资,保证干系人与项目的协调、处理项目冲突等。

(2)项目团队在项目实施过程中要有意识地将项目执行情况与计划情况进行核对,及时发现偏差,既要保证项目尽量按计划实施,又要进行必要的项目变更管理控制,要根据项目具体需要制定控制原则、控制周期,合理使用各种控制记录表等。

(3)项目执行和监控应包含项目的各个知识领域的相关工作,要注意各知识领域间的相互关联,始终贯彻项目整体管理的思想。

(4)项目的执行和监控过程要用文字、照片、视频等多种形式记录下来并及时进行总结,最后在课堂上进行项目执行和监控的汇报总结。

实训时间:
(1)课后执行和监控时间:1个月。
(2)课堂上项目阐述时间:15分钟/个。

实训考核:
(1)过程考核:考核项目执行和监控过程学生所涉及内容的全面性、有效性,项目执行和监控过程的有效记录性。
(2)成果考核:通过项目执行及监控结果和项目文档考核学生对知识点的理解和应用能力。

思 考 题

1. 项目绩效的概念？
2. 引起项目变更的原因有哪些？
3. 应如何对项目变更进行管理控制？
4. 应如何处理项目变更申请？
5. 项目范围核实的概念？
6. 项目范围核实的内容有哪些？
7. 导致项目范围变更的原因有哪些？
8. 项目范围控制的概念？
9. 项目范围控制的工作内容有哪些？
10. 影响项目工期的要素有哪些？
11. 进行项目进度控制要注意哪些问题？
12. 项目进度监测的内容有哪些？
13. 项目实际进度与计划进度进行比较分析的方法有哪些？
14. 如何对项目进度偏差进行分析？
15. 项目成本控制的概念？
16. 项目成本控制的内容有哪些？
17. 项目质量控制的概念？
18. 项目质量控制的任务有哪些？
19. 项目质量控制的影响因素有哪些？
20. 项目质量控制的工具有哪些？
21. 项目风险控制的概念？
22. 项目风险控制的内容有哪些？
23. 项目风险控制的流程是什么？
24. 项目采购控制的概念？
25. 监督合同执行的内容有哪些？

案 例 分 析

LCC体育馆坐落于D大学东侧，是一所综合性体育馆，总建筑面积17 320平方米，由比赛馆、训练馆和游泳馆三部分组成。其建筑造型别致、结构复杂、技术含量较高、设备安装量大，是D校师生娱乐休闲的重要场所。该体育馆整体建筑呈大鸟展翅状，大气而又不失内敛，不仅是校园的亮丽风景线，也象征着D校创新勃发、积极进取的精神面貌。

LCC体育馆的建设始于1999年，当时正赶上全国高校的"985工程"建设，D市向D校投资1亿元，用于该校五个基础设施项目的建设，其中2400万元作为体育馆的建设投资。但是，对于这样一个大型的项目，这笔费用显然是不够的。为此，校领导班子决定利用学校50年校庆的契机，为LCC体育馆筹措资金，于是在校庆仪式结束后，D校便举行了简单的体育馆奠基仪式，校长借此介绍了体育馆的未来规划和建设情况。由于前来庆祝的各级领导和各界友人多是D校校友，对母校有着深厚感情，考虑到D校的多方设施建设确实需要大量资金支持，于是大家都纷纷捐款，最后共筹款5000万元。

LCC体育馆项目经过初步设计评审后成功立项，计划投资5000万元，面积约为13 600平方米，计划工期为2000年10月到2002年10月共24个月。体育馆项目立项后，学校迅速成立了项目组，由学校基建处刘老师担任项目经理，并聘请监理公司，重点负责工程的质量监督与控制，同时，按照国家相关规定，各承建施工单位也分别成立项目组，以保证建设工程的可控和规范管理。体育馆在施工的组织和设计方面采用了分阶段搭接施工法，该方法改变了我国施工过程通常由勘察、设计、招标、施工等环节顺序进行的模式，将设计与施工搭接进行，在2000年10月先行进行了土石方工程和桩基础工程，为设计报批和主体施工招标留出时间，使主体工程开工得以提前。体育馆项目采用了平行发包的方法，即把工程分成若干部分，分别招标。这种发包模式不仅理论上能够大大缩短工期，而且由于该项目分包过程中采用了低价中标的评标方法，在压缩与控制方面也取得了显著的效果。但是，平行分包的过程中，由于管理跨度加大，管理难度和风险也随之增加，为整个项目的工期延误埋下了隐患。

LCC体育馆项目，最终完成于2003年6月，工期延期8个月。实际工程总造价6100万元，超出预期目标5000万元，但其包括了室外工程和室内设备，和同类工程项目相比，成本得到了有效的控制；质量方面承包商自身的努力和监理单位的有效监督，使得质量完全符合要求。

(1) 工期控制

在体育馆立项招标之时，D市还没有像样的体育馆，各个承包商纷纷前来竞标，希望通过这个项目积累经验，为即将开始的奥运工程争取中标资质。所以，整个竞标过程非常激烈，最终，中建X局以1500多万元的最低价成为D校的合作单位。中标之后，中建X局迅速成立项目管理部，下设水电安装队和土建工程队。其中，水电安装由中建X局安装工程有限公司D市分公司承担，土建工程队按照合同由江苏南通的一家长期合作单位承担，但是中建X局项目管理部详细计算成本时发现，由于报价太低，即使是规划合理也只能做到保本，为了获取利润，唯一的办法是放弃和江苏单位的合作，选取一个资质较低的分包商，将工程以更低价分包出去。于是中建X局在D市找到一个劳务承包的小公司，双方签订了意向协议，于2001年3月24日施工队正式入场，清理现场，准备施工。

而校方的负责人到现场查看时发现施工人员寥寥无几，工作也处于消极怠工的状态。经过对在场工人的询问得知，D市的这家小公司存在着自己的一些顾虑，由于施工队与中建X局的分包协议还没有签订，如果现在投入过多人力和物力，一旦协议不能达成，便会给原本规模不大的小企业造成巨大损失。了解到该情况后，学校项目管理部立即向中建X局发出信函，要求改变现有施工状况。通知也得到中建X局项目经理的积极响应，承诺马上开工，并抓紧施工，不会耽误工期。但是过了几日，施工工作还是没有实质性进展。校方不得已发了一封措辞更严厉的信函，要求中建X局立刻施工，否则更换建设队伍，终止合同，提出索赔。基于学校的严厉态度，中建X局的高层领导立刻赶到现场，听取校方汇报后，意识到了问题的严重性，于是召开内部会议，果断做出决定，终止分包协议，继续和原定的江苏单位合作，解散现有项目小组，由D市安装分公司经理担任项目经理，整个公司就是项目小组，全权负责体育馆的建设项目。

但是请神容易送神难，D市的施工队得知分包协议终止，并没有离开的打算，反而坚持驻留工地，同时向中建X局提出索赔，一直拖到5月中旬双方的纠纷才得以最终解决。而江苏的施工队伍虽说是中建X局的长期合作单位，但由于价格实在太低，直到6月份，双方才勉强达成合作意向。开始几天，工程进展还算顺利，但偏偏又赶上南方的收割季节，前来的施工人员又多是农民工，他们陆续回家收割早稻，到 6 月中下旬才返回工地开工，之后其工作积极性仍然不高，根本原因还是工程费用问题。转眼到了 7 月份，中建 X 局才痛下决心，决定放弃原本微薄的利润和公司应得的管理费，全力支持体育馆项目的开展，这才推动了施工的正常进行。但由于此前工期耽误较多，使得本应在 6 月底计划完成的主体结构工程延工到了 11 月底。

除此之外，不可抗力的因素也影响了工程的正常进行。建设篮球馆时，体教部老师提出意见，希望篮球馆将来能够承担一些大型比赛项目，这就对地板的质量提出了很高的要求。经考虑，学校决定购买产自德国并经国际 NBA 认证的地板，而地板从德国发货，海运途径西班牙海峡时碰巧爆发了伊拉克战争，苏伊士运河被美国封锁。迫不得已只能将地板就地卸货，等伊拉克战争平稳后再重新装船，一路卸卸停停，最后到达 D 市时已经是 2003 年 6 月份。不巧的是赶上了"非典"时期，D 市对各地的外来人员检查非常严格。北京前来铺地板的工人一下火车就被隔离起来，并且一隔离就是半个多月，无疑进一步影响了工程进展。

(2) 成本控制

体育馆的建造位置曾经是山丘连着洼地。设计最初的想法是将原来 14.8 米高的山丘挖掉 1.8 米，并填补 9.6 米高的洼地，这样便修正了 3~4 米的高度差，得到 64m×54m 的场地用于建造篮球馆。但是初步设计图完成后，项目管理部的审查人员提出了一个严重的问题：由于洼地和山丘的岩石层高低不同，如果在洼地岩石层上面用土夯实，再慢慢压实，投入使用后会产生不均匀沉降，地板会随之拉开变形。于是项目组改变设计方案，在洼地部分用 3~4 米的柱子做支撑。设计图纸更改后，审查人员又产生了一个想法，如果利用柱子支起的空间做出一个夹层，便可多出 3000 平方米的空间，从而大大增加体育馆的功能，但同时也会增加 600 多万元的投资。然而，与单独建造同样规模大小的功能室相比利用夹层建造具有更高的性价比。经过项目组和校领导层的深入讨论，最终利用夹层建造的变更计划获得批准，这便有了后来深受全校师生欢迎的保龄球室和乒乓球室。

因此，体育馆由立项前预估造价 5000 万元，建筑面积 13 000 平方米，到设计完成后修正造价 4600 万元，面积 13 600 平方米，再到最终整个体育馆落成后，主体工程实际耗资 5300 万元，建筑面积 17 320 平方米，增加了 700 万元的投资。

(3) 质量控制

在质量控制方面，主要是充分发挥监理的作用，加强监理在检查、监督、见证、验收方面的工作力度。其理念是：预防为主，加强事前控制，实施主动控制，把问题消灭在萌芽状态，将质量控制落实在工程建设的过程中，而不是最终的项目验收环节。项目管理部对工程编排了具体的验收计划，在验收的关键节点上由各管理部门层层把关；并要求所有施工企业都要经过 ISO9000 标准认证，有完善的质量保证体系和质量计划。重要的工序要求监理驻场监督，用人员的质量保证工序的质量，用工序的质量保证过程的质量，用过程的质量保证工程的质量。

设计环节在质量控制方面是至关重要的，项目组采纳了在体育馆建设方面颇有经验的 H 大学的设计方案，并且凭借 D 校本身在力学方面雄厚的科研实力，组织了由多位院士和土木力学方面的专家组成的专家评审团，用本校开发的软件进行了全方位的设计测评，结果证明设计是非常合理的，这为保证整体工程的质量奠定了坚实的基础。在建设过程中，对材料进行检验控制也是十分重要的。例如，在安装钢筋时，校方对焊接过的钢筋进行抽样检验，结果焊口没断，母材却断了，于是对钢筋质量提出质疑，要求更换钢材。正是这种在施工过程中的严格监控，才保证了工程的最终质量。

案例来源：宋金波，朱方伟，戴大双．项目管理案例．北京：清华大学出版社，2013.8.

【问题】请结合案例分析该项目是如何进行项目控制的。

第6章

项目收尾

本章要点

本章主要介绍项目收尾过程的相关知识，首先介绍了项目结束的原因、判断和方式；然后介绍了项目收尾所涉及的项目工作的完成、项目的验收及审计、项目的移交、项目团队的解散、项目绩效的衡量、项目最终报告的发布、项目经验教训的总结及项目后评价等相关工作；最后较详细地介绍了项目验收的意义、分类、过程等具体内容。

学习目标

通过本章的学习，使学生了解项目收尾的意义，明确项目结束的原因和方式，学会判别什么时候需结束项目；明确项目收尾需要做哪些工作，理解项目收尾各工作存在的意义及作用，能够很好地实施项目收尾过程中项目团队应负责的各项工作；理解项目验收在项目收尾中的重要作用，明确项目验收的范围和方法、项目验收组织的构成，了解项目验收的分类、项目质量验收、项目文件验收，掌握项目验收的概念和过程。

任何项目都是有始有终的，当项目的所有活动或项目某阶段的所有活动完成时，就需要进行收尾。所以，项目收尾可能是对整个项目的收尾，也可能是对项目某个阶段的收尾。当项目快要结束的时候，项目就进入到收尾阶段，必须对其进行项目收尾；项目阶段结束时，有条件的情况下最好能进行阶段收尾。收尾过程组的完成，意味着某项目或某项目阶段的所有工作均已完成，标志着项目或项目阶段的正式结束。

收尾阶段项目的主要可交付成果和工作均已完成，需要做的都是一些琐碎、费时费力的工作，而且此时团队成员面临未来何去何从的问题，所以往往不被大家所重视。但是，项目顺利完成收尾工作，才有可能正式投入使用，项目利益相关者才能结束其在项目中的责任和义务，项目才能真正结束，因此，在项目管理中要重视和做好项目收尾阶段的工作。

6.1 项目结束

正常情况下，当项目达到预期目标，项目的最终产品或服务能够提交给客户并获得认可，项目就可以终止，进入结束阶段。但是，也有很多项目并不能走到最后，这时也需要终止项目，使项目提前结束。

1. 项目结束的原因

项目的结束可能是项目的成功而带来的正常结束，也可能是由于项目出现不可补救的严重问题(如超支、合同索赔等)，或某些原因导致项目中止或取消等而出现的项目需要提前非正常结束。总的来说，项目结束的原因有以下几点。

(1)项目完成所有工作，实现各既定目标。

(2)项目内部管理问题使得项目目标不能实现，导致这类有严重问题的项目失败。例如，对项目产品或服务定义存在缺陷，发现时无法纠正或挽回；项目进度严重滞后或成本严重超支已无法补救；项目进行所需要的技术无法按预期实现；项目管理团队管理过程中出现无法解决的问题等。

(3)不可预见的外部情况变化使项目无法达到实施该项目的本来意义而中止，如干系人需求的变化、市场需求的变动、新的政策或法律法规的出现、公司发展战略的改变等。

(4)项目母公司因为各种原因，如资源不足、决策变动等，放弃继续支持本项目而迫使项目取消。

项目的提前非正常结束可能是因为项目无法在规定的范围、时间、成本和质量之下实现项目目标而导致的，也可能是因为更有利于某些项目干系人的利益而结束的(该情况也称为方便结束)。不同的行业、不同的类型的项目，甚至是同行业同类型的项目，其提前非正常结束的原因都是不尽相同的，而且其往往不是单个原因造成的，而是两个或更多的原因综合影响的结果。

不管项目是否正常结束，都需要对其进行项目的收尾工作。

2. 判别项目是否需要提前结束

影响项目提前结束的因素有很多，但是当这些问题出现时是否需要马上结束项目还是需要进行进一步的分析呢。毕竟，对多数项目干系人来讲，提前结束项目并不是大家想要的结果，它意味着前期所做的工作和努力付之东流，不仅得不到回报，还往往带来经济损失、时间损失等。项目经理应与项目干系人进行沟通，分析项目是否有必要继续进行下去，是否需要提前结束。在必要时提前结束项目，也是项目管理的一种技能，是项目经理必须具备的基本能力之一。

具体来说，考虑项目是否需要提前结束可从以下方面进行分析：(1)项目是否仍然与组织战略目标一致；(2)外部环境的变化是否对项目产生了实质性的影响；(3)项目干系人是否仍支持本项目，支持的力度是否满足项目的需求；(4)是否有新的更优的项目将替代本项目；(5)项目在技术、经济、财务等方面是否仍然可行；(6)项目目前是否已偏离计划，造成的偏差能否接受；(7)项目团队能否继续胜任项目，若否，有无可行的解决方案。

3. 项目结束的方式

不论是项目的正常结束，还是项目的提前结束，当各种信息显示项目没有继续进行下去的必要时，就应该果断地结束项目，此时应该考虑的是项目应该以何种方式结束的问题，而不应该是项目是否该结束的问题。目前，项目结束的方式有完全式结束(绝对式)、附加式结束、集成式结束和自灭式结束(资源限制式)四种。

(1)完全式结束。完全式结束也称为绝对式结束，该结束方式是指项目的所有实质性工作全部停止，不论项目成功与否。即不论项目是实现目标成功结束，还是外部原因导致其非正常结束，只要项目不再继续进行下去，就完全停止、解散项目团队、处理掉剩余资源，即是完全式结束方式。

(2) 附加式结束。附加式结束是指项目以加入所在组织成为其一部分的方式结束项目。如某学生创业团队为某公司成功完成一次对外宣传项目后，被该公司看中收购成为该公司的策划部。项目以附加式方式结束不会像完全式结束那样，需要将项目的人员、财产和设备等根据规定进行处理，附加式结束的项目不需要解散项目团队，甚至在短期内还会在财务、资源等各方面受到新加入组织的额外照顾。但有些富有挑战意识的团队或团队成员可能不喜欢组织中的循规蹈矩而选择拒绝接受该结束方式。

(3) 集成式结束。集成式结束是指将项目的人员、资产、设备等几乎所有资源都分配整合到组织现有相关部门中。集成式结束方式是成功完成的项目最常用的项目结束方式，尤其是在矩阵型组织和项目型组织中，但同时它也是最复杂的一种项目结束方式。集成是处理成功项目的一种普遍方法，但它相当复杂。其复杂性体现在人员如何融入到新的集体中、项目的设备等资源是否按照相关协议进行了有效分配、项目的后期服务如何给予保障等方方面面。

(4) 自灭式结束。自灭式结束也称为资源限制式结束，该方式是指通过减少项目所需资源而使得项目自己慢慢消亡，严格意义上讲，其不能作为一种项目结束方式。自灭式结束并不是一种直接的项目结束行为，而是逐渐削减项目资源（特别是项目预算）直至项目无法实施，是一种故意的忽略行为。当一个项目所需资源无法得到满足时，项目无法继续进行下去，而资源无法满足，特别是预算不足是项目中经常出现的现象，因此，其可以被当做项目结束的借口。自灭式结束的项目虽然实际上已经结束，但其仍然作为一个合法的实体而存在，并常常需要通过如项目无进展报告等形式反映其存在性。自灭式结束方式的存在有很多不同的原因，如高层管理者不希望承认其负责过一个失败的项目、项目发起人希望将项目暂时搁置等。

【案例分析】

3个月前，小关新加入一家公司A。该公司A刚好要为某公司B提供一个信息管理系统，因为小关之前一直在做系统的开发和设计工作，所以公司A安排小关加入到该项目中，并任命他为该项目的项目经理。该项目的信息管理系统主要是用来管理某公司B的供应商的情况。

当时项目刚处于初期，主要是获取需求，做DEMO，然后去为客户做演示。在项目中，小关主要在做开发，而客户关系是由其他人员主要负责。但是，公司B是工程行业，小关对该行业并不了解，因此对获取需求毫无办法，他想参考一些类似的系统，可是却一直没有找到。所以项目的需求只能靠项目和公司A中有客户关系的人零零碎碎地提供一些，然后小关再根据这些需求去开发系统。

一周前，客户最终答复说开发的系统不适合他们，所以这个项目不得不结束，以失败告终。

资料来源：项目管理者联盟，http://www.mypm.net/case/show_case_content.asp? caseID=4997

思考问题：

1. 该项目结束的原因有哪些？
2. 适合该项目的结束方式是什么？为什么？

6.2 项目收尾的工作内容

项目或阶段收尾时，可能需要进行以下工作：项目经理需要审查以前各阶段的收尾信息，确保所有项目工作都已完成，确保项目目标已经实现；组织相关项目干系人对项目进行正式验收，获得其认可以正式结束项目或阶段；通过验收的项目即可将项目所有权进行移交，交付给项目客户或其他使用者；衡量项目团队绩效，遣散项目团队成员和其他剩余资源；发布最终报告；对组织过程资产进行适当更新，将项目文件进行归档，整理项目经验教训；进行项目后评价为其他项目提供借鉴。如果项目在完工前提前结束，则还需要考虑调查和记录项目提前结束的原因。

项目的收尾过程，项目经理应注意邀请所有相关干系人参与其中。

6.2.1 完成项目工作

对项目进行收尾来结束一个项目，首先要保证项目计划的完成，项目计划中的可交付成果或服务已按要求得出，列入项目计划中的工作已完成并符合预期要求，项目费用已按计划或在可接受范围内进行决算，项目进行过程中的各种偏差已进行有效管理和修正等。要做好项目收尾工作，还需要特别注意取得最终法律上和行政上的相关收尾工作，如采购工作的合同收尾等。

项目结束之前，要验证项目目标是否成功实现，需要接受必要的检验，通过相关指标检查与性能测试证明符合标准要求，最好能取得相关证明，因为只有这样才能得到客户的认可和接受。

另外，整理好有关的档案资料也是必需的。项目计划的相关文档有很多，项目的执行过程中也会有大量的记录文件记录项目执行、监控及变更的过程，项目收尾同样需要一定文档的支持。这些有形的项目档案可能包括计划、合同、账目、图纸、报告、文书信函、单据、证书、工作日志、会议记录等。这些项目档案既是项目结束时成果验收和质量保证的重要依据之一，也是项目移交、维护和后评价的重要原始凭证，在项目验收中也起着十分重要的作用，因此必须对这些文件资料进行清点、编目、立卷、归纳，以方便随时调取和检索，为项目结束工作的顺利进行提供服务。

6.2.2 项目验收及审计

1. 项目验收

项目团队完成项目的各项工作后，要想将项目交付给客户使用还需要通过项目的验收。项目能否通过验收满足客户的需求得到客户的认可，是项目最终成功与否的重要决定因素。

项目验收又称范围确认或移交，是指项目结束或项目阶段结束时，项目团队将其成果交付给使用者之前，项目接收方会同项目团队、项目监理等相关干系人对项目成果进行审查，核检项目范围内的各项工作或活动是否已按计划完成，项目应实现的各可交付成果是否已经按要求得出，项目生命周期中各管理工作是否科学地计划和实施，项目管理过程中的文档是否齐全和清楚等。

若项目验收合格，则参加验收的项目团队和项目接收方人员签字确认，项目接收方可以接收项目成果，实现项目的正常运作生产或使用；若项目验收不合格，则应找出问题继续整改或宣告项目失败(如无法整改或客户不接受整改)。对于提前结束或其他非正常结束的项目，则应该通过验收查明已经完成的工作和未完成的工作有哪些、完成的工作完成的情况如何、未完成的工作是什么原因造成的，有哪些经验教训可以借鉴，并将结果记录在案形成文件。

项目验收是项目收尾阶段非常重要的工作内容之一，其具体知识详见6.3。

2. 项目审计

项目的收尾除了项目团队和客户等干系人对项目进行验收外，还可以通过第三方对项目进行专业的权威的项目审计。

项目审计是指审计机构依据国家的法令和财务制度、企业的经营方针、管理标准和规章制度，对项目的活动用科学的方法和程序进行审核检查，判断其是否合法、合理和有效，借以发现错误、纠正弊端、防止舞弊、改善管理，保证项目目标顺利实现的一种活动。

项目审计是独立于项目组织之外的第三方国家审计人员或委托方授权的具有资质的机构独立于项目之外对项目进行的审计，其向国家或委托方负责。项目审计是依据法律、条例等法规和各技术或管理标准等，按照科学的程序，运用科学的方法进行的，具有高度的权威性和科学性，不是决策者或审计者等其他个人权力和意志的体现。

项目审计的范围原则上包括所有项目、项目的所有内容、项目的整个生命周期，但若按此原则进行审计则需要耗费大量的人力、物力、精力和财力等，完全没有这个必要。所以，在实际中，审计人员往往依据项目目标的特点和项目中具体出现的问题，有重点地选择不同的项目，就项目的不同内容、项目的不同时期进行审计。常见的审计按内容分，包括质量审计、财务审计、合同审计等。

具体来说，项目审计工作主要从以下几方面开展：(1)审查项目各活动是否符合国家的政策、法律、法规和条例，有无违法乱纪、营私舞弊等现象。(2)审查项目各活动是否符合相关规章制度，如财务制度、项目招投标规定等。(3)审查项目管理活动的科学性，如项目计划的合理性、项目组织形式的适用性等。(4)审查项目的效益，如项目投资的收益率、资源配置的最优化等，从而保证项目无论从微观还是从宏观上都有存在的价值和意义。(5)审查项目文档，如项目报告、会计记录和财务报表等，保证项目资料的真实性。(6)在审查项目的基础上，提出改进建议，为企业决策者提供决策依据，促使项目组织改善管理工作。

通过项目审计，可以保证项目决策的科学性、可行性和正确性，从而保证项目的成功；通过项目审计，可以及时发现不合理的经济活动，并提出相应的改进建议，进而提高项目效益；通过项目审计，可以揭露错误和舞弊，制止违法违纪行为，维护投资者的权益；通过项目审计，可以使高层管理者更真实、客观地了解项目情况，从而更有效调控项目；通过项目审计，可以对项目进行公正的评价，好的予以肯定和赞誉，差的予以处理和批评，特别是对于渎职舞弊的一视同仁，会激发项目管理人员的工作热情，从而更有积极性和创造性；通过项目审计，可以总结项目经验教训，使项目管理者发现问题、改正错误、提高管理水平。

6.2.3 移交项目

项目通过验收后，就可以实施项目业主与全部项目参与方之间的项目所有权的移交，完成项目的交付。

项目的移交通常是以项目合同或项目计划书等为依据进行的，移交的范围包括合同或计划中所涉及的所有项目的可交付成果、完整的项目文档、项目相关的合格证书和产权证书等。项目移交的内容具体可以概括为项目实体移交和项目文件移交。项目的实体移交包括可交付的一切项目实体或项目服务移交到项目接收方。项目文件的移交是指将项目整个生命周期中与项目相关的所有文档进行移交。项目文件可以反应项目的全过程，对项目收尾交接意义重大。需要移交的项目文件贯穿整个项目的生命周期，从项目初始阶段的可行性研究报告、项目方案报告等，到项目计划阶段的所有项目计划文档，再到项目实施阶段的合同、标书、项目变更文件、项目会议记录、项目进展报告等，到最后项目收尾阶段的项目验收报告、项目款项结算清单、项目移交报告等全部包含在内。

项目的移交全部完成后，需要生成项目移交报告，项目移交方和项目接收方都需在移交报告上签字。项目移交报告签字后意味着项目交接工作的完成，如表 6-1 所示。

表 6-1 项目移交报告

项目名称		项目完工日期	
项目经理			
移交产品或服务			
产品或服务名称			
产品或服务介绍			
接收方签名		移交日期	
项目经理签名		移交日期	
产品或服务名称			
产品或服务介绍			
接收方签名		移交日期	
项目经理签名		移交日期	
移交文件			
文件名称			
文件介绍			
接收方签名		移交日期	
项目经理签名		移交日期	
文件名称			
文件介绍			
接收方签名		移交日期	
项目经理签名		移交日期	

需要注意的是，项目移交完成后，并不代表项目团队与项目接收方所有关系的结束。因为某些项目在移交后，一定时间内仍需要为项目提供相关的后期服务，对项目进行回访或保修，如某些软件开发项目、建筑工程项目等。这是由于有些项目的成果并不能在短期

内展现，特别是对于一些大型项目，若没有后期的保障，则项目接受者后期承担的风险会很大，项目的移交就会受到影响，而且有些项目成果需要有一定期限的质量保证（如装修项目），这都要求项目交接后项目移交者给予项目接收者提供保障，从而保证收尾阶段项目的顺利移交。

6.2.4 解散项目团队

项目团队是因为项目的存在而存在，所以当项目结束时，项目团队也没有继续存在的必要了，此时就需要解散项目团队。解散项目团队的方式可以多种多样，可以是正式的会议解散，也可以是非正式的聚餐解散，具体可视项目的规模、团队的氛围、管理者的风格等而定。但不论项目团队解散采取哪种方式，都应该让团队成员意识到，项目目标已经实现，项目全部计划任务都已完成，项目可以正式宣布结束，自己的努力和付出终于获得了结果，从而享受到成功的愉悦，并从中受到激励增加自信。

解散项目团队很重要的一项工作就是团队解散后对团队成员的安置。一般来讲，对于矩阵型项目组织中的团队成员，项目团队解散后他们会回到自己原先的职能部门，项目经理可以就其表现给其职能经理做适当的反馈；对于项目型组织中的团队成员，项目经理可以将其推荐到其他项目，甚至是组织内工作；对于职能型组织中的团队成员，因其并未离开自己的职能工作，所以影响不大。

总的来说，项目团队解散后，团队成员对自己的未来或多或少都有一定的担忧，伴随着一定的压力。通常情况下，如果项目团队成员从项目中得到了积极的肯定、取得了被认可的成绩，那么他们对自己的未来更容易充满信心，在今后的工作中更愿意合作，对以后的项目持有更乐观的态度，会以更大的热情投入到项目中，所以遣散项目团队决不能草草了事，除了对其后续工作进行力所能及的安排外，还需要对其在项目中的表现给予肯定。

项目团队解散时，应该对全体项目团队成员以及为项目的实施提供过帮助的人表示感谢，充分肯定他们为项目的完成所做的贡献，对他们付出的努力给予热情的评价，与他们分享成功完成项目的喜悦。与公开表扬团队成员取得的成绩不同的是，对项目工作中出现的问题的批评和建议应该私下进行，不论是召开小范围会议还是与当事人进行私下谈话，应使对方感觉到目的不是批评否定，而是为了今后能更好地工作和发展。

6.2.5 衡量项目团队绩效

对于项目团队绩效的衡量从项目一开始就应该进行了，而且需要贯穿整个项目的生命周期，但通常情况下会在项目结束的最后收尾阶段或是某些成员中途变更结束时才会做出最终的总结。

项目的绩效评估包括对项目团队成员绩效的评估、对项目经理绩效的评估和对卖方绩效的评估。这些绩效评估既是对其在项目中工作的总结肯定，又对其未来发展起到重要的参考作用。

(1)对项目团队成员绩效的评估

对项目团队成员的绩效评估主要由项目经理来做，若团队成员能够做到诚实和真实的自评和互评，也是对绩效评估的一种有效补充方式。具体可从以下几方面进行测评：是否以积极的态度和旺盛的精力参与工作；是否愿意接受职责和责任；是否能愉快地接受挑战；是否表现出对项目的全力投入；对否准时出席各种会议；是否保质保量地完成自己的任务；是否遵守项目各明确规定的规章制度；是否支持和尊重团队成员和他人；是否能与其他团队成员、项目经理和其他与项目有关的人员进行有效的沟通；是否达到了个人的项目目标。

若某些方面表现不尽如人意，则项目经理应该予以具体的介绍。

对团队成员绩效评估时，不太建议让团队成员自己写绩效报告，因为个人写绩效报告时，或者会自夸，或者会自损，很难做到诚实和真实。

(2) 对项目经理绩效的评估

项目经理也应该得到项目团队、项目发起人、客户以及上级领导公正的、坦诚的绩效反馈，以取长补短。对项目经理绩效的评估具体可从以下几方面进行：是否具有项目管理的专业职业素养；是否全身心投入到项目中；是否具备对项目团队强大的领导力和管理能力；是否能领导团队制定出合适的项目计划；是否能清晰定义团队成员的角色和职责并使他们负起责任；是否能确保及时监督和跟踪项目目标和里程碑以实现项目预期目标；是否能适当有效地利用项目管理工具；是否能与项目干系人进行有效沟通并使其参与其中推动项目目标的实现；是否能对项目进行客观科学的总结评价。

(3) 对卖方绩效的评估

卖方是项目质量得以保证的重要影响因素之一，项目结束时对其进行绩效评价可以为后续项目提供一定的可参考价值。具体来说，对卖方绩效评估可以从以下几方面进行：卖方是否具有竞争力和专业化；卖方是否对项目完全理解和全力投入；卖方能否对所提供产品或服务进行足够的描述；卖方是否对合作期间内的问题和事件负有责任心；卖方是否能很好地遵守双方的约定；卖方是否能及时就项目的状态进行沟通；卖方能否对项目变更进行有效的影响分析；卖方是否能对项目信息做必要的保密。

6.2.6 发布最终报告

当项目收尾过程的相关工作完成后，即可发布总结项目及其成果的最终报告。项目最终报告可简可繁，视具体需要而定，表6-2为可参考的项目最终报告模板。

表6-2 项目最终报告模板

项目名称		完工日期	
项目经理			
事项			
项目介绍	介绍项目的意义，包括宏观和微观，特别是与公司战略目标的契合度		
项目目标的实现	描述项目目标的总体实现情况，特别是范围、进度、质量和成本。若存在较大偏差，说明偏差的具体情况并解释原因		
项目主要成果	描述项目实现的主要可交付成果和所做的主要工作		
关键的项目变更	描述项目所做的关键变更，这些变更对项目及项目原计划的影响		
项目挑战	描述项目生命周期中遇到的主要困难、面对的主要挑战，其对项目有什么影响，如何解决与克服，结果如何		
项目管理	总结项目管理情况，在项目管理过程中各方面的完成情况，有哪些好的做法及结果，有哪些问题出现		
项目合作方的评价	描述与项目承包商或供应商等干系人的合作情况，特别是合同的完成情况，对其做出一定的评价		

续表

项目移交	描述项目产品的移交情况，有无后续需要跟进的事项及相关安排		
项目展望	描述本项目结束后有没有可进一步完善的需要，简要论述有没有必要启动一个新的项目来完成		
项目发起人(签字)		日期	
总经理(签字)		日期	

项目最终报告结束后，可交由项目发起人或总经理等相关干系人签字认可。

6.2.7 整理经验教训，进行项目后评价

1. 整理经验教训

项目的经验教训应该给出专门的整理总结，而不仅仅是项目进行过程中简单地记录到项目文档中。总结项目的经验教训是对项目的问题、挑战和成功进行归纳整理，其作用不仅可以使当前的项目团队对整个项目进行总结思考，而且对未来涉及该项目的人和现有团队成员将要参与的其他项目都可以起到借鉴作用。

经验教训的整理可以是在项目收尾时进行整个项目的总结，也可以是在项目阶段结束时进行的阶段总结，总结的结果可参照表 6-3 模板进行汇总整理。经验教训的整理应该涵盖项目的全过程十大知识领域的各个方面，但总结中可以只把本项目需要重点总结的内容填入表格，如某项目没有做好变更工作、处理好沟通工作、有待改进的资源管理工作等。在总结经验教训时应该能够从整体上对项目有所认识，能总结出项目成功、失败及需要改进的地方，并能对其进行分析找出成功或失败的原因，甚至给出改正措施。

表 6-3 项目(阶段)经验教训总结

项目名称		总结日期	
项目阶段		项目经理	
成功的经验			
失败的教训			
可以进一步改进的地方			
其他			

总结经验教训时要注意不应将问题归结要某个个体身上，因为很少有人会故意不完成工作。

上述项目的经验教训总结是项目团队自己进行的，如果想要更全面、更客观、更专业地进行项目评估，可以对项目进行项目后评价。

2. 项目后评价

项目后评价是指由项目实施组织之外的独立的第三方(如项目咨询机构等)受项目投资方委托，在项目竣工以后、项目运行阶段或项目结束之前进行的，对已完成的项目的目的、执行过程、效益、作用和影响等各个方面所进行的系统的、客观的分析。

项目后评价是对项目的过程、结果和影响进行调查研究、总结分析和监督检查，通过与项目前期决策目标、计划及实施进行对比，从而确定项目预期的目标是否实现、项目计划是否合理、项目实施效果是否达到等，并进一步分析实际结果与计划间的偏差，监督项目投资效益，找出成败的原因，总结经验教训，为新项目的决策和管理提供借鉴，同时为本项目提出建议，促进其更好地完成。

项目后评价的内容主要包括项目效益后评价和项目管理后评价。项目效益后评价是针对项目前评价而言的，是对项目竣工后的投资经济效果进行的再评价。项目效益后评价具体包括经济效益评价、项目的环境影响评价、项目的社会影响评价、项目的可持续性评价和项目综合评价（包括项目的成败分析和项目管理各环节的责任分析）。项目效益后评价以项目执行后的实际数据为依据来计算其经济效果等效益指标，通过与项目前期相关指标对比，评价和分析其偏差情况及原因，吸取经验教训，为提高项目的实际投资效果、改进项目计划及后续其他项目的决策提供借鉴。项目管理后评价是指在项目竣工后，针对项目的管理工作所进行的评价，通过对项目实际管理情况进行总结分析，得出项目管理经验教训，为其他项目管理提供借鉴。项目管理后评价具体包括投资者的表现、借款人的表现、项目执行机构的表现、外部因素的分析。

项目后评价与项目前期的项目论证有很多相同的地方，两者都是对项目进行的系统化的技术、经济、社会和环境效益的论证和评价，评估的方法、指标等也类似。但是，两者在评价时点、评价目的等方面不完全相同，存在区别。项目前期论证是在项目启动阶段进行的，主要运用预测技术，通过投资者要求获得的收益率或基准收益率（社会折现率）来分析，判别项目未来的效益，目的是论证项目是否可以立项或建设，有无建设的必要性和可行性；项目后评价是在项目竣工后进行，对项目全过程的准备、实施、完工和运营等实际情况与项目前期论证结果进行对比总结分析，并对项目未来发展进行预测，目的是总结项目成败的经验教训，分析产生问题的原因，为改进决策和管理服务。其中，项目前期论证和项目后评价的主要区别就是两者的判别标准不同，项目前期论证的重要判别标准是投资者要求获得的收益率或基准收益率（社会折现率），而项目后评价的判别标准是对比项目前期论证评估的结果。

项目后评价一般包括选定后评价项目、制定后评价计划、确定后评价范围、编写与报送项目自我评价报告、选择执行项目后评价的咨询单位和专家、执行项目后评价、编写并出具项目后评价报告等工作。对所有项目都进行后评价显然是没有必要的，在选择后评价项目时有两条基本原则，即特殊的项目和规划计划总结需要的项目。具体来说，以下项目有必要进行后评价：(1)出现问题的项目，包括项目过程中出现重大变化或问题的项目和项目完成后运营中出现重大问题的项目；(2)一些非常规的项目，如带有试验性的新技术项目、对地区或国家发展意义重大的项目、对行业或未来发展有代表性的项目等；(3)其他迫切需要了解项目作用和影响的项目。若确定某项目需要进行后评价，则应编制项目后评价管理计划，以便收集资料。一般来说，国家、部门和地方的年度评价计划是项目后评价计划的基础，时效性比较强。由于项目后评价的范围很广，所以一般需要将后评价的任务限定在一定的范围内，通常情况下，项目后评价的范围由后评价委托者在委托合同中明确确定，受托者可根据自身的条件来确定能否按期完成。需要进行项目后评价的项目应该在规定的时间内向主管部门报送项目自我总结评价报告，报告内容主要包括项目概况、项目实施过程总结、项目效益效果评价、项目目标评价、项目经验教训和建议等。项目的独立评估需要一个独立的与项目无关的第三方评价咨询机构或银行内部相对独立的后评价专门机构来实施，而具体的项目后评价专家组除了这些机构的"内部"人员外，还需要更为专业和客观的项目后评价执行机构以外的独立咨询专家这些"外部"人员的参与。项目后评价专家组组建完成后，即可开始实施资料信息的收集、现场调查、分析和总结等具体项目后评价相关工作，并最终将评价结果写成项目后评价报告交付给委托人。

实 践 任 务

任务步骤及要求：

1. 对每个任务项目进行项目收尾，3组各自进行相关收尾工作，收尾汇报时进行横向对比，找出错误和差距；

2. 具体收尾内容包括：检查项目工作是否已全部完成、项目目标是否已经实现；进行项目的自我验收；对项目完成情况进行自我绩效考核，范围包括团队绩效、团队成员绩效、客户等干系人的评价；填写项目最终报告；整理项目相关文档，总结经验教训。

3. 课堂上进行项目收尾汇报，每组10分钟，老师和其他项目组作为项目验收者对项目进行验收。

实践目标：

1. 明确项目收尾包含的内容；
2. 理解项目收尾在项目管理中的意义；
3. 学会正确进行项目收尾。

6.3 项 目 验 收

项目验收是项目收尾过程的一项很重要的工作，只有通过了项目验收项目才有可能顺利收尾，才能使项目的成果得以发挥作用。

1. 项目验收的意义

对项目或项目阶段进行验收，对项目本身和项目干系人(特别是项目团队、项目业主等)都具有重要意义。

(1)通过项目验收可以使项目结束或项目阶段结束。项目或项目阶段只有通过了项目验收，才有可能结束；没有进行验收，就不能正式移交，项目业主就不能正式使用项目，项目可交付成果就不能发挥其价值。

(2)通过项目验收可以释放项目资源。项目验收通过后，项目的干系人就可以终止各自的任务，停止对项目负有的责任和义务，获得相应的利益。其中，项目团队及成员还可以总结经验教训，接受新的项目任务或工作。

(3)通过项目验收可以提高项目质量。因为项目需要通过验收，所以项目实施者必须保证项目质量才有可能通过项目验收；项目接收者只有通过项目验收，才能确信项目各方面质量满足需求，才能考虑接收项目。

2. 项目验收的范围和方法

项目验收范围是指对项目的哪些方面、哪些内容或哪些子项目进行具体验收。从原则上讲，一切项目或项目子项或项目单元都可以进行项目验收，如国家范畴的基建项目、某专业学生的毕业论文设计项目等。但是，因为项目验收是项费时费力的工作，所以在实际验收时，一般根据项目合同、项目标准、项目规模、项目性质、项目成果等具体需要而定，以能够保证项目顺利收尾为主要目的。

项目验收的方法有很多，如观测法、试生产法、试运行法、性能指标检验法、效益指标检验法等等，其中，应用最普遍的是观测法。根据项目类型、特征的不同，可以灵活选用不同的方法，如生产类项目可采用试生产的方法、系统开发类项目可采用试运行方式、R&D 类项目可采用性能指标法、服务类项目可采用效益指标(经济效益或社会效益)法。

3. 项目验收的分类

根据项目类型、项目特点、验收目的等的不同，可以将项目的验收分成以下不同类型。

(1) 按项目的生命周期将项目验收分为合同期验收、中间验收和竣工验收。合同期验收是指依据签订的具有法律效力的合同的相关约定，当合同完成时对合同内包含内容进行的验收。中间验收是指在项目实施过程中，验收组织根据项目具体情况进行的验收，如对某里程碑事件的验收。中间验收可以确保项目实现阶段性目标。竣工验收是指项目基本完成，在项目正式交付使用前，对项目的所有工作成果进行的审查和验收，是对项目的总体验收。

(2) 按项目验收的范围可将项目验收分为部分验收和全部验收，对于工程建设类项目一般称为单项工程验收和整体工程验收。部分验收是指项目取得阶段性成果后，项目接收方对阶段性成果进行的验收。对于阶段有明显区分的项目可进行部分验收，部分验收可以为全部验收奠定基础。全部验收是指项目全部完成后，对项目整体进行的综合性验收。一般来说，所有的项目都要进行全部验收。

(3) 按项目验收的内容可将项目验收分为质量验收和文件验收。

项目质量验收就是依据质量计划中的相关要求和采购合同中的质量条款，遵循相关的质量评定标准，对项目的质量进行认可评定和办理验收交接手续的过程。项目质量验收贯穿整个项目生命周期，项目概念阶段的质量验收主要检查项目论证资料的准确性、方法的合理性和科学性、内容的全面性；项目规划阶段的质量验收主要检验计划文件的质量，包括各计划文档内容的全面性、科学性、合理性、正确性、可操作性等；项目实施阶段的质量验收主要是对该阶段各项工作的工作过程和工作结果的验收，一般是对单个工序进行逐一评定和验收；项目收尾阶段的质量验收既包括对该过程工作的质量验收又包括对项目的总体把关评定，是项目质量的最后把关。项目质量验收的方法有很多种，如文件审阅、实物观测、性能测试、特殊实验、试生产等，具体可依据项目类型和项目阶段的不同需求而定。项目质量验收完成后可通过质量验收评定报告和项目技术资料记录验收过程和成果。项目质量验收评定报告应明确给出项目各组成部分或项目各阶段以及项目总的质量评定结果，一般质量合格项目分为"合格"和"优良"两级，质量不合格项目还需指出问题所在及限期整改要求。项目技术资料是指项目各具体评定项的评定记录的汇总。

项目文件验收是指项目团队将整理好的、完整的、真实的项目的所有资料交给项目验收方确认和验收的过程。项目的文件资料记录了项目整个过程的详细信息，是项目结束时成果验收和质量保证的重要依据之一，是项目收尾的重要原始凭证，是项目竣工验收的重要前提，项目验收方只有在对文件资料验收合格后，才能开始项目竣工验收工作。项目文件验收的范围包括项目整个生命周期的各个阶段，从项目的启动到项目的收尾。项目文件验收的内容包括有关项目的各种文档，如合同、计划、账目、报告、文书、单据、工作日志、会议记录、数据与程序等。对项目文件进行验收时，项目团队按合同或其他要求的规定将相关资料准备齐全、检查无误，然后装订成册交由项目验收方进行验收。项目验收方收到项目文件后，组织相关人员按要求对其进行查验、清点、归档。对验收不合格或有缺损的文件，通知项目团队采取措施进行修改或补充。当所有的项目文件全部验收合格时，项目团队与项目接收方应共同签署项目文件验收的成果——项目文件验收报告。

4. 项目验收的组织和程序

项目验收的组织一般由项目团队、项目接收方和项目监理人员构成，但具体构成会由于各种因素的影响和各项目不同的需求而有所不同，如工程类项目可能需要环保、投资方等的参与，R&D 项目可能需要相关专家的参与，而小型服务类项目可能只需要项目接收方验收，内部项目可能只需要项目经理或项目负责人或上级主管部门验收即可。

项目验收的程序也会因为项目的大小、性质、特点的不同而繁简程度不同，但一般情况下项目验收由以下过程组成，如图 6-1 所示。

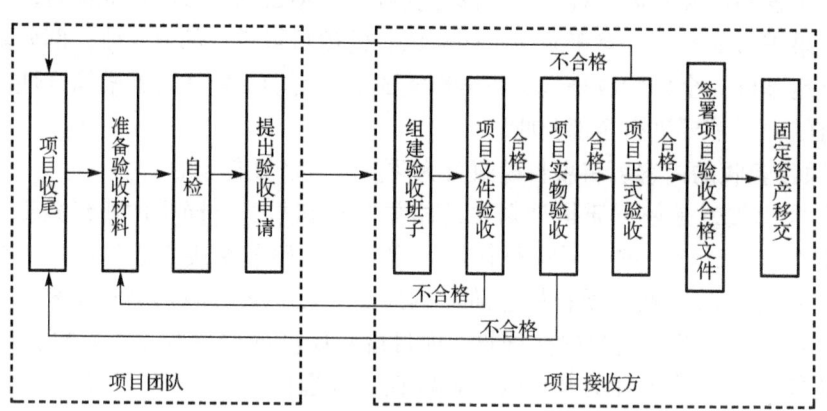

图 6-1 项目验收程序

其中，项目验收方在验收时，应该先进行项目文件验收，对项目团队送交的验收材料进行初步审查，检查材料有无缺项、内容是否完整、格式是否规范等；然后再对项目实物进行初步验收，如项目目标是否实现，项目可交付成果是否满足要求等；当项目文件及实物都没有出现明显不合格的情况下，再对项目进行最终的、全面的、细致的正式验收。同时要注意，当项目验收合格后，双方都应在项目验收合格文件上签字认可。

【思考题】

如果项目最后的结果被拒绝验收，该怎么办？

实训 8 收尾项目

实训名称：
项目的收尾

实训目的：
通过学生对自己的项目收尾，使学生真正理解如何正确结束项目，如何对项目进行收尾，明确项目收尾的重要作用。

实训要求：
(1) 根据自己项目的情况结束项目，给出项目结束的理由。
(2) 对项目进行收尾，要求必须包括完成项目工作、项目的自我验收、项目团队绩效的衡量、项目最终报告、总结经验教训。其他项目收尾工作有必要的可自己包含进去。

实训时间：
(1) 项目结束及收尾：1 周。
(2) 项目课堂汇报：10 分钟。
(3) 学生及老师点评：10 分钟。

实训步骤：
(1) 学生利用 1 周时间结束自己的项目并完成收尾工作。
(2) 课堂上汇报自己项目的收尾结果，学生及老师对其进行点评。

实训考核：
(1) 过程考核：教师根据学生汇报考核学生项目收尾过程是否认真完成。
(2) 成果考核：根据学生汇报考核学生是否正确结束了项目，能否顺利项目收尾，经验总结是否到位。

思 考 题

1. 项目结束的原因有哪些？
2. 如何判别项目是否需要提前结束？
3. 项目结束的方式有哪些？
4. 项目收尾需要做哪些工作？
5. 项目验收的概念？
6. 项目审计的概念？
7. 项目审计的特点有哪些？
8. 项目审计的工作内容有哪些？
9. 项目审计的意义是什么？
10. 项目移交的范围和内容是什么？
11. 如何解散项目团队？
12. 如何衡量项目团队成员的绩效？
13. 如何衡量项目经理的绩效？
14. 如何衡量项目供应商的绩效？

15. 如何总结项目的经验教训？
16. 项目后评价的概念？
17. 项目后评价的内容？
18. 项目后评价与项目前期论证的异同点有哪些？
19. 项目后评价的重点对象有哪些？
20. 项目验收的意义有哪些？
21. 项目验收如何进行分类？
22. 项目验收组织是如何构成的？
23. 项目验收的过程是什么？

案 例 分 析

直到在上周五之前，这个手机软件研发项目看起来一切都很顺利，产品马上就要量产，客户对我们最后提交的软件版本进行了测试，结果很理想。只要等入网认证一过，我们就可以收到来自客户的第二笔资金，而我已经开始准备筹划我自己的周末之旅了。

但这美好的一切从周四下午那个邮件闯进我电脑的那一刻起就变得麻烦了，邮件是我的测试经理发来的，他说在他下午和客户工程部的沟通中，发现对方根本没有也并不准备为马上即将到来的量产准备相应的测试仪器和软件，而没有这些东西，根本不可能投产。客户在电话中告诉他，这些东西应该由我们来准备。在他的邮件中充满了对商务部的不满，在他看来是商务部和客户签订合同时没有把这个问题写清楚。

下班前，我找到测试经理详细询问了情况，并和商务部的客户经理就合同进行了确认，在了解了所有的情况之后，我打电话给我的客户，在电话那边客户显然非常不满意，他对于需要由他们来花将近4万欧元准备测试仪器以及软件表示了强烈的不满。客户认为我们交付给对方的应该是全套解决方案，包括测试软件。

从目前的情况来看，合同上确实对这个问题表述得很模糊，为了保住这个客户，我首先采取的措施是给客户打电话，澄清这一误会，表示我们将肯定在投产前提供相应的软件，以避免客户采取极端措施。稳住客户之后，我要求各相关部门负责人第二天早上开会就这个问题进行研究。

晚上十点，我打电话给位于美国的公司总部，把这个问题进行了汇报，得到的反馈是希望我们能拿出解决方案，总部会在一定的范围内给予资金支持。

周五上午九点，大会议室。我先让测试经理把整个事情的经过说了一遍，期间我接了一个总部打来的电话，等我回到会议室的时候，发现大家已经吵成一团，测试经理说客户经理没有把合同写清楚，客户经理说所有的合同都是这么签的，现在就是需要买仪器软件，财务经理说现在没有钱，不可能一下拿出4万欧元这么多，建议我们自己开发。测试经理认为自己开发也需要相应的仪表，而且时间上肯定不允许。所有人都大声地说着自己的主张，根本不管有没有人听。而且每个人都觉得这件事会牵扯上自己，生怕担责任……

案例来源：http://www.mypm.net/case/show_case_content.asp?caseID=4468，项目管理者联盟，提交者：冯中

【问题】请结合案例分析：
1. 该项目收尾阶段哪些工作没有做好？
2. 应如何解决该问题？

参考文献

[1] 项目管理协会著. 许江林等译. 项目管理知识体系指南(PMBOK 指南：第 5 版). 北京：电子工业出版社，2013.

[2] 琳达·克雷兹·扎瓦尔(Linda Kretz Zaval)，特里·瓦格纳(Terri Wagner)著，郑佃锋，李利玲，李小玲译. 从 PMP 到卓越项目经理：项目管理实战技巧与案例解析(第 2 版). 北京：电子工业出版社，2015.

[3] 辛西娅·斯塔克波尔·斯奈德(Cynthia Stackpole Snyder)著. 赵弘，刘露明译. 活用 PMBOK 指南：项目管理实战工具(第 2 版). 北京：电子工业出版社，2014.

[4] 白思俊等. 现代项目管理概论(第 2 版). 北京：电子工业出版社，2013.

[5] 楚岩枫. 项目管理. 北京：电子工业出版社，2015.

[6] 骆珣，陈翔，刘军丽. 项目管理教程(2 版). 北京：机械工业出版社，2010.

[7] 毛洪涛，刘明. 项目管理. 长沙：湖南师范大学出版社，2015.

[8] 吴卫红，米锋，张爱美. 项目管理. 北京：机械工业出版社，2013.

[9] 赵振宇. 项目管理案例分析. 北京：北京大学出版社，2013.

[10] 哈罗德·科兹纳(Harold Kerzner)著. 王丽珍，陈丽兰译. 项目管理案例集. 北京：电子工业出版社，2015.

[11] 汪小金. 大学生项目管理通识教程. 北京：机械工业出版社，2010.

[12] 张立友，汪晓，金林. 项目管理实战剖析与 PMP 攻略. 北京：机械工业出版社，2007.

[13] 汪小金. 项目管理方法论(2 版). 北京：中国电力出版社，2015.

[14] 孙军. 项目管理(第 2 版). 北京：机械工业出版社，2015.

[15] 白思俊等. 项目管理概论. 北京：中国电力出版社，2014.

[16] 戴大双，朱方伟. 现代项目管理. 北京：高等教育出版社，2004.

[17] 戚安邦. 项目管理学(第 2 版). 北京：科学出版社，2013.

[18] 汪小金. 项目管理方法论. 北京：人民出版社，2011.

[19] 白思俊等. 现代项目管理：升级版(上下册). 北京：机械工业出版社，2010.

[20] 池仁勇. 项目管理. 北京：清华大学出版社，2004.

[21] 哈罗德·科兹纳著. 杨爱华等译. 项目管理：计划、进度和控制的系统方法(第 11 版). 北京：电子工业出版社，2014.

[22] 房西苑，周蓉翌. 项目管理融会贯通. 北京：机械工业出版社，2010.

[23] 南开大学《项目管理学》精品课程.

[24] 宋金波，朱方伟，戴大双. 项目管理案例. 北京：清华大学出版社，2013.

[25] 毕星，翟丽. 项目管理. 上海：复旦大学出版社，2011.

[26] 张卓等. 项目管理(第二版). 北京：科学出版社，2009.

[27] 吴健，彭四平. 项目管理与实践应用. 北京：机械工业出版社，2011.